天津社会科学院2019年度学术著作出版基金资助项目

天津社会科学院重点研究课题(课题编号:13YZD-09)结项成果

日本青少年蛰居的社会文化透视

师艳荣 著

中国社会科学出版社

图书在版编目（CIP）数据

日本青少年蛰居的社会文化透视 / 师艳荣著. —北京：中国社会科学出版社，2021.1
ISBN 978-7-5203-7896-3

Ⅰ.①日… Ⅱ.①师… Ⅲ.①青少年－社会生活－研究－日本 Ⅳ.①D731.385

中国版本图书馆CIP数据核字（2021）第027805号

出 版 人	赵剑英
责任编辑	张靖晗
责任校对	李　惠
责任印制	张雪娇
出　　版	中国社会科学出版社
社　　址	北京鼓楼西大街甲158号
邮　　编	100720
网　　址	http://www.csspw.cn
发 行 部	010—84083685
门 市 部	010—84029450
经　　销	新华书店及其他书店
印　　刷	北京君升印刷有限公司
装　　订	廊坊市广阳区广增装订厂
版　　次	2021年1月第1版
印　　次	2021年1月第1次印刷
开　　本	710×1000　1/16
印　　张	18
插　　页	2
字　　数	259千字
定　　价	109.00元

凡购买中国社会科学出版社图书，如有质量问题请与本社营销中心联系调换
电话：010—84083683
版权所有　侵权必究

目 录

第一章 绪 论 ... 1

第一节 选题价值 ... 1

一 把握日本社会变迁中青少年问题的历史脉络 ... 1

二 深化对战后日本社会的认识 ... 2

三 日本青少年蛰居问题的对策对中国的借鉴价值 ... 3

第二节 基本概念 ... 4

一 青少年 ... 4

二 青少年问题 ... 8

三 蛰居 ... 10

第三节 相关研究综述 ... 11

一 日本研究综述 ... 11

二 中国研究综述 ... 21

第四节 研究方法与内容 ... 27

一 研究方法 ... 27

二　研究内容 29
　　三　创新与不足 31

第二章　日本青少年蛰居问题概观 34
第一节　关于蛰居 34
　　一　蛰居概念的界定 34
　　二　蛰居要素的分析 39
　　三　相关问题的辨析 44
第二节　蛰居的实态 47
　　一　关于精神健康的流行病学调查 47
　　二　内阁府的抽样调查 49
　　三　KHJ 父母会（家庭会）的实况调查 53
第三节　蛰居的类型 58
　　一　性格自卑型 58
　　二　学业受挫型 60
　　三　家教偏颇型 61
　　四　就业遇挫型 62
第四节　蛰居的特征 64
　　一　男性为主，多与父母同居 64
　　二　"不登校"经历者居多 66
　　三　长期化和高龄化 69

第三章　社会转型与蛰居的社会因素 ... 73

第一节　富裕社会与蛰居的萌芽（1970年代） ... 73
一　富裕社会中青少年生活环境的变化 ... 73
二　青少年社会压力增大与个人主义的增强 ... 78
三　偏差行为与蛰居现象的萌芽 ... 81

第二节　消费社会与蛰居的增多（1980年代） ... 86
一　消费社会中"新人类"的诞生 ... 86
二　人际关系日益淡漠 ... 90
三　"不登校"与蛰居现象的增多 ... 92

第三节　多元化社会与蛰居的社会问题化（1990年代） ... 94
一　多元化社会中非社会性问题行为的凸显 ... 94
二　就业环境的恶化与蛰居现象的激增 ... 98
三　蛰居问题引起社会关注 ... 99

第四节　"格差社会"与蛰居的严重化（21世纪以来） ... 104
一　"格差社会"中青少年保守化意识的增强 ... 104
二　"飞特族"与年轻人群体的两极分化 ... 109
三　社缘关系弱化与蛰居的严重化 ... 114

第四章　家庭结构变迁与蛰居的家庭因素 ... 117

第一节　核心家庭化与小家庭主义的家庭形态 ... 118
一　产业化结构变革与核心家庭的增多 ... 118
二　出生率持续走低与家庭规模的缩小 ... 121
三　小家庭主义与蛰居的人际关系危机 ... 124

第二节 "父职缺失"与母子（女）为中心的家庭养育环境 128
    一 "父职缺失"的养育环境 128
    二 母子（女）为中心的养育方式 132
    三 父母角色失衡与蛰居的家庭养育环境 134

第三节 "教育妈妈"与偏重智育的家庭教育 138
    一 过高期望与"教育妈妈"的作用 138
    二 学历社会与偏重智育的家庭教育 140
    三 偏重智育与蛰居的家庭教育因素 143

第四节 "成年后同居主义"与富裕的家庭生活 146
    一 "成年后同居主义"与蛰居的长期化 146
    二 富裕的家庭生活成为蛰居的温床 149

第五章 校园问题频发与蛰居的学校因素 154
第一节 学校教育病理与学缘关系的弱化 154
    一 战后教育改革与管理主义体制的确立 154
    二 学历主义与考试竞争的加剧 159
    三 学缘关系弱化加剧了蛰居的人际关系危机 164

第二节 校园欺凌与蛰居 166
    一 校园欺凌的发生与发展 166
    二 因校园欺凌而蛰居的案例 170
    三 校园欺凌频发的原因分析 173

第三节 "不登校"与蛰居 177
    一 "不登校"的演变和人数 177
    二 "不登校"的根源 179

  三 "不登校"与蛰居的关系密切 181

第六章 日本青少年蛰居的心理文化因素 185
第一节 依赖心理与蛰居青少年的"无缘化" 185
  一 依赖心理与战后依赖关系的建立 185
  二 依赖关系的解体 187
  三 无缘社会与蛰居青少年的"无缘化" 188
第二节 耻感文化与蛰居青少年的人际关系危机 192
  一 耻感文化与蛰居青少年的耻感意识 192
  二 "不给别人添麻烦"的行事准则 194
  三 蛰居青少年的人际关系危机 197
第三节 集团主义文化与蛰居青少年的孤立性 199
  一 集团主义教育与自我的缺失 199
  二 集团主义文化下蛰居青少年孤立性凸显 201

第七章 日本应对蛰居问题的对策 204
第一节 蛰居迁延性的成因及其严重后果 204
  一 蛰居迁延性的成因 204
  二 蛰居迁延性的严重后果 207
第二节 主要援助机构及应对举措 212
  一 援助的必要性 212
  二 主要援助机构 214
  三 主要应对举措 217

第三节　日本政府的应对措施 220
　　一　日本政府应对蛰居问题的对策回顾 220
　　二　《儿童·青年培养援助推进法》的制定及其主要内容 222
　　三　案例分析："蛰居对策推进事业"的实施 224
第四节　NPO 法人等民间团体的援助对策 227
　　一　NPO 法人等民间团体及其援助方法 227
　　二　案例分析 1：KHJ 父母会（家庭会）及其核心援助对策 229
　　三　案例分析 2：NPO 法人青少年自立援助中心（YSC） 232

第八章　终　章 237
　　一　蛰居问题是战后日本社会病理的产物 237
　　二　蛰居问题是青少年社会化中断的突出表现 240
　　三　蛰居问题的本质是人际关系危机 243
　　四　日本青少年蛰居问题对中国的警戒作用 246

附　录 249
参考文献 264
后　记 281

第一章 绪 论

第一节 选题价值

青少年是国家的未来，民族的希望，肩负着人类发展的重任。为保证青少年的健康成长，各国都十分重视对青少年的培养教育，努力为其创造良好的成长环境。但是，随着经济社会的快速发展，如何应对日益严重的青少年问题，成为当今世界各国共同面临的重要课题。本书之所以选择日本青少年蛰居问题为研究对象，主要由于该选题具有如下学术价值和现实意义。

一 把握日本社会变迁中青少年问题的历史脉络

社会变迁是探讨青少年问题的重要背景。战后日本社会发生了深刻的变革，经历了战后初期的贫困到经济高速增长跃升为世界经济强国，然后又陷入经济低迷的过程。在急剧的社会变迁背景下，社会环境、家庭结构、学校教育、价值观念及生活方式等都发生了较大的变化，给青少年群体的思想和行为带来多方位的影响。战后初期，日本社会极端贫困和混乱，青少年犯罪率激增，杀人、盗窃等恶性犯罪案件频繁发生。经济高速增长后，日本进入富裕社会，青少年享受富裕生活的同时，他们的价值观、生活态度和行为方式也发生了转变，"努力""合作"等传统社会规范发生动摇，个人主义思想泛滥，"不登校"①、校园暴力等青少年问题凸显，蛰居问题也随之萌芽，并呈现出不断增多的趋势。泡沫经济崩溃后，日本社会进入新的转型期，经济的低迷，非正式雇佣的增多，恶化了年轻人的就业环境。年轻人生活态度消极、忍耐力低、缺乏责任感。"飞特族"②、"啃老族"（NEET③）随之增多。校园欺凌、不登校等青少年问题愈演愈烈。此时，激增的蛰居现象逐渐引起社会各界的广泛关注，并于2000年前后发展成为较为严重的社会问题之一。21世纪以来，随着日本少子老龄化问题的加剧，以蛰居为首的青少年问题成为关系日本社会未来发展的重要课题。因此，通过对蛰居问题演变轨迹的考察，对于把握战后日本社会变迁中青少年问题的历史脉络具有重要的学术价值。

二 深化对战后日本社会的认识

在中国的日本社会研究整体比较薄弱的背景下，中国的日本青少年问题研究长期处于被忽视的边缘化地位。如何认识日本社会、提高问题研究意识，是当前中国的日本社会研究学界需要思考的课题。日本社会需要研究的内容众多，社会问题也存在多样性。目前，比较受关注的日本社会热点问题包括少子老龄化问题、社会保障等。作为日本社会问题之一的青少年蛰居问题，还未引起中国学界的广泛关注。

社会变迁决定了不同时期青少年的生活背景和社会环境。同时，青少

---

① "不登校"是日语中描述小学生和初中生拒绝上学（疾病或经济原因除外）的专有词汇。其前身是1950年代中期出现的"学校恐惧症"。后来通称为"登校拒否"。1980年代以后，逐渐使用"不登校"这一用语。1992年，文部省开始用"不登校"一词来描述这一现象。不过，现在依然有使用"登校拒否"的学者，如内田良子等。本书为叙述方便，统一使用"不登校"一词。

② "飞特族"（Freeter），日语为"フリーター"，意为无所属的自由劳动者，其最大特征是没有稳定工作，靠打短工生存。

③ "NEET"（英语"Not in Education, Employment or Training"的简称，日语为"ニート"）是1999年英国政府的调查报告书中使用的词汇。该词在中国台湾被音译为"尼特"；在中国香港被称为"双失青年"（失学兼失业的青年）；在中国大陆被称为"家里蹲"或"啃老族"；在美国被称为归巢（Boomerang kids），意指孩子毕业后又回到家庭，继续依靠父母的照顾及经济支援。

年作为社会群体的重要组成部分，是社会发展状况的"晴雨表"。战后日本社会转型过程中，社会环境、价值观念及生活方式等都发生着或多或少的变化，生活在社会中的青少年群体也受到影响，出现了一些凸显时代特征的问题。蛰居是战后日本经济高速增长后出现的新型青少年问题，从1970年代末萌芽，1980年代随着不登校人数的增多而增多，1990年代引起大众媒体、学术界关注后，逐渐被社会认知，到2000年前后发展成为社会问题，其间完成了由隐性现象向显性社会问题的转化。蛰居问题的演变过程也是日本社会发生急剧变迁的过程。因此，研究社会变迁中的青少年蛰居问题，不仅能厘清该问题的演变轨迹及其产生的社会机理，还能据此了解社会发展历程及存在的问题，在一定程度上预测社会的未来发展趋势。目前，中国学界将青少年作为研究对象来探讨日本社会发展史的著作并不多见。本书通过分析战后日本社会变迁过程中青少年蛰居问题出现及其社会问题化的根源，有助于深入分析青少年蛰居问题的时代背景，进而加深对战后日本社会的认识。

三　日本青少年蛰居问题的对策对中国的借鉴价值

中国社会发展中出现的问题可以从战后日本社会发展历史中寻找答案。日本现代化进程先于中国，很多社会问题的出现也早于中国。如日本曾经历的环境污染问题已成为当今中国面临的重要课题之一。早在1970年代中后期，伴随着日本经济大国地位的确立，校园暴力、校园欺凌、家庭暴力等青少年问题也随着富裕社会的到来日益凸显。这与中国青少年问题增多的社会背景有着相似之处，均是在社会经济快速发展后，价值观念和生活方式发生变革的历史背景下出现的。而且，中日是近邻，家族文化、教育观念及思维方式等方面的相似性也使中日青少年问题存在一定的共性。

目前，中国青少年群体中的蛰居现象已经萌芽，只不过问题不及日本严重，还未引起社会各界的关注。从当前中国社会发展状况来看，与日本青少年蛰居现象萌芽的1970年代的情况十分相似。彼时的日本正值经济实现高速增长后社会面临转型之际。而目前的中国，正处于生活富裕后社会压力不断增大的转型期。伴随着社会变革成长起来的青少年一代，其生活环境、价值观念、思维方式和行为习惯都发生了比较大的变化。而且，伴随着中国城市化进程的加快、核心家庭的增多、家庭规模的缩小、校园问题的增多以及现代社会人际关系的淡薄，青少年在人际交往、自立意识及抗挫折能力等方面出现了比较明显的弱化趋势，社会化困难也随之加大。不久的将来，中国面临的青少年蛰居问题有可能更加严峻。如何预防和应对未来可能增多的青少年蛰居问题将是不容忽视的重要课题。

目前，日本已存在数以十万计的蛰居者。无论是专业的学术研究，还是实践上的应对举措，日本都走在了前列。特别是 2000 年前后蛰居社会问题化[①]以来，面对如此严重的青少年蛰居问题，日本政府、民间团体及学界纷纷开展相关的调查研究，有针对性的援助对策也先后出台，其中不乏可资借鉴的经验。本书考察社会变迁背景中日本青少年蛰居问题的现状、类型、特征、演变过程、社会机理、心理文化根源及日本的应对举措，其现实意义就在于为中国预防和解决青少年蛰居问题提供一些可资借鉴的经验。

第二节　基本概念

本书以日本青少年蛰居问题为研究对象。鉴于课题研究所涉及的"青少年""青少年问题""蛰居"概念因研究者或使用范畴的不同而存在差异。因此，有必要对其进行界定，明确其在本书中的所指。

一　青少年

青少年，顾名思义包括青年和少年。世界各国对"儿童"、"青少年"

---

① 青少年蛰居社会问题化的契机是 2000 年前后，发生了 3 起由疑似蛰居者实施的恶性犯罪案件。详见第二章第三节。

及"青年"的年龄界定因政治、经济和社会文化等的差异而迥然有别。

从国际社会来看,"联合国系统特别是世界卫生组织、联合国人口基金、联合国儿童基金会等发展机构通常将10~19岁人口界定为青少年（Adolescent）,15~24岁的定义为青年（Youth）,10~24岁的称为年轻人（Young people）。这三个年龄范畴在不同程度上都含括了联合国《儿童权利公约》第一条规定的'儿童'概念,即不满18周岁的人口。除了联合国系统而外,其他各种国际发展组织和英文世界的许多学者也都广泛采用了基于上述年龄限定的术语"。[①]

我国官方、学术界及新闻媒体在使用青少年概念时存在随意性,年龄上的差异较大。宪法及其他法律文件中虽有"青少年"这一称谓,但对"青少年"的年龄并未做出明确的表述和界定。同样,"青年"的年龄范围也存在多种版本。如国家统计局在进行人口普查时,将15~34岁定为青年人口。共青团团章则规定14~28岁为青年人口。2017年4月13日,中共中央、国务院公布的《中长期青年发展规划（2016—2025年）》中,将青年年龄划定在14~35周岁,这是目前为止官方对青年年龄的最新界定。

学术界对青少年年龄的界定也存在差异。如辛自强、池丽萍合著的《社会变迁中的青少年》一书将青少年界定为"10~24岁"。[②] 高中建主编的《当代青少年问题与对策研究》一书则指出:"所谓青少年,这只是一个习惯用语,不是法律上的界定,它是指一个既包括青年又包括少年儿童的社会群体,年龄范围在6周岁至25周岁之间。"[③] 朱力在《当代中国社会问题》中,从多学科的视角对青少年年龄进行了更为细致的划分,指出"从社会学的社会化角度来看,青少年是30岁以下年龄段的青年与少年。从心理学角度来看,12~14岁为少年时期,14~16岁为少年向青年过渡时期,

---

[①] 胡玉坤等:《厘清"青少年"和"青年"概念的分野——国际政策举措与中国实证依据》,《青年研究》2011年第4期。

[②] 辛自强、池丽萍:《社会变迁中的青少年》,北京师范大学出版社2008年版,第2页。

[③] 高中建主编:《当代青少年问题与对策研究》,中央编译出版社2008年版,第4页。

17岁、18岁为青年早期，19～21岁为青年中期，22～30岁为青年后期。而在社会生活中，青年的概念更为宽泛，有时将45岁以下的人称为青年"。① 此外，社会教育领域，将处于小学和初中的义务教育阶段的人称为少年，将义务教育结束后，未满25岁的人称为青年。新闻媒体在使用"青少年"一词时，更多的时候是一个非常笼统的、习惯的称呼，往往不会严格限定年龄范围。目前，虽有学者主张"为了与国际社会接轨，在青少年和青年研究中应用国际通用的年龄划分标准"②，但因学科差异和习惯不同，青少年的年龄界定依然比较混乱。

日本有关青少年的称呼和年龄界定同样存在多样性。战后以来，伴随着青少年问题的演变及相关政策的变迁，青少年的称呼和年龄限定均处在不断变化中。行政上，青少年和青年的年龄范畴随着社会经济的发展不断增大。日本政府1956年首次发行了《青少年儿童白皮书》③，1957年改称《青少年白皮书》，2010年起更名为《儿童·青年④白皮书》，并沿用至今。其中对青少年年龄的界定，由0～24岁（1956～2005年）延长至0～29岁（2006年至今）。2008年12月12日，青少年培养推进本部⑤制定的"青少年培养施策大纲"中，也将0～29岁年龄段的人统称为"青少年"。⑥ 与此相比，青年的年龄范畴更为宽泛。1960～1980年，"劳动青年"被限定在15～19岁；1980～1990年，青年的年龄上限延长至24岁；

---

① 朱力：《当代中国社会问题》，社会科学文献出版社2008年版，第210页。
② 胡玉坤等：《厘清"青少年"和"青年"概念的分野——国际政策举措与中国实证依据》，《青年研究》2011年第4期。
③ 《青少年儿童白皮书》是由总理府青少年对策本部及其合作省行共同发行的，是介绍青少年现状及政策的政府白皮书。
④ 儿童包括乳幼儿期（学龄前）、小学生、青春期（初中生至未满18岁者）；青年包括青春期和青年期（大体上指18～29岁年龄段的人口）。
⑤ 青少年培养推进本部成立于2003年6月10日，隶属于内阁府。
⑥ 国立国会図書館調査及び立法考査局：『青少年をめぐる諸問題—総合調査報告書』，東京：国立国会図書館調査及び立法考査局2009年版，第3页。

1990～2000年延长到29岁；2000年以来，则进一步延长至39岁。① 如2009年通过的《儿童·青年培养支援推进法》②（2010年4月1日实施）中，"儿童·青年"的年龄限定为0～39岁。该法中之所以用"儿童·青年"代替"青少年"，主要是为了将处于后青年期（30～39岁）的人纳入政府援助对象中来。由此可见，日本政府对青年的界定已经放宽至39周岁。

法律上，主要有儿童、少年、未成年、青少年、年少者等称呼，年龄范畴各不相同。即便是同一称呼，年龄界定也因法律的不同而存在差异。如"儿童"在《儿童福祉法》中指未满18岁者；在《道路交通法》中则指6岁至未满13岁者；在《母子及寡妇福祉法》中指未满20岁者；《学校教育法》中的学龄儿童则指小学生。③ 学术界中，青少年的年龄界定也不统一。如《青少年问题图书信息》（1945～2007年）中将青少年限定在6～25岁；《青少年问题文献目录》中的青少年则为10～25岁。此外，心理学特别是发展心理学中，一般将青少年界定为从13岁、14岁到22岁、23岁的人。

综上所述，中日学界有关青少年的称呼和年龄界定均未形成统一标准。存在"10～19岁""10～24岁""0～24岁""0～29岁"等诸多观点。目前，作为本书研究对象的日本青少年蛰居问题，已出现了长期化和高龄化的发展趋势。即便蛰居之初是未成年人，经过长时间蛰居生活后步入青年期、后青年期，甚至成为中年人及老年人的案例也不在少数。而且，已将蛰居者纳入援助对象的《儿童·青年培养支援推进法》中对"儿童·青年"的年龄限定为0～39岁。再加上本书引用的数据资料主要来源于日本政府的调查统计数据，其调查对象的年龄上限也多为39岁。如内阁府2010年和2015年开展的蛰居实态调查对象是15～39岁年龄段的人口。鉴于此，本书使用日本官方的最新标准，将青少年年龄界定为0～39岁。

---

① ロジャー・グッドマン、井本由紀、トゥーッカ・トイボネン編著：『若者問題の社会学—視線と射程』，井本由紀監訳，西川美樹訳，東京：明石書店2013年版，第4頁。
② 法律颁布的同时，内阁府设立了"儿童·青年培养支援推进本部"，"青少年培养推进本部"随之被废除。
③ 高内寿夫：『青少年の呼称と年齢区分について』，『青少年問題』2001年第48卷1号，第26 - 27頁。

二 青少年问题

青少年问题概念有广义和狭义之分。在中国，广义上是指与青少年相关的一切问题，包括青少年发展、就业、教育、自杀、犯罪、价值观、道德伦理、生活方式、思想意识等。狭义上主要指脱离社会一般规范的行为，社会学上称为病理现象，即"青少年心理和行动中非常规的部分，而这部分对社会、家庭和个体都具有负面作用，亦即心理疾患、不良行为和违法犯罪行为等"。①

在日本，青少年问题概念同样有广义和狭义之分。从《青少年白皮书》及有关青少年问题的文献统计资料的分类目录②中可知，日本官方和学界所使用的青少年问题概念绝大多数是广义上的，即与青少年相关的一切问题。而狭义上的青少年问题是指青少年发展中偏离正常轨道，脱离社会一般规范的行为。大体上分为"反社会性问题行为"和"非社会性问题行为"两大类。反社会性问题行为是指犯罪行为和不良行为等违反法律、社会习惯等社会规范的越轨行为。非社会性问题行为是指蛰居、"无气力"（Apathy）③、不登校、自杀等不能适应周围环境和社会生活，以及无法积极努力适应的行为。④对二者的区分主要看问题行为方式，以他者为对象反抗社会的行为就是反社会性问题行为。与此相反，针对自己的、逃避社会的行为就是非社会性问题行为。当然，也存在兼具反社会性和非社会性双重性质的，如离家出走、药物滥用和家庭暴力等问题行为。

本书所指青少年问题是狭义上的概念，包括蛰居、非行⑤、不登校、家

---

① 高中建主编：《当代青少年问题与对策研究》，中央编译出版社 2008 年版，第 5 页。
② 如日外アソシエーツ编集的《青少年问题书籍的全部信息》（1945～2007 年）中，收录了日本国内商业、政府及私人出版的有关青少年问题的书籍约 25,500 本，包括社会、学校、家庭等与青少年相关的书籍。其分类目录为："青少年""社会和青少年""经济·劳动""学校问题""家庭问题""意识·心理""生活·文化""非行·犯罪""保健·体育"。
③ 所谓"无气力"是指缺乏朝气没有热情，对事情不感动，也不关心的无所作为的状态。参见稲村博『若者・アパシーの時代：急増する無気力とその背景』，東京：日本放送出版協会 1989 年版，第 13 頁。
④ 総務庁青少年対策本部編：『青少年白書（平成元年版）』，東京：大蔵省印刷局 1990 年版，第 5 页。
⑤ 指不正当的行为，违背道德规范的行为，流氓行为。特指青少年的违法行为和违反社会规范的行为等。

庭暴力、离家出走、校园暴力、校园欺凌、药物滥用、自杀等不良社会行为。狭义青少年问题的内涵是随着战后日本社会的发展不断变化的。战后初期，青少年问题突出表现为以非行、犯罪等为代表的反社会性问题行为。战败后的日本，在虚脱和混乱的背景下，青少年犯罪激增。冲动杀人、偷盗等凶恶犯罪接连不断地发生。离家出走、流浪、卖淫等放纵行为也随之增多。"青少年问题"用语就是在这样的背景下产生的，其含义是指由青少年引发的社会问题。①

随着社会发展和生活水平的提高，青少年问题呈现出从"反社会性问题行为"向"非社会性问题行为"转变的特征。早在1968年，《青少年问题》杂志《卷首语》中就刊发了《非社会性倾向的孩子们》一文。文中指出："最近，非社会性倾向的青少年增多。与反社会性问题行为对社会或生活环境的排斥或攻击相反，非社会性问题行为往往采取逃避态度，社会适应能力不足。据推测，反社会性倾向的青少年在同龄人中占3%左右，而非社会性倾向的却高达20%。"②这表明，此时不登校等非社会性问题行为已经引起学者的关注。

到了1980年代末期，伴随着内向性、无气力性的非社会性问题行为增多，青少年问题概念已延伸至包括蛰居、"无气力"、不登校、自杀等在内的非社会性问题行为。如山口透、中村雅知合著的《青少年问题》（高文堂出版社1989年版）一书中，青少年问题涵盖的范围，不仅包括校园欺凌、校园暴力等反社会性问题行为，也包括不登校、自杀等非社会性问题行为，还有离家出走、药物滥用等兼具反社会性和非社会性双重性质的问题行为。③进入平成时期后，在经济不景气、青少年问题增多的背景下，除非行、校园欺凌、校园暴力等反社会性问题行为日益严重之外，自杀、不登校、蛰居等非社会性问题行为也日益凸显且愈演愈烈。

---

① 青少年問題研究会編：『青少年問題小事典』，東京：青少年問題研究会1969年版，第3頁。
② 矢島正見：『戦後日本青少年問題考』，東京：学文社2013年改訂版，第118－119頁。
③ 参见山口透、中村雅知『青少年問題（現代教育学全書）』，東京：高文堂出版社1989年版。

三 蛰居

日语"蛰居"（Chikkyo）有三层含义：①蛰居；闭门索居，闷在家里；②入蛰，冬眠；③禁闭，幽禁（江户时代对武士的一种处罚，令闭居一室，不得出外）。本书所指蛰居被称为"ひきこもり"（Hikikomori）[①]。"ひきこもり"并非日语固有词语，而是由动词"引き篭もる"名词化后出现的新词。《广辞苑》对"引き篭もる"的释义是"躲在家里，闷居或闭居"。而脱离社会（"引く"）与闭居在家（"篭もる"）正是蛰居问题的两个基本要素。

1980 年代，随着蛰居现象的增多，"ひきこもり"作为专有词汇来描述这一现象。"蛰居"这一用语，最初主要在援助"不登校"者的团体或专业援助蛰居现象的医疗机构中使用。到了 1980 年代中期，介绍蛰居现象的论文已见诸学界。1985 年 10 月，由谷野幸子、一丸藤太郎撰写的《一个青年蛰居者的旅程》[②]是目前已知最早的关于蛰居问题的学术论文。1986 年 5 月，北尾伦彦的论文《落后、无气力、蛰居》[③]中也出现了"蛰居"用语。这里的"蛰居"所指对象是青少年，且含义与本书中所说的蛰居意思相同。

1980 年代中后期，新闻媒体也开始使用"蛰居"一词。1985 年 11 月 18 日，《朝日新闻》晚报发表了题为《容易闭居在家的障碍者》的报道。1988 年 2 月 8 日，《读卖新闻》刊登了《独居老人容易闭居在家》的新闻。这两则新闻中都使用了名词性的"引きこもり"，只不过使用对象是障碍者和老年人，并非青少年。1989 年 3 月 5 日，《每日新闻》发表了《长期无气力、蛰居症，多发生在长子身上——筑波大[④]团体调查》的文章。[⑤] 此篇报

[①] 自日本青少年蛰居现象引起关注至今，研究者、官方、媒体及援助组织对这一现象的用语主要有"引きこもり""引きこもる""ひきこもり""ひきこもる"等。2000 年前后，蛰居社会问题化。随着政府的关注及各种调查的公布，用词逐渐统一。2010 年以来，基本上使用"ひきこもり"来描述这一问题。

[②] 谷野幸子、一丸藤太郎：『一青年のひきこもりからの旅立ち』,『心理臨床ケース研究』1985 年 10 号，第 145－164 頁。

[③] 北尾倫彦：『落ちこぼれ・無気力・ひきこもり』,『教育と医学』1986 年第 34 巻 5 号，第 439－443 頁。

[④] 全称为筑波大学。

[⑤] 工藤宏司：『「ひきこもり」社会問題化における精神医学』,載中河伸俊、赤川学編：『方法としての構築主義』，東京：勁草書房 2013 年版，第 32 頁。

道使青少年蛰居问题正式成为新闻话题。到了 1980 年代末期，日本政府也开始关注蛰居现象。1989 年版《青少年白皮书》中，已提及此问题（所用词语为"引きこもり"），并呼吁社会关注蛰居、"无气力"、不登校等青少年问题。从援助团体、学术界、新闻媒体及官方使用"蛰居"一词的情况来看，"蛰居"这一用语出现于 1980 年代是确凿无疑的。[①] 1990 年代，蛰居问题逐渐引起社会各界的广泛关注，并于 2000 年前后成为比较严重的社会问题之一。因蛰居问题的复杂性，其概念的界定也存在多样性。本书将蛰居界定为：由于社会性原因，长时间回避社会活动（包括上学、就业及与家庭外的人际交往等），自我切断与他者的联系（包括家庭关系），丧失社会行为、自我封闭的消极生活状态。

第三节 相关研究综述

一 日本研究综述

青少年蛰居问题是日本青少年问题的重要组成部分，在梳理其学术史之前，有必要概述日本青少年问题的研究现状。青少年问题作为日本社会热点问题之一，一直以来广受关注。日本学界、政府、民间团体都积极开展相关研究工作，研究成果可谓数不胜数。

日本学界已出版大量的理论和专题研究成果，内容涉及青少年问题的方方面面，其中与蛰居问题相关的主要有青少年犯罪、不登校、儿童虐待、校园暴力、校园欺凌、网络欺凌、家庭暴力、自杀、人际关系等各种青少年问题的研究。由于此类研究成果汗牛充栋，在此不再赘述。这里仅对矢岛正见的《战后日本青少年问题考》（学文社 2013 年版）进行重点介绍。

[①] 武藤清荣在《蛰居概念的变迁及其心理》（『現代のエスプリ（No.403）』：36）一文中指出，"蛰居"一词是 1980 年，冈堂哲雄撰写的《蛰居现象和家族心理》（『こころと社会』23 卷 3 号，日本精神衛生会）中第一次使用的。经考证这是错误的记述。实际上，冈堂的这篇论文发表在 1994 年的『心と社会』（25 卷 3 号，日本精神衛生会），并非首次使用"蛰居"一词的论文。武藤错将『心と社会』（25 卷 3 号）记成了『こころと社会』（23 卷 3 号）。

该书以杂志《青少年问题》①为基础，以 646 册《青少年问题》曾刊载的卷首语、论文、随笔、报告、报道等为参考文献。叙述了从 1954 年《青少年问题》创刊到 2012 年，约 60 年的青少年问题发展史。内容涉及长期缺课儿童、自杀、非行、家庭暴力、校园暴力、不登校、儿童虐待、校园欺凌、宽松教育、蛰居、凶恶犯罪、啃老族等各种各样的青少年问题。该书将青少年问题的发展分为四个时期：战后时期的结束和青少年问题（1954～1964 年）；富裕化的到来和青少年问题（1965～1979 年）；富裕中的青少年问题（1980～1991 年）；泡沫经济崩溃后的青少年问题（1992～2012 年）。其价值在于比较系统地梳理了战后近 60 年来日本青少年问题的发展脉络，归纳了不同社会转型期内青少年问题的特征，回顾了各个时期青少年问题的表现形式、研究者的关注焦点及政府对策等。总体上看，战后日本青少年问题伴随着经济社会的快速发展不断恶化，且蛰居等非社会性问题行为日益凸显。

日本政府高度重视青少年问题的研究工作，出版了多种有关青少年问题的白皮书。其中，《青少年白皮书》自 1956 年首次发行以来，至今已持续了半个多世纪。该白皮书不仅以翔实的统计数据全面介绍青少年的人口、健康、安全、教育、劳动等发展状况和存在的问题行为，而且对日本政府出台的各项青少年政策进行详细解读。还刊发有关青少年现状及行政施策的专题报告。如 1967 年的"城市化的推进和青少年"、1980 年的"15～19 岁的青少年"、1997 年的"高度信息通信社会和青少年"等专题。内阁府的《自杀对策白皮书》（自 2007 年开始发布），介绍了青少年自杀的现状及相关对策措施。文部科学省出版的《教育白皮书》和《关于学生问题行为调查》（1999 年首次发布），对青少年的校园暴力、不登校、校园欺凌等不良行为进行了详细调查，并提出了相应的应对措施。此外，还有法务省的

---

① 1954 年创刊，月刊发行至 2006 年 3 月。从 2006 年 4 月开始改版为季刊，分别为新年号、春季号、夏季号和秋季号。

《犯罪白皮书》等。这些白皮书为了解日本青少年发展状况及青少年政策提供了详细的统计数据。

日本民间组织也积极开展针对青少年的研究工作。青少年问题研究会和日本青少年研究所是比较有影响力的两个青少年专业研究机构。青少年问题研究会已有60多年的历史，是日本最早成立的青少年问题财团，除开展相关研究工作外，还发行月刊《青少年问题》，在青少年问题研究中发挥着核心作用。日本青少年研究所成立于1976年，主要开展有关青少年意识和行为的调查研究和国际比较研究。1970年代开展的"世界青年意识调查"曾在世界各国引起强烈反响。2013年，日本青少年研究所解散，主要研究项目由日本儿童教育振兴财团继承，日美中韩4国高中生调查研究由国立青少年教育振兴机构继承。此外，日本许多大企业都有青少年方面的研究机构。如索尼公司的乳幼儿研究所、日立制造所的家族教育研究所等，在青少年问题研究中也发挥着一定的作用。

在日本青少年问题中，青少年蛰居的问题史不长，但发展势头迅猛，已成为当今日本比较突出的社会问题之一。2000年前后，蛰居社会问题化之初，日本社会各界的主流观点普遍认为蛰居是日本特有的社会现象。如町沢静夫在《蛰居青年——蛰居的实况和处方》（大和书房2003年版）一书中，开篇即指出："蛰居是现代孩子的心理问题，也是日本特有的社会现象。"[①]书中还介绍了长期在美国从事精神分析实践的日本精神科医生中久喜雅文的观点，即"不登校、蛰居、拒绝上班等问题大概是日本文化特有的现象，在美国看不到"。[②] 精神科医生中垣内正和也认为："从国际社会看，蛰居基本上是现代日本出现的'以年轻人为中心的社会问题'。"[③] 伴随着日本社会各界对蛰居问题关注度的增强、研究的深入及互联网的迅速普及，英国、法

---

① 町沢静夫：『ひきこもる若者たち：「ひきこもり」の実態と処方箋』，東京：大和書房2003年版，第3頁。
② 同上书，第39页。
③ 中垣内正和：『はじめてのひきこもり外来：回復のための10ステップ』，東京：ハート出版2008年版，第32頁。

国、意大利等发达国家的新闻媒体，纷纷对日本的蛰居现象进行报道。但欧美语系中没有与"ひきこもり"意思相同或相近的词语，相关报道和论文均直接使用"ひきこもり"一词的日语读音"Hikikomori"来介绍蛰居现象。如，2009年意大利开展的告发蛰居者的宣传活动中，使用的大标题就是"Hikikomori"。2010年8月，《英国牛津英语大词典》(牛津大学出版局出版第3版)收录了"Hikikomori"一词，释义为"避免与社会接触……一般年轻男性居多"。[①] 法语中绝大多数也直接使用"Hikikomori"来描述这一现象。有人据此推断："蛰居是日本特有的问题。"[②] 笔者认为，"Hikikomori"一词在欧美国家的使用，只能说明青少年蛰居问题发端于日本。

实际上，蛰居问题并非仅存于日本，美国、英国、意大利、法国等欧美发达国家中也存在类似蛰居状态的青少年。2003年，"NPO[③]法人全国蛰居KHJ[④]父母会"（简称KHJ父母会）的会报《启程》，刊发了该会负责人奥山雅久的文章，内容如下：

> 2002年10月，英国BBC播放了蛰居问题特别节目，引发强烈反响，收到很多来自蛰居者父母的邮件。其中一位家长写道："我昨晚看了BBC电视节目。我的26岁儿子整天待在二楼自己的房间中，儿子虽然可以离开房间，与我一起就餐，但不参与社会生活，没有朋友，也不工作……"另一位家长认为，这个节目非常有意义，"我认为这种状态不仅仅存在于日本。我有一个与节目中描述的症状相似的儿子。

[①] 石井守：『社会的ひきこもりと登校拒否・不登校：支援者のこころで25年』，東京：教育史料出版社2014年版，第13-14頁。
[②] 町沢静夫：『ひきこもる若者たち：「ひきこもり」の実態と処方箋』，東京：大和書房2003年版，第36頁。
[③] NPO是非营利组织（Non Profit Organization）的简称。日本有很多为蛰居者提供援助活动的NPO法人团体。在其援助下，一些蛰居者回归了学校或社会。
[④] KHJ所代表的内容发生过改变。1999年该组织成立时，KHJ是强迫性神经障碍、被迫害妄想症、人格障碍的日文罗马字拼写法的第一个字母。2014年，KHJ改为家族（Kazoku）、蛰居（Hikikomori）、日本（Japan）的简称。2015年12月，"NPO法人全国蛰居KHJ父母会"改称为"特定非营利活动法人KHJ全国蛰居家庭会联合会"（简称KHJ家庭会）。

节目中少年们的特征与我的儿子很相似，唯一不同的是我可以和儿子见面，他自己可以下楼吃饭，我不用为他送饭"。①

奥山雅久指出："美国、德国、意大利等发达国家的关注点不仅限于'Hikikomori'，同时还披露了容易引发蛰居的自律神经失调、抑郁症、强迫神经症、对人不信、对人恐惧等问题。从数量上看，美国至少有一千几百万人存在上述问题，德国、英国等也达到了数十万人的规模。"② 2010年，日本精神科医生铃木国文与法国精神科医生、文化人类学家等共同组建了"日法蛰居共同研究小组"。③ 该研究组织2013年在巴黎召开了有关蛰居的专题座谈会。近年来，韩国、中国香港等东亚国家和地区的蛰居人数均呈现出不断增多的趋势。从韩国援助蛰居者民间团体接待的咨询件数看，2019年上半年接待的咨询数量就远远超过2018年全年的咨询件数（100件），与此同时，由蛰居者父母组建的"父母会"的会员也增加了约70人。目前，韩国没有关于蛰居现状的调查数据，但医生出身的尹一逵国会议员推测，韩国的蛰居人数已有21万人。④ 2004年，中国香港的蛰居青少年人数为6,000人，而2007年，增加到约18,500名年轻人和540名学生。⑤ 综上所述，蛰居现象虽然发端于日本，但并不是仅存于日本的特殊问题。随着问题的发展和相关研究的深入，该问题逐渐被世界各国（地区）认知。

从研究现状来看，目前欧美国家中与蛰居相似的现象虽有报道，但仅属个案。相关报道和研究以介绍日本青少年蛰居现象及研究成果为主，鲜有创新性和实证性研究问世。如，2002年，医学综合杂志 *Lancet* 用一页篇

---

① 奥山雅久：『先進国に広がっているHIKIKOMORI』，『旅立ち』17号，2003年11月2日。
② 同上。
③ 鈴木國文、古橋忠晃、ナターシャ・ヴェルー編著：『「ひきこもり」に何を見るか—グローバル化する世界と孤立する個人』，東京：青土社2014年版，第8頁。
④ 神谷毅：『ひきこもり韓国も悩む』，『朝日新聞』2019年8月1日国際版。
⑤ 陈康怡、卢铁荣：《权力动力学视角下的蛰居青少年家庭关系与自尊问题研究》，段威译，《青少年犯罪问题》2017年第5期。

幅刊登了 Watts 撰写的报告，介绍了日本厚生劳动省的调查，精神科医生斋藤环、民间援助者工藤定次等人的证言。这是欧美国家首次介绍蛰居现象的报告，但内容仅限于对日本蛰居问题的概述，并非独立研究。作者指出："近年来日本经济停滞，蛰居问题引起关注，日本正走向'无气力'化。"[①] 此外，欧美国家中也有论文从精神医学、社会学视角分析日本青少年蛰居问题，但多倾向于将蛰居与经济衰退及社会挫折关联起来。

青少年蛰居问题发端于日本。无论是问题的严重性、社会关注度及重视度，还是专业的学术研究，日本都走在了前列。有关蛰居问题的研究成果颇丰，主要从精神医疗、临床心理和社会工作等视角进行研究。目前，已出版的大量有关蛰居问题的书刊中，大部分由精神科医生、临床心理士、民间支援者、记者以及蛰居经历者[②]等撰写，内容涉及精神疾患、援助对策、教育、就业等领域。研究视角主要体现在以下三个方面。

第一，实证研究。在日本，最早发现和接触蛰居现象的是援助机构。早在1970年代末，青少年中出现了与蛰居特征相似的"无气力"现象，他们对学业和职业生活不感兴趣，不参与社会活动，无所作为地虚度光阴。援助青少年蛰居的民间组织——NPO法人青少年自立援助中心（简称YSC）理事长工藤定次[③]曾称，其首次接触蛰居者始于1978年。到了1980年代，蛰居现象增多，但认知领域主要限于一些援助不登校的民间团体和医疗机构。进入1990年代，青少年蛰居现象引起新闻媒体和学术界的广泛关注。

由民间团体和医疗机构等援助组织开展的实证研究，旨在帮助蛰居青少年实现自立，重新回归学校或社会。实证研究中比较有代表性的是民间

---

① 井出草平:『ひきこもりの社会学的研究』，博士学位論文，大阪大学，2012年，第39頁。
② 蛰居经历者是指已经恢复人际关系和社会活动的曾经有蛰居经历的人。
③ 工藤定次，生于1950年，毕业于早稻田大学文学系、和光大学人文系，专攻心理学和社会学。从1976年开始协助友人经营学习塾，因朋友急逝继承学习塾。1977年工藤将学习塾改称"タメ塾"，开始接收不登校或有心理障碍的孩子。1978年首次招收蛰居孩子。1979年为蛰居孩子兴建可以共同生活的宿舍。1982年开始，为了让蛰居孩子学习独立谋生的技巧，开设了各种各样的劳动体验活动。1999年，"タメ塾"改称NPO法人青少年自立援助中心（YSC）。

援助组织"朋友空间"的负责人、生活顾问富田富士也的研究。他先后撰写了多部有关蛰居问题的专著。如《从蛰居开始的旅程》(ハート出版1992年版)、《续从蛰居开始的旅程》(ハート出版1993年版)、《父亲的一句话改变了我》(ハート出版1993年版)、《蛰居和不登校·就业Q&A》(Vol.1·Vol.2)(ハート出版1994年版)、《重新处理的巡礼·不登校·就业》(柏树社1995年版)、《新版·蛰居和不登校·就业及校园欺凌Q&A》(ハート出版1996年版)、《如何摆脱蛰居》(讲谈社2001年版)等。其中,《从蛰居开始的旅程》是日本最早的一部研究蛰居现象的著作。该书以作者接触的蛰居者为素材,描写了蛰居青少年的心路历程。富田认为如何定义蛰居并不重要,对于长期蛰居带来的后果要给予足够的重视,且当务之急是如何帮助蛰居青少年重新回归社会。

工藤定次创办的NPO法人青少年自立援助中心(简称YSC)是比较有代表性的民间援助团体之一,在蛰居者的自立支援中发挥着重要的作用。其援助对象主要是完全与社会脱离,闭居在家里或自己的房间内不能外出的"纯粹的蛰居者"。工藤定次的《摆脱蛰居》(ポット出版2004年版)详细介绍了青少年自立援助中心的发展史、援助对策及流程,并用实例论证了YSC援助对策的有效性。此外,大阪的支援蛰居者民间组织负责人田中俊英认为,那些难以理解的概念和观点对援助蛰居者没有意义,其所著的《从"蛰居"思考家庭》(岩波书店2008年版)一书作为对策性书籍,主要从家庭视角出发,呼吁蛰居者的家人要首先抛弃因孩子蛰居感到耻辱的观念,积极帮助蛰居者,鼓励他们进行治疗。并为蛰居者家人提出了应对方案,其最终目的是要帮助蛰居青少年实现自立,重新回归社会。由此可见,实证研究关注点在于如何解决蛰居问题,对蛰居问题产生的原因关注较少。

第二,精神分析视角的研究。1990年代以来,日益增多的蛰居现象逐渐引起社会各界的广泛关注,以精神医学为中心的专业研究随之展开。在已出版的青少年蛰居问题研究成果中,精神分析视角居多。如稻村博的《不登校·蛰居Q&A》(诚信书房1993年版)、斋藤环的《社会性蛰居——

未结束的青春期》（PHP 研究所 1998 年版）、近藤直司和长谷川俊雄编著的《蛰居的理解和援助》（萌文社 1999 年版）、近藤直司编著的《蛰居案例的家庭援助——咨询·治疗·预防》（金刚出版 2001 年版）、矶部潮的《"蛰居"痊愈时——23 人的临床案例》（讲谈社 2004 年版）等。上述专著的作者均是精神科医生。其中，《社会性蛰居——未结束的青春期》的作者斋藤环是日本著名临床精神科医生。该书首次对蛰居概念进行了明确的界定，并从理论上论述了"社会性蛰居"的症状、过程及其与精神疾病的关系，指出了应对蛰居问题的方法和对策。

　　精神医学的先行研究主要包含两种类型：一种是对蛰居者常伴随的精神疾病的治疗，这类如何治疗蛰居者的论文数量庞大，简称为"治疗论"；另一种是有关蛰居的诊断论文，简称为"诊断论"。精神分析视角的研究重点是通过对蛰居者进行诊断来制定相应的治疗方案，并不关注蛰居问题产生的原因。迄今为止，日本学界对蛰居问题的研究依然以精神分析为主。此外，在政策制定层面，精神科医生也发挥着重要的作用。厚生劳动省委托的有关蛰居问题的调查研究均由精神科医生主持，其发布的有关蛰居问题的应对也由精神科医生执笔，且将蛰居问题定性为"精神卫生问题"。

　　第三，社会学视角的研究。2000 年以来，伴随着蛰居的社会问题化，有关青少年蛰居的社会学论著开始问世。其中，代表性的是荻野达史、川北稔、工藤宏司等编著的论文集《蛰居的社会学研究——媒体·当事者·支援活动》（ミネルヴァ书房 2008 年版）。该论文集由 8 位社会学家执笔，从不同角度对蛰居现象进行了分析论述。荻野达史对蛰居问题的研究以援助蛰居者的民间团体为中心。北川稔则重点考察作为援助方法之一的"父母会"的活动，以及蛰居者家庭的烦恼。石川良子关注的重点并非蛰居当事者，而是已从蛰居生活中走出来的蛰居经历者。[①] 此外，还有从蛰

[①] 在其专著『ひきこもりの〈ゴール〉：「就労」でもなく「対人関係」でもなく』（青弓社 2007 年版）中，石川根据实地调查经验，通过对蛰居经历者的访谈和跟踪调查（2001～2006 年的 6 年间，石川跟踪采访了 20～50 岁年龄段的蛰居者共计 11 人），介绍了他们回归社会的经历、体验及其纠葛，分析了蛰居的类型及蛰居者不能参与社会的原因，并就蛰居与"啃老族"的区别进行了论述。

居者的社会参与、劳动政策等视角开展的研究。这些研究较少关注蛰居问题本身，对蛰居问题产生的原因也未做深入探讨。2005年以来，不断有社会学家加入研究蛰居问题的队伍中来。日本社会学会的一般报告会中设立了"蛰居分会"。但是，在已出版的100多本研究蛰居问题的论著中，从社会学视角开展研究的专著并不多见。

其中，比较有代表性的是井出草平的研究。井出认为"将蛰居问题完全归于精神卫生问题"[①]是错误的，蛰居并不是生来就存在的生活状态，青少年由正常社会生活走向蛰居，其中很多是社会性因素引发的，因此有必要从社会学视角分析青少年蛰居的原因。2007年，井出在硕士学位论文基础上修改出版了专著《蛰居的社会学》(世界思想社2007年版)。该书从社会学视角对蛰居定义进行了分析，指出了蛰居的三种社会性质，并用实证研究的方法分别对中学生和大学生出现蛰居现象的背景、原因及类型进行了论述。但缺乏理论分析和调查数据的论证。5年后的2012年，井出的博士学位论文《蛰居的社会学研究》不仅进行了理论探讨，使用自杀理论来分析蛰居问题，而且通过采访当事者和采用问卷调查方式对所提出的理论进行了论证。还采用了计量社会学的研究方法，首次对学界研究不足的大学生蛰居问题进行了数据论证，得出了大学生中同样存在相当数量蛰居者的结论。井出的创新之处在于：一是在理论上做了尝试，第一次从社会学视角对蛰居问题进行理论分析，将自杀理论应用到了蛰居问题的研究中；二是首次采用计量社会学研究方法，通过采访资料和问卷调查相结合的方式，推算出大学生蛰居规模约为3万人；三是以教育制度为中心探讨蛰居原因，弥补了日本学界对蛰居原因研究的不足。不过，井出仅从教育制度入手分析蛰居的原因，存在一定的片面性。

从日本的研究现状来看，研究视角以精神分析为主，实证研究为辅，少量的社会学研究成果多侧重于案例分析、援助对策的考察。目前，社会各

[①] 井出草平：『ひきこもりの社会学的研究』，博士学位論文，大阪大学，2012年，第43頁。

界对蛰居原因的解读，除精神分析视角外，代表性的观点主要有以下三种。

第一，娇惯懒惰①之说。日本社会对蛰居者持一种不宽容的态度，对蛰居青少年存在偏见。蛰居者经常受到"不能忍耐""娇惯""懒惰"等非议。很多人将蛰居归因为"家庭富裕""父母的娇惯"等，认为"蛰居者是被娇惯出来的""只有经济条件好的家庭才允许孩子蛰居"。实际上，无论是以不登校、校园暴力，还是因工作受挫等为契机开始蛰居生活的青少年，他们大多并非懒惰，其自身也非常厌恶这种颓废的生活状态。2003 年，NHK 开展的蛰居问题网络调查结果显示，对于"并非因为喜欢才开始蛰居，而是因为自己也不知道怎么办好"持肯定回答的高达 85%；对于"对现在的生活满意吗"持否定态度的占 78%。② 大部分蛰居者对于蛰居生活并不喜欢，也不满意。单纯将蛰居归结为"懒惰""没有忍耐力"等显然是欠缺说服力的。第二，性格因素。有人指出，蛰居青少年自身有一定的性格倾向，内向、懦弱、温柔、有同情心、较真、规规矩矩、缺乏自信心、自尊心强且容易产生不安情绪等。这种性格的孩子拘泥于小事情，过度在意周围人的看法，缺乏主动性和积极性，不善于交朋友，容易出现蛰居问题。第三，学校教育因素。从教育制度分析蛰居原因的代表学者是井出草平，他根据很多人从学生时代开始蛰居，且蛰居者中不登校经历者居多的事实，着重从教育制度视角探讨了青少年蛰居的社会性因素。

笔者认为，青少年蛰居是一个十分复杂的问题，涉及社会、家庭、学校及心理文化等各个领域。既然有相当一部分蛰居者是由校园欺凌、不登校、就业或职场压力等社会性因素引发的，那么单纯的精神医学研究显然是不充分的。蛰居现象的出现及其社会问题化，与娇惯、懒惰等没有必然联系，也并非单纯的性格问题，而是战后日本社会变迁中，社会环境、家

---

① 最具代表性的是 2000 年 5 月在"新闻站"上，评论员清水建宇（《朝日新闻》编辑委员）的题为"蛰居是奢侈"的发言。

② NHK「ひきこもりサポートキャンペーン」プロジェクト編：『hikikomori@NHK ひきこもり』，斎藤環監修，東京：日本放送出版協会 2004 年版，第 92、83—84 頁。

庭结构、学校教育及心理文化等多种因素相互作用的结果。因此，有必要从历史社会学视角对该问题进行溯源研究。以战后日本社会变迁为背景，从影响青少年社会化的社会环境、家庭结构、学校教育及心理文化等方面，来探讨蛰居问题产生的社会文化根源。

二　中国研究综述

中日邦交正常化后，中日之间往来频繁，两国青少年研究领域的交流也随之增强。中国学界对日本青少年问题的研究起始于1980年代。研究成果以学术论文为主，主要发表在《青年研究》《中国青年研究》等青少年和教育类的专业刊物上。而《日本学刊》《日本问题研究》等日本研究专业刊物中刊载的青少年问题论文数量有限。如《日本学刊》（1985～2014年）刊发的青少年问题论文仅有3篇[①]。《日本问题研究》刊载的青少年问题论文数量虽略多于《日本学刊》，但在刊文总数中所占比率也是微乎其微的。

从研究内容看，主要集中于青少年犯罪、教育、不良行为及对策研究等领域。第一，日本青少年犯罪问题研究居首，已公开发表了数量众多的研究成果。论文类研究如张磊的《青少年犯罪的环境因素与预防矫正制度——来自日本的启示》（《青少年研究》2006年第1期）等，主要分析日本青少年犯罪的背景、现状、原因和日本政府应对措施等。专著类研究如张志泉的《日本犯罪者处遇研究》（山东人民出版社2010年版）对日本犯罪者处遇的基本理论和各项制度进行了分析和研究。因犯罪研究多数是从法学视角的专业考察，与本书采用的历史社会学视角存在较大的差异，也非笔者专长之领域，故不做详细阐述。

第二，日本青少年教育研究成果颇丰，涉及道德教育、教育经验、教育问题、教育改革及历史教育等内容。道德教育研究以介绍日本青少年德

[①] 王炜：《80年代日本青年的一些特征》，《日本学刊》1989年第3期；平战国：《当前日本少年暴力犯罪现象浅析》，《日本学刊》1998年第3期；宋协毅、张美蓉：《浅析"寄生虫现象"与现代日本社会的关联》，《日本学刊》2001年第5期。

育的现状、方法、经验教训和启示为主。论文类研究如吴绍丽的《日本社会教育中的品德教育方法管窥》(《高等教育研究》1997年第1期)、王新俊的《日本中小学道德教育的特色及启示》(《当代教育论坛》2008年第12期)等。专著类研究如曹能秀的《当代日本中小学道德教育研究》(商务印书馆2007年版)分析了日本中小学道德教育的现状及问题。

　　日本的教育曾被誉为日本经济发展获得成功的引擎、世界教育的典范。介绍日本教育经验的论文比比皆是，不再赘述。1990年代以来，日本教育问题凸显，研究日本教育问题的论文不断涌现。如慧永的《日本教育已到"癌症晚期"》(《世界文化》1998年第1期)、林文静的《日本教育荒废现象背后的社会变迁性因素分析》(《网络财富》2009年第30期)等。面对不断出现的教育问题，日本的教育改革成为学界研究热点，于是在中国学界也掀起了研究日本教育改革的热潮。这方面的研究论文主要有陈永明的《日本面向21世纪教改的三大趋势》(《外国教育资料》1998年第4期)等。进入21世纪以来，社会教育逐渐提上日程，论文主要有刘嘉和罗娜娜合著的《试论日本文化对日本社会教育活动的影响》(《继续教育研究》2006年第5期)、翟梅伶的《日本社会教育研究综述》(《湖北大学成人教育学院学报》2008年第3期)、彭正文和施永达合著的《日本中小学的社会教育》(《外国中小学教育》2008年第6期)等。此外，关于日本青少年历史教育的研究也是研究热点之一。如臧佩红的《战后日本的历史教科书问题》(《日本学刊》2005年第5期)、周毅的《从日本"历史教科书事件"看历史观在历史教育中的意义》(《安庆师范学院学报》2006年第3期)等。

　　21世纪以来，日益严重的日本青少年蛰居问题引起了日本国内外学界的关注。中国与日本比邻，又有着相似的文化传统。受地域和文化的影响，早在21世纪之初，中国学界就对日本青少年蛰居问题给予了关注和研究。

　　首先，从"ひきこもり"一词的译法来看，截止到目前，中国学界和

媒体对"ひきこもり"的译法主要有"闭居者"[①]、"遁世"[②]、"都市隐者"[③]、"闷居"[④]、"自闭"[⑤]、"隐蔽性人格"[⑥]、"青年隐士"[⑦]、"家里蹲"[⑧]等。从这些译法来看,"闭居者"有一种过多强调空间上闭居的意思。在《现代汉语词典》(第6版)中,"遁世"是指避开现实社会而隐居,显然与"ひきこもり"的本意存在出入。"自闭"是指把自己封闭起来不和外界交流,如性格自闭或自闭症[⑨]。而"都市隐者""闷居""隐蔽性人格""青年隐士""家里蹲"等译法也与"ひきこもり"的含义有差异。"ひきこもり"不仅是空间的闭居,而且丧失了社会活动和人际关系。因此,笔者采用"蛰居"的译法,指像动物冬眠一样,长期躲在某个地方,不出头露面。

其次,从研究现状来看,自2002年第一篇涉及蛰居问题的论文发表至今,相关报道和研究性成果共20篇,其中报刊文章6篇、学术论文14篇,另有相关研究著作1部。研究内容主要体现在如下三个方面。

第一,蛰居现象的描述性介绍。中国最初对日本青少年蛰居现象的认知途径主要包括两个方面:一是中国报刊援引西方媒体对此问题的报道。如《日本数百万年轻人遁世 官方正探究遁世现象之谜》(《参考消息》2003年9月16日)是中国媒体首次介绍蛰居现象。该文援引法新社报道,对年轻人蛰居的人数、状态及诱因进行了介绍。文中"大约有300万年轻人遁世"的夸张说法,反映了当时日本社会对蛰居现象的恐惧和担忧。2005年,《世界中学生文摘》摘编了英国《独立报》一篇题为《蛰居的日本异类少年》

---

① 陈映芳:《个人化与日本的青少年问题》,《社会学研究》2002年第2期。
② 《日本数百万年轻人遁世 官方正探究遁世现象之谜》,《参考消息》2003年9月16日社会文教版。
③ 冷剑:《令人忧虑的日本"都市隐者"》,《科学与文化》2006年第6期。
④ 黄喜珊、刘鸣:《日本青少年的闷居现象:现状、危害、背景及应对》,《比较教育研究》2011年第5期。
⑤ 马少华:《当代日本青少年的自闭现象考察》,《湖北经济学院学报(人文社会科学版)》2013年第12期。
⑥ 董存梅:《日本青少年隐蔽性人格的社会文化根源》,《中国社会科学报》2013年5月6日第8版。
⑦ 黄昌荣、应凤秀:《隐蔽现象与社会排斥:以青年为例》,载魏雁滨、安国启、倪锡钦主编《信息时代新青年议题:理论、政策与实务》,社会科学文献出版社2010年版,第58页。
⑧ 林浩:《日本帮"家里蹲"一族重返社会》,《环球时报》2008年8月25日第4版。
⑨ 自闭症也称孤独症,是一种人际交往障碍性疾病,因神经系统失调而引起,主要症状是对外界事物不感兴趣,沟通能力很差,重复某些刻板的行为等。

的报道。该文指出："日本有一群十多岁的危险青少年：他们躲藏在自己屋子里，脱离社会，放浪形骸……"①并用事例描述了蛰居青少年的生活状态及其实施的犯罪行为。2015年，环球网发表《日本"蛰居"男性达百万 数年不上班不社交》②，用具体案例详细介绍了日本蛰居男性的现状。指出，"日本约有100万男性蛰居家中……他们逃避社会，隐蔽于卧室之中，有时长达几年之久"。不过，该文将蛰居视为一种疾病，存在偏颇性。蛰居者中存在因精神疾病蛰居的案例，但主流观点认为绝大多数的蛰居是一种消极生活状态，而非疾病。

二是中国报刊对日本青少年蛰居现象的概述。如朱玥颖的《日本有群蛰居族》(《人民日报》2015年7月30日) 一文简单介绍了日本青少年蛰居的诱因、人数、特征及产生的时代背景。《日本帮"家里蹲"一族重返社会》(《环球时报》2008年8月25日) 的报道则概述了"家里蹲"的起源、现状、原因和对策。该文将"家里蹲"等同于"御宅族"③，认为"家里蹲"是指那些过于痴迷于某种个人爱好的人群，这显然是一种误读。冷剑的《令人忧虑的日本"都市隐者"》(《科学与文化》2006年第6期) 图文并茂地展现了蛰居者的生活状态和特征。指出"都市隐者"是近十年来日本社会的一个比较突出的社会现象。为了逃避社会，一些青少年将自己锁在屋内，过着衣来伸手、饭来张口的颓废生活，人生大好时光就在自我禁闭中消磨了。但该文篇幅短，内容以介绍现状及日本学者的研究为主，研究性不足。黄喜珊、刘鸣的《日本青少年的闷居现象、现状、危害、背景及应对》(《比较教育研究》2011年第5期) 认为闷居现象已成为日本社会的一个严重问题，且表现出以男性青少年至壮年期为绝对主体，闷居时间越来越长，人数越来越多的趋势。该文介绍了日本官方对闷居含义的界定，并

---

① [英] 大卫·麦克内尔：《蛰居的日本异类少年》，《世界中学生文摘》2005年第6期。
② 《日本"蛰居"男性达百万 数年不上班不社交》，2015年7月10日，http://look.huanqiu.com/photo/ 2015-07/ 2786232.html，2017年7月3日。
③ 又称"傲他酷"，是日语"お宅"一词的音译。

将其分为原发性和继发性两种类型。作者还对这一现象在日本社会的普及率、心理学意义、危害、背景及日本应对举措作了分析。此外,黄喜珊在《青少年问题行为的预防与矫治》(广东教育出版社 2010 年版)一书中用一章的篇幅阐释了日本青少年的闷居现象。

第二,蛰居问题的原因分析。如陈映芳的《个人化与日本的青少年问题》(《社会学研究》2002 年第 2 期)论述了个人化与蛰居问题的关系,指出个人化的发展使得青少年社会化范围逐步缩小,从新人类、"御宅族"到闭居者的演变过程来看,青少年的个人化倾向逐步加深,最终以闭居的方式拒绝社会化,从而逃避激烈的社会竞争。苏一芳、翁才敏用社会失范理论、文化冲突论等社会学理论探讨了蛰居问题产生的原因。作者从社会学视角出发,将日本青年的遁世行为定性为一种社会越轨行为,即社会成员偏离或违反社会规范的行为。指出"日本青年的遁世行为普遍的是一种违规行为,但有的也会向违法和违警行为转化"。[1] 该文在分析遁世和经济关系时,认为日本遁世青年是隐退型的代表。即既不愿靠打零工来维持自己的生活,也不愿为了生活铤而走险,而是自暴自弃,龟缩在自我的世界里,企图逃避现实。实际上,遁世者并非不愿意打工,而是因人际关系问题,处于想工作却不能工作的状态。而且,作者将遁世青年与"御宅族"混为一谈,且整篇论文缺少日文文献的支撑。此外,马少华指出从表面上看,自闭现象虽是个人的精神病理问题,但背后其实牵连着社会、家庭、经济和文化等一系列要素。[2]

第三,蛰居问题的文化根源解读和理论分析。董存梅认为日本的"耻文化"、集团主义是青少年蛰居的深层文化根源,指出"日本人的自我是依存于他人的,总是倾向于与他人保持一致,在与人交往中常常保持被动的接受姿态,对于突然的破绽、突然的自我暴露感到非常害羞,对出丑、

---

[1] 苏一芳、翁才敏:《"他们为何象鼹鼠一样"——日本百万青年遁世原因的社会学探讨》,《青年探索》2004 年第 6 期。

[2] 马少华:《当代日本青少年的自闭现象考察》,《湖北经济学院学报(人文社会科学版)》2013 年第 12 期。

丢脸感到非常恐惧"。① 这种集团主义文化传统对日本人性格的影响根深蒂固。黄昌荣、应凤秀运用社会排斥的理论，通过对案主背景的描述，以及对案例与服务策略的探讨，阐述社会隐蔽现象的核心指标、服务介入过程，以及关于这个现象背后的种种迷思及误解。② 陈康怡、卢铁荣对中国香港隐蔽青年的负面情绪与偏差行为之间的关系进行了社会学分析。结果显示："当隐蔽年期增加，负面情绪会减少；隐蔽程度增加，负面情绪会变得更高。同时，负面情绪与偏差行为和隐蔽程度呈正相关，但与隐蔽年期呈负相关。隐蔽本身不会导致偏差行为的发生，但是隐蔽期间接收较少的社会支持而产生负面情绪，则可能会导致青年参与偏差行为。"③ 此外，陈康怡、卢铁荣从权力动力学视角，采用分层回归分析、适度分析和访谈法，来探究家庭关系的紧密程度是否对蛰居青少年产生约束性影响，进而影响到青少年在家庭中的从属程度。研究结果表明："青少年在成为蛰居族的过程中与家庭的关系最为紧密，他们也最容易受到父母权力的约束影响。虽然父母的约束十分严厉，但相较于其他关系，青少年还是更愿意尊重父母。即便他们受到了源自家庭的负面评价，但他们仍然希望得到家庭成员的重视和认可。"④

综观目前中日两国对日本青少年蛰居问题的理论研究和实践探索，可以发现存在如下特点：一是日本以外的研究明显滞后，研究成果数量有限；二是日本的研究以精神分析为主，实证研究为辅，社会学研究不足，且集中于对蛰居经历、援助对策等相关问题的考察，鲜有基于历史社会学视野，从影响青少年社会化的社会环境、家庭结构、学校教育三个视阈的历史变迁中探寻蛰居问题演变过程和社会机理的研究，且缺少心理文化根源的解

---

① 董存梅：《日本青少年隐蔽性人格的社会文化根源》，《中国社会科学报》2013 年 5 月 6 日第 8 版。
② 黄昌荣、应凤秀：《隐蔽现象与社会排斥：以青年为例》，载魏雁滨、安国启、倪锡钦等主编《信息时代新青年议题：理论、政策与实务》，社会科学文献出版社 2010 年版。
③ 陈康怡、卢铁荣：《香港隐蔽青年、负面情绪及偏差行为》，《青少年犯罪问题》2014 年第 3 期。
④ 陈康怡、卢铁荣：《权力动力学视角下的蛰居青少年家庭关系与自尊问题研究》，段威译，《青少年犯罪问题》2017 年第 5 期。

读；三是中国学界对日本青少年蛰居问题的研究多是零散的、介绍性的，研究内容多为现象描述、原因概述及对策简介，缺少宏观架构、理论支撑及深入的原因解析。笔者对日本青少年蛰居问题的前期研究，在广度、深度、系统性及宏观性方面还比较欠缺。因此，为了拓宽研究视野，本书拟将青少年蛰居问题置于战后日本社会变迁背景中进行历史社会学的考察，从而进一步加深对日本青少年蛰居问题的整体性和宏观性研究。

第四节 研究方法与内容

一 研究方法

本书以社会史为研究主线，从历史社会学的研究视角，综合运用社会变迁和青少年社会化等理论知识，结合历史学、社会学、教育学及心理学等相关学科的研究方法，采取综合论述与个案分析相结合的方式，将蛰居问题置于战后日本社会变迁的大背景下，从影响青少年社会化的社会环境、家庭结构、学校教育及心理文化等方面，来探讨蛰居问题产生的社会文化根源。同时，基于案例分析法，选取典型蛰居案例[①]及援助组织，对蛰居者的基本生活状态及应对措施进行微观解读。争取做到论从史出、宏观与微观的统一。

第一，历史社会学视角。历史学是重构过去社会的图像，而社会学是针对现代社会的诸多社会问题来解释和提出应对方案。[②] 所谓历史社会学，是历史学与社会学相互交叉、相互结合的产物，是史学工作者运用社会学的某些原理和方法进行历史研究的一门学科。[③] 历史社会学作为一门交叉学

[①] 本书所使用的案例主要来源于日本政府、支援机构及学者的调研资料。为了行文的统一，本书对引用的案例在忠实于原有内容的基础上，略作概括，且对标号进行修改，拟用 A、B、C、D 等标记，每章重新标号。部分使用名称的案例也均采用化名。

[②] 吴帆、吴毅：《历史社会学的发展与特征》，《华中科技大学学报（社会科学版）》2009 年第 4 期。

[③] 席来旺：《"历史社会学"再探讨——兼与〈历史社会学初论〉一文商榷》，《社会学研究》1988 年第 3 期。

科，具有历史学和社会学的双重属性。其研究内容之一是"对于某些既定社会现象的溯源研究"①。任何社会问题都有其社会发展过程，对任何社会问题的社会学研究，都需要有历史的视角与思维。蛰居问题既是当代日本比较突出的社会问题之一，也是社会变迁的产物。单纯的社会学研究不适用于研究社会变迁的长期过程，这就需要对蛰居问题进行历史社会学的深层透视。具体来讲，用社会学方法分析蛰居问题现状、特征及对策的同时，从社会转型、家庭变迁、学校教育及心理文化等方面对蛰居问题产生的社会文化根源进行历史考察。

第二，社会变迁理论。在社会学中，社会变迁既泛指一切社会现象的变化，又特指社会结构的重大变化；既指社会变化的过程，又指社会变化的结果。社会变迁有很多种类，如自然环境变迁、人口变迁、经济变迁、社会结构变迁、社会价值观念和生活方式变迁、科学技术和文化的变迁等，②即一切社会现象发生变化的动态过程及其结果。战后日本社会无论是社会结构，还是价值观念，方方面面都经历了且目前依然还在经历着巨大的社会变迁，这些变迁都会在不同历史发展时期青少年的行为、态度以及由此形成的青少年问题中留下痕迹。青少年蛰居问题是社会变迁的产物，必须将其放在一个"长时段"的框架里才能发现其演变轨迹。本书通过分析战后日本社会变迁过程中青少年蛰居问题的演变轨迹及社会文化根源，对于深入了解青少年蛰居问题出现的时代背景及纵向观察日本社会有着重要的意义。

第三，青少年社会化理论。就一般规律来讲，个体从自然人到社会人的发展过程就是人的社会化过程。所谓"社会化"就是能够帮助成员逐渐从"生物人"过渡到适应某个具体社会的"社会人"。③社会学家风笑天指出："青少年时期的社会化是人的社会化过程中最为基本，也最为重要的一

---

① 吴忠民：《国外历史社会学述论》，《社会学研究》1991年第1期。
② 辛自强、池丽萍：《社会变迁中的青少年》，北京师范大学出版社2008年版，第23页。
③ 杨雄、苏萍主编：《转型社会的中国青少年》，上海社会科学院出版社2009年版，第2页。

个阶段，无论是对于个体还是对于社会，都是如此。"① 个体的社会化过程基本上遵循着接受教育和社会参与中建立人际关系这样一个过程。也就是说，任何一个个体要成长为合格的社会人，都不可避免地要与他人接触，通过人际交往积累个人资本，从而为立足于社会积累资源。从血缘、地缘的结成，到学缘、社缘的建立，都是青少年社会化过程中不可缺少的人际交往。战后日本社会从"有缘社会"向"无缘社会"②转变的过程，也是青少年"无缘化"③的过程。而蛰居就是青少年"无缘化"的代表。本书将蛰居问题纳入青少年社会化的框架中进行分析，指出蛰居是当代日本青少年社会化过程中遇到的问题，是青少年社会化中断的突出表现，其本质是人际关系危机。

二 研究内容

蛰居问题是当代日本青少年问题中比较突出的问题之一。鉴于此问题在日本的严重性、广泛受关注度以及未来有可能扩展至全球的发展趋势，本书以日本青少年蛰居问题为研究对象，区别于先行研究中已有的视角，如援助机构的实证研究，精神医学的精神分析，社会学的蛰居经历考察、援助对策解读以及单纯从教育制度寻找蛰居原因等，着重从历史社会学视角对该问题进行溯源研究。深入分析社会环境、家庭结构、学校教育等战后日本社会变迁过程中，青少年蛰居问题产生的社会机理。同时从依赖心理、耻感文化、集团主义等视角对日本青少年蛰居的心理文化因素进行解读。最后重点阐述日本政府和民间团体的应对举措，旨在为目前及今后中国青少年蛰居问题的预防及应对提供有益的参考和借鉴。

本书共分八章。第一章绪论中介绍了选题价值，阐释了基本概念，综

---

① 风笑天：《青少年社会化：理论探讨与经验研究述评》，《青年研究》2005年第3期。
② 所谓"无缘社会"，泛指人际关系的疏离，源于因血缘、地缘、社缘等各种"缘"的解体而引发的"无缘死（一个人孤独死去无人认领遗体）"现象。
③ "无缘化"是指青少年成长中血缘、地缘、学缘和社缘等各种人际关系的弱化。

述了先行研究成果，并交代了研究方法、内容、创新点及不足之处。第二章综合分析了日本青少年蛰居问题的概况，包括蛰居的概念、实态、类型及特征。首先，从蛰居概念入手，在介绍代表性定义及分析蛰居要素的基础上，界定本书所指的蛰居概念，并厘清蛰居与"啃老族"和"御宅族"的差异。其次，利用日本官方和民间的调查统计资料，重点考察了蛰居的人数、性别、年龄、蛰居时光、开始蛰居时的年龄等基本现状，并通过具体案例解析蛰居的类型。最后，概括分析蛰居问题的特征。

第三章至第六章是按照蛰居的社会因素、家庭因素、学校因素和心理文化因素的横向设计进行构筑的。第三章考察日本社会转型与蛰居的社会因素。本部分将青少年蛰居问题置于战后日本社会变迁的宏观背景下，按照时间顺序考察社会转型与青少年蛰居问题的演变过程。蛰居是富裕社会的产物，战后日本从富裕社会、消费社会、多元化社会到"格差社会"[①]的急剧转型中，伴随着青少年个人化的发展、不登校人数的增多，蛰居问题完成了从萌芽、发展到社会问题化的演变过程，并呈现出愈演愈烈的发展趋势。第四章分析日本家庭结构变迁与蛰居的家庭因素。本部分从日本家庭结构变迁带来的家庭社会化功能减弱的视角，分析蛰居的家庭因素。家庭是青少年社会化的重要场所之一，在个体社会化中发挥着基础作用。战后日本向现代化发展的急剧转型中，家庭形态、家庭养育环境及家庭教育等发生了深刻的社会变迁。核心家庭化的家庭形态，"父职缺失"[②]和母子（女）为中心的家庭养育环境，以及偏重智育的家庭教育，逐步弱化了家庭的教育功能和社会化功能，使家庭沦为青少年蛰居的温床。第五章探讨日本校园问题频发与蛰居的学校因素。本部分着重从管理主义、学

---

① "格差社会"源自日语，由日本社会学家山田昌弘提出。所谓"格差"是"差距"之意，"格差社会"是指社会阶层之间在收入、消费、教育等方面的差距呈现出明显扩大和相对固定化趋势的社会。参见李卓《日本近现代社会史》，世界知识出版社2010年版，第307页。

② 所谓"父职缺失"是指子女与母亲关系密切，而父亲在子女成长过程中发挥的作用有限。

历主义、考试竞争、偏差值①教育等学校教育病理,以及由此引发的不登校、校园欺凌等校园问题多发的视角,分析蛰居的学校因素。学校是学习知识和结交友情的重要场所,在青少年社会化过程中发挥着举足轻重的作用。然而,管理主义、学历主义等教育病理弱化了学缘关系,不利于青少年人际关系的培养。不登校、校园欺凌等校园问题则成为青少年走上蛰居之路的重要诱因之一。第六章挖掘日本青少年蛰居的心理文化因素。任何社会,在其现代化进程中,都不可避免地会出现急剧的社会变迁,生活在其中的青少年群体也同样会出现社会越轨行为。但是,目前仅日本存在数以十万计的蛰居者,显然与日本独特的心理文化有着不可分割的联系。本部分主要从依赖心理、耻感文化下"不给别人添麻烦"的行事准则、集团主义下自我的缺失等视角,挖掘日本青少年蛰居的心理文化因素。

第七章介绍日本应对蛰居问题的对策。首先分析了蛰居问题的迁延性及其后果,介绍了主要的援助机构和援助方法,并对应对举措进行了概述。其次,在解读日本政府有关青少年蛰居问题的政策、法令等资料的基础上,通过具体案例,重点介绍日本政府及 NPO 法人等民间团体在解决青少年蛰居问题时从政策上做出的选择及其经验教训。

第八章对战后日本社会变迁中出现的、催生了蛰居问题的社会病理进行梳理的同时,指出蛰居是青少年社会化中断的突出表现,其本质是人际关系危机。在此基础上,分析了日本青少年蛰居问题对中国的警鉴作用。

三 创新与不足

笔者从历史社会学视野,运用跨学科研究方法、宏观论述与个案分析相结合的方式,对青少年蛰居问题的概况、演变轨迹、社会文化根源以及日本的应对措施进行了比较系统的研究和探讨。本书在吸收和借鉴已有研

---

① 所谓"偏差值"是相对于平均分数的偏差数值,是用来确定每个学生在全体考生中所处位置的数值。计算公式为:(考生个人得分-全体考生的平均分)/标准差 ×10+50。在日本,学生的考试成绩决定着其偏差值的高低,而偏差值又成为评价学生学习能力的标准,也是学校选拔录取学生的依据。

究成果的基础上，从以下三个方面进行了积极而有益的探索。

第一，在选题视角上求新。目前，中国学界将青少年作为研究对象来探讨日本社会发展史的著作并不多见。本书将青少年蛰居问题作为研究对象，以社会史为研究主线，区别于我国国内外先行研究中较多的精神分析、实证研究，从影响青少年社会化的社会环境、家庭结构、学校教育及心理文化等方面探讨蛰居问题的社会文化根源，进而了解当代日本社会发展历程及存在的问题，为日本青少年蛰居问题及日本社会发展史研究提供了新的视角。

第二，在研究方法上求新。青少年蛰居问题十分复杂，研究方法也因学科的不同存在差异。中国学界主要从社会学、教育学、心理学等视角进行探讨，鲜有历史社会学方法的运用，相关理论和体系还未确立。日本国内的青少年蛰居问题研究也多从精神医学、心理学、教育学和社会学视角开展研究，同样缺少对历史社会学研究方法的关注。本书从历史社会学视角，综合运用社会变迁和青少年社会化等理论知识，结合历史学、社会学、教育学及心理学等相关学科的研究方法，对蛰居问题进行多学科交叉研究，为日本青少年蛰居问题研究提供了新的方法。

第三，力争研究内容翔实。为实现宏观与微观的平衡，避免因偏重宏观研究而出现的浮泛空洞、缺乏深度，因过度微观带来的"只见树木不见森林"，本书将青少年蛰居问题置于战后日本社会变迁背景下考察，宏观论述战后日本社会转型中蛰居问题产生的社会文化根源的同时，对蛰居问题的概念、实态、类型、特征及对策进行微观分析，力求全面把握蛰居问题的全貌，做到宏观与微观的统一。

然而，由于笔者才疏学浅，研究水平和能力有限，本书还存在不足和有待改进之处。

第一，目前中国学界从社会史视野分析蛰居问题原因的著作不多见，理论及方法较为薄弱。全面、综合地研究战后日本青少年蛰居问题的演变轨迹、特征、类型及原因的著作很少。笔者力争在前人研究的基础上，用历史社会学的研究方法，基于社会变迁、青少年社会化等理论知识，去探讨日本青少年蛰居问题研究的新视角，但由于自身理论知识薄弱，使得本书的理论分析不够深入。

第二，青少年蛰居问题涉及的学科领域比较广泛，因笔者是历史学出身，社会学、教育学和心理学的相关知识欠缺，在运用多学科交叉的研究方法上，以及对青少年蛰居问题的心理文化因素分析上还存在着不足之处。

第三，受研究条件的限制，再加上蛰居问题本身的隐蔽性强导致调查难度加大，本书所引用数据资料主要来源于日本政府、援助机构等的相关调查数据，并非笔者实际调研所得。此外，由于日本援助蛰居问题的机构众多、方法各异，效果也存在较大差异，再加上本人实地调研经验不足，在对相关援助机构和援助对策的分析上，应存在疏漏。

蛰居问题是正在发展中的问题，本书仅是对该问题的阶段性研究，随着问题的发展，笔者会持续地跟踪研究，不断提高自身理论水平，在今后的工作中努力弥补以上不足之处。

第二章　日本青少年蛰居问题概观

蛰居作为现代化发展过程中出现的社会病理现象，是目前日本较为严重的青少年问题和社会问题之一。日常生活中，因潜心研究、创作、备考或调整情绪、缓解疲劳等目的而闭居者并不鲜见。但这种单纯空间上的闭居与蛰居存在本质上的区别。蛰居是一种丧失社会行为、自我封闭的消极生活状态。蛰居者不仅逃避学业和工作，而且对最基本的人际交往也避而远之，甚至完全封闭自我，闭居在自己房间内，过着昼夜颠倒的颓废生活。本章在梳理蛰居概念、分析蛰居要素的基础上，对"啃老族""御宅族"等与蛰居容易混淆的相关问题进行辨析，以便更准确地理解蛰居概念的内涵。同时，从实况调查、案例解读及特征分析等层面，来把握蛰居问题的实态、类型及其特征。

第一节　关于蛰居

一　蛰居概念的界定

蛰居是一个非常复杂的问题。迄今为止，因立场和视角的差异，有关蛰居概念的界定存在多种版本。其中代表性的定义主要有以下几种。

第一，官方的界定。官方的界定主要是指日本厚生劳动省和内阁府的定义。二者的界定标准不同，前者主要根据"社会行为和人际关系的有无"，后者的判定标准是"外出的有无及其频度"。

1991 年，日本厚生省（现在的厚生劳动省①）开展的"针对蛰居、不登校儿童福祉对策事业"中，根据蛰居现象的表征将其定义为"闭居在家里，只能和家人接触的儿童"。② 这是日本官方对蛰居概念进行的首次界定。这个定义只是描述了"闭居在家不能外出"这一状态，是对蛰居现象的初步认识，不够准确。

2000 年以来，伴随着蛰居的社会问题化，厚生劳动省研究团体公布了 3 次针对蛰居问题的应对指针。2001 年 5 月公布了《围绕 10～30 岁青少年"社会性蛰居问题"的地域精神保健活动指针（暂定版）》（以下简称为"2001 暂定版"）。2003 年 7 月发表了《围绕 10～30 岁青少年"蛰居问题"的地域精神保健活动指针（最终版）》（以下简称"旧指针"）。2010 年 5 月发布了《关于蛰居的评价、援助指针》（以下简称"新指针"）。这些指针均是由厚生劳动省资助的研究团体制定的，并将其下发到保健所、精神保健福祉中心及儿童咨询所等。③ 其中，2003 年的"旧指针"将蛰居定义为："由于各种各样的原因，参与社会范围缩小，长期居家不参与就业、上学等社会活动的状态。"④ 这个界定将蛰居视为一种状态，而不是疾病。而且，既没有限定期间，也没有区分是否因精神障碍引发。

2010 年的"新指针"中，对蛰居概念的界定为："由于各种各样的原因，回避社会活动（包括义务教育阶段的上学、非正式雇佣的就业及家庭外的交际等），原则上持续 6 个月以上基本不外出的状态（包括与他人不交往的外出行为）。另外，蛰居在原则上与源于精神分裂症阳性或阴性症状而出现的闷在家中不出门的状态不同，它并非一种精神疾病现象，需要留意

---

① 2001 年（平成 13 年）1 月 6 日，根据厚生劳动省设置法（平成 11 年法律第 97 号）设立了厚生劳动省，并废除了厚生省和劳动省。文中出现的厚生劳动省均指现在的厚生劳动省，为行文简洁，后文不再标注说明。
② 富田富士也：『引きこもりからの旅立ち』，東京：ハート出版 1992 年版，第 19 頁。
③ 工藤宏司：『「ひきこもり」社会問題化における精神医学』，載中河伸俊、赤川学編：『方法としての構築主義』，東京：勁草書房 2013 年版，第 24 頁。
④ こころの健康科学研究事業地域精神保健活動における介入のあり方に関する研究：『10 代・20 代を中心とした「ひきこもり」をめぐる地域精神保健活動のガイドライン』，2003 年 7 月 28 日，http://www.mhlw.go.jp/topics/2003/07/tp0728-1b.html，2017 年 7 月 11 日。

的是在没有进行确定诊断前，蛰居者存在具有精神分裂症的可能。"① 该界定的要点包括：6个月以上不参与社会活动；不是精神疾病；不与人交往的外出也属于蛰居。与"旧指针"相比，"新指针"明确指出了不能忽略因精神疾病而导致蛰居的可能，即蛰居者中不乏存在精神障碍的人。也即说，蛰居包括"社会性蛰居"和"精神障碍性蛰居"。迄今为止，"新指针"中对蛰居概念的界定成为日本社会各界使用率最高、最具权威性的定义。

2010年7月，日本内阁府发布的《关于年轻人意识调查（蛰居的实况调查）报告书》②中，根据"外出的有无及其频度"对蛰居概念进行了广义和狭义的划分。狭义蛰居包括以下三种情况：1.基本上待在自己房间里；2.从自己房间出来，但不外出；3.平时在家，偶尔去便利店等场所。准蛰居指平时在家，只有做自己感兴趣的事情时外出。狭义蛰居和准蛰居之和就是广义上的蛰居（参见表2-1）。与厚生劳动省"新指针"中的界定相比，内阁府的定义更为细化，外延也更加宽泛。内阁府界定的狭义蛰居与厚生劳动省的定义基本相同。

表2-1 内阁府对蛰居概念的界定（2010年7月）③

广义的蛰居	狭义上的蛰居	▪基本上待在自己的房间里 ▪从房间里出来，但不外出 ▪平时在家，偶尔去便利店等场所
	准蛰居	平时在家，只有做自己感兴趣的事情时外出

第二，学界的界定。目前，应用广泛且比较有代表性的概念是精神科

---

① 厚生労働科学研究費補助金こころの健康科学研究事業 思春期のひきこもりをもたらす精神科疾患の実態把握と精神医学的治療・援助システムの構築に関する研究（研究代表者 齊藤万比古）：『ひきこもりの評価・支援に関するガイドライン』，2010年5月19日，http://www.mhlw.go.jp/file/06Seisakuj Ouhou-12000000-Shakaiengokyoku-Shakai/0000147789.pdf，2017年7月11日。

② 内閣府政策統括官（共生社会政策担当）：『若者の意識に関する調査（ひきこもりに関する実態調査）報告書』，2010年7月，https://www8.cao.go.jp/youth/kenkyu/hikikomori/pdf_index.html，2019年7月12日。

③ 资料来源：内閣府政策統括官（共生社会政策担当）：『若者の意識に関する調査（ひきこもりに関する実態調査）報告書』，2010年7月，https://www8.cao.go.jp/youth/kenkyu/hikikomori/pdf_index.html，2019年7月12日。

医生斋藤环的定义。1998 年,斋藤环指出蛰居不是由精神障碍引发的,而是因校园欺凌、不登校、就业受挫或职场压力等社会性因素引发的青春期问题,即"社会性蛰居"(Social withdrawal)。斋藤环将蛰居定义为:"近 30 岁(有这种状况)被视作存在问题,闭居在家且不参加社会活动的状态持续 6 个月以上,很难认为其他精神问题是其首要原因。"[1] 斋藤环第一次指出存在着大量的非精神障碍性蛰居者,在社会上引起广泛关注。此概念经新闻媒体的广泛报道,颇具影响力。也是此后日本社会各界讨论蛰居问题时必提及的概念。不过,斋藤环的定义容易造成"蛰居者不存在精神障碍"的误解,导致在具体应对过程中容易忽略从医学视角对因精神障碍而蛰居的人进行治疗。

2000 年以来,伴随着蛰居的社会问题化,社会学视角研究成果也随之问世。代表性定义之一,是荻野达史、川北稔等社会学家们共同撰写的论文集《蛰居的社会学研究——媒体·当事者·支援活动》中的界定:"围绕'蛰居'这一模棱两可的词语,此前涌现出的各种讨论与援助活动等诸多实践,以及以各种形式参与进来的多数人的经验才是我们思考的'蛰居'。"[2] 荻野等将蛰居作为一种社会现象来把握,关注的重点是与蛰居相关的各种实践活动。

井出草平是从社会学视角探讨蛰居问题的代表学者之一,其在《蛰居的社会学》(世界思想社 2007 年版)一书中指出:"本书基于社会学的立场对蛰居的定义是'社会行为的丧失'。"[3] 这一界定显然过于简单。2012 年,井出草平在其博士学位论文《蛰居的社会学研究》中对蛰居做了新的界定,即"不与家人以外的他者进行交往、不工作、不上学等,在社会活动和职业方面存在障碍,且精神障碍不是第一原因"。[4] 与斋藤环的界定不同,社

---

[1] 斎藤環:『社会的ひきこもり―終わらない思春期』,東京:PHP 研究所 1998 年版,第 25 頁。
[2] 荻野達史、川北稔、工藤宏司等編著:『ひきこもりへの社会学的アプローチ―メディア・当事者・支援活動―』,京都:ミネルヴァ書房 2008 年版,第 6 頁。
[3] 井出草平:『ひきこもりの社会学』,京都:世界思想社 2007 年版,第 93 頁。
[4] 井出草平:『ひきこもりの社会学的研究』,博士学位論文,大阪大学,2012 年,第 14 頁。

会学视角的概念未对蛰居时长做具体的限定。

此外，日本援助蛰居者联络会议事务局局长山本耕平认为："蛰居是处于青春期的年轻人，一时难以获得社会认同，从而产生参与社会的障碍，一定时间内闭居在家里或自己房间中的状态。"① 朝日新闻社记者盐仓裕的定义为："蛰居是超过本人意图，长时间内脱离人际关系和社会活动的状态，仅保持与家人关系的也包括在内。"② 境泉洋的定义是："蛰居是不仅不参与就业、上学等与年龄相适应的家庭外活动，而且失去了与家人之外的他者的交流。"③ 从学界的各种界定来看，蛰居概念存在着多样性。从侧重点和角度来看，日本社会各界更多地关注身体、精神健康青少年的蛰居问题，即斋藤环所说的"社会性蛰居"。

第三，援助团体的界定。蛰居现象萌芽之初，最早接触到此现象的是援助不登校等问题的民间团体。其中富田富士也和工藤定次是比较早关注蛰居现象的民间援助机构负责人。富田自1980年代初期就开始从事援助不登校、不就业青少年的活动。1992年，在富田撰写的日本第一本有关蛰居问题的专著中，对蛰居概念做了如下的界定："所谓蛰居，是指逃避学校、社会、熟人，甚至连父母也回避，拒绝人际关系的行为。"④ 富田从"交流障碍"的视角来分析和界定蛰居问题，认为蛰居者是在人际关系上存在心理障碍的人。如不擅长、不懂得如何与人交往，或者对人际关系存在不信任感。富田界定的着眼点在于年轻人在人际关系问题上存在的"渴望与人交往，却不能交往"⑤ 的心理纠葛，导致一些青少年从不擅长人际交往，进一步发展到害怕与人接触，最终走向拒绝一切人际关系的蛰居之路。

富田的观点受到工藤定次的批评。工藤认为富田所说的人际关系上存

---

① 山本耕平：『ひきこもりつつ育つ』，京都：かもがわ出版2009年版，第32頁。
② 塩倉裕：『引きこもり』，東京：朝日新聞社2003年版，第215頁。
③ 境泉洋：『ひきこもり概念の形成史』，載齊藤万比古編著：『ひきこもりに出会ったら—こころの医療と支援—』，東京：中外医学社2012年版，第4頁。
④ 富田富士也：『引きこもりからの旅立ち』，東京：ハート出版1992年版，第28頁。
⑤ 富田富士也：『引きこもりと登校・就職拒否Q&A Vol.1』，東京：ハート出版1994年版，第2頁。

在心理纠葛的人"世上有很多",而富田将存在这种心理状态的人定义为蛰居者,这种模糊的界定使得在应对蛰居问题上也变得模棱两可。[①] 与富田强调人际关系上的蛰居相比,工藤最初着重强调空间上的蛰居。他认为"蛰居是指孩子(大人)'不能从家里出来'的用语"。[②] 21世纪以来,随着蛰居的社会问题化,以及社会各界对蛰居问题的认识和研究的不断深入,作为YSC理事长的工藤定次对蛰居概念进行了新的界定,他认为"蛰居是'闭门不出=独自的空间'与'退出=从社会或人际关系中退出'相叠加,从而'避开他人创造自我空间,逃避与社会的交往'的状态"。[③] 工藤认为社会关系的退出与空间上的闭居是蛰居的两个基本要素,只有完全与社会脱离,闭居在自己家中或房间内不外出的人才能称为蛰居者。这种蛰居者基本上断绝了与家人及外界的接触,处于一种自我封闭的隔绝状态中,是一种空间和人际关系上的双重蛰居。从两位援助团体负责人的界定来看,富田的界定过于宽泛、模糊,而工藤的界定实际上是指狭义上的纯粹蛰居者。

二 蛰居要素的分析

一般情况下,蛰居给人的印象是不上学,不工作,不与人交往,闭居在家不与外界接触,一定期间不参与社会活动,其要素主要包括避免与人交往,不参与社会活动,长期闭居在家,甚至长期待在自己房间内等。目前,对有关蛰居者是否存在精神障碍、外出的有无以及蛰居时长限定等问题依然存在争议。

第一,蛰居与精神障碍。1970年代末以来,身体健康,没有精神疾病的蛰居者不断增多,且逐渐成为引人关注的社会问题之一。社会各界在对

---

① 工藤定次、スタジオ・ポット:『おーいひきこもり そろそろ外へ出てみようぜ:タメ塾の本』,東京:ポット出版1997年版,第50－51頁。
② 同上书,第58页。
③ 工藤定次、YSCスタッフ、永富奈津恵:『脱!ひきこもり:YSC(NPO法人青少年自立援助センター)の本』,東京:ポット出版2004年版,第13頁。

此问题进行概念界定时，往往将"没有精神障碍"作为限定条件之一。以斋藤环的"社会性蛰居"概念为代表，很多研究者认为精神障碍不是引发蛰居问题的首要原因。不过，斋藤环同时也强调"虽说不是精神病性的，实际上80%的蛰居者都存在一定的精神障碍"。[①] 也就是说，即便是社会性蛰居者中，长期闭居生活也容易导致蛰居者出现一些精神问题。2010年，厚生劳动省公布的"新指针"中，指出非精神病性是蛰居的两个要素之一，同时也指出不能忽视因精神障碍引发的蛰居现象。学界和官方在界定蛰居概念时均强调蛰居是精神健康青少年脱离社会、自我封闭的生活状态，但是都不能完全排除蛰居者中存在精神障碍的可能性。

本应朝气蓬勃的青少年却长期闭居在家不与外界接触，很容易被怀疑患有精神疾病。那么，蛰居与精神分裂病、抑郁症等精神疾病到底有没有关系呢？正如以往对"不登校"是否是疾病的争论一样，蛰居问题也曾引发了"有无精神疾病"的论争。经过长期的研究和各种论证，主流观点认为蛰居不是疾病，只是一种消极的生活状态。但是随着学界对蛰居问题研究的深入及日本政府和NPO法人等民间团体对蛰居实况调查报告的公布，不可否认的是蛰居者中也存在因综合失调症、抑郁症、发展障碍等精神疾患，避免与人交流、蛰居在家的人，即"精神障碍性蛰居"。从蛰居的诱因来看，蛰居者中也存在因某种精神障碍拒绝与人交往蛰居在家的案例。而且社会性蛰居者经过长期蛰居后，也有可能出现精神焦虑、狂躁、强迫症、抑郁症等精神障碍。因此，蛰居应包括"社会性蛰居"和"精神障碍性蛰居"两种类型。前者是由校园暴力、不登校、家庭不和、工作受挫、迷恋网络、沉迷游戏等社会性因素引发的蛰居。后者是因综合失调症、抑郁症等精神疾病导致的蛰居。二者表征相似，却存在本质上的差异，在未经专业诊断之前很难区分。"精神障碍性蛰居"属于精神疾病，需要到专业医疗

---

① 畠中雅子：『高齢化するひきこもりのサバイバルライフプラン：親亡き後も生きのびるために』，東京：近代セールス社2012年版，第183頁。

机构接受治疗。"社会性蛰居"则是身体健康、精神正常的青少年出现的病态症状，问题的严重性更不容忽视。

第二，蛰居与外出。根据蛰居程度，可以将蛰居者分为重度蛰居者和轻度蛰居者。前者是完全闭居在家里或房间内的蛰居者，是一种空间和人际关系上的双重蛰居。后者是能够外出，但几乎不涉及人际交往的蛰居。如下面案例中的 A 就是典型的重度蛰居者。

> 案例 A：A，21 岁，家中次子，与父亲（52 岁）及母亲（47 岁）一起生活。A 自高一暑假退学后一直蛰居在自己房间里，每天一个人弹吉他到深夜。为避免与父母见面，饭菜也是端到房间里，锁上门食用。A 的父亲说："已经四年没有和儿子一起吃饭了。"A 因害怕见到他人，四年内一次也不曾外出。他与父母的交流是通过便签留言方式进行的。某天早晨起来，餐桌上放着一张便签纸，这是他拜托父亲"希望给我买吉他弦"的留言。A 无法与父母交流，半夜起来悄悄把便签纸放在了桌子上。1996 年年底，A 有了"想走出家门，参与社会"的想法。但是这种想法也是通过"笔记交流"的方式表达出来的。①

A 不和父母说话，整天闭居在房间里，把父母准备的饭菜端到房间内单独食用。其生活空间基本局限在卧室里，即便是去卫生间也要避开与家人见面，多选择在家人不在时或者已经入睡后。有想要的东西也是写在纸上让家人购买。这种类型的蛰居者基本上断绝了与家人及外界的接触，整个人处于一种自我封闭的隔绝状态中。实际上，各种调查结果显示，像 A 这种不能外出，完全闭居在房间内的重度蛰居者所占比例很低。2003 年，厚生劳动省为制定"旧指针"而开展的抽样调查显示，80% 的蛰居者能够

---

① 塩倉裕：『社会に出られない（人と生きたい 引きこもる若者たち：1）』,『朝日新聞（朝刊）』1997 年 2 月 5 日家庭版。

外出，完全闭居在房间内的蛰居者在全体蛰居者中所占比例约为4%。① 2010年，内阁府的蛰居实况调查结果表明，不能外出的蛰居者在蛰居群体中约占0.21%。② 2015年，内阁府的同一调查显示，不能外出的蛰居者比例降为0.16%。③ 可见，绝大多数蛰居者都能够外出，完全不能外出的比例非常低。

除官方调查外，民间团体KHJ父母会（家庭会）④ 2005年开展的调查（调查对象为362名会员）结果显示，蛰居者每月平均外出11.1天，完全不能外出的仅占6.6%。⑤ 2008～2010年的三次调查结果显示（参见表2-2），与他人没有交往，但能外出的蛰居者占一半以上，分别为55.1%、51.4%和50.9%；不能外出，蛰居在家里或自己房间里的蛰居者不到三分之一，分别为28.7%、26.8%、26.1%；而完全蛰居在房间内的蛰居者比例更低，分别为5.4%、3.8%、3.1%。另据埼玉县健康福祉部的调查，"完全不外出"的比例为18.1%，而大分县精神保健福祉中心的调查显示，"不能外出"的比例仅为12.8%。⑥ 这表明，半数以上的蛰居者能够外出，完全不能外出、蛰居在家里或自己房间的蛰居者只是少数。只不过，绝大多数蛰居者的外出几乎不与他人进行交流，仅限于深夜徘徊、去便利店购物等。白天一般不外出，即便偶尔去书店看书，也选择不会遇到熟人的偏僻书店。因此，与正常的社会活动相比，蛰居者外出的范围有限，且避免人际交往。

---

① 小林清香、吉田光爾、野口博文他：『「社会的ひきこもり」を抱える家族に関する実態調査』,『精神医学』2003年第45卷7号（通号535），第752页。

② 内閣府政策統括官（共生社会政策担当）：『若者の意識に関する調査（ひきこもりに関する実態調査）報告書』，2010年7月，https://www8.cao.go.jp/youth/kenkyu/hikikomori/pdf_index.html，2019年7月12日。

③ 内閣府政策統括官（共生社会政策担当）：『若者の生活に関する調査報告書』，2016年9月，https://www8.cao.go.jp/youth/kenkyu/hikikomori/h27/pdf-index.html，2019年7月13日。

④ 1999年，奥山雅久倡导成立了"NPO法人全国蛰居KHJ父母会"（简称KHJ父母会）。2015年12月，改称为"特定非营利活动法人KHJ全国蛰居家庭会联合会"（简称KHJ家庭会）。因本书使用的调查资料涉及2003年以来的13次调查报告，因此为叙述方便，将该组织名称统称为"KHJ父母会（家庭会）"。

⑤ 境泉洋、植田健太、NPO法人全国引きこもり、KHJ親の会（家族会連合会）他：『「ひきこもり」の実態に関する調査報告書②—NPO法人全国引きこもりKHJ親の会における実態—』，2005年。

⑥ 境泉洋：『「ひきこもり」と学習』，載河合俊雄、内田由紀子編：『「ひきこもり」考』，大阪：創元社2013年版，第84页。

表 2－2　KHJ 父母会（家庭会）对蛰居程度的实况调查（对蛰居者家人的调查）①

调查报告书	与他者无交往的外出	与友人有交往的外出，且能参加地域活动	不外出，在家里可自由活动	不外出，家里也有回避的场所	不外出，且蛰居在房间内
第 5 次（2008 年）	55.1%	—	17.2%	6.1%	5.4%
第 6 次（2009 年）	51.4%	5.6%	17.6%	5.4%	3.8%
第 7 次（2010 年）	50.9%	15.7%	17.0%	6.0%	3.1%

第三，蛰居时长的限定。判定青少年是否处于蛰居状态，蛰居时长是一个不可回避的问题。如果一个人在短时间内，如一两天、一两个星期或一两个月，独自闭居在家，自我调整、埋头思考、创作或者进行研究等，是不属于蛰居范畴的。但是，如果一个人没有任何目标，整天无所事事，长时间自我隔绝，这样的人就属于蛰居者。

关于蛰居时长的限定，日本官方和部分学者将蛰居的期间限定为 "6 个月以上"。实际上，这一限定并不科学，很多人对此持不同意见。町沢静夫认为 "如果是几个月的话，也有可能是因和朋友交往不顺利不想去上学，或者因青春期的自闭心理，更愿意独处。也存在单纯因为厌学不想学习的可能性。如果只是单纯的厌学，就不是问题了"。② 井出草平认为 "将蛰居界定在一定时间以上不参与社会是合理的"。③ 至于 "一定时间" 具体指多久，是因人而异的。如有的人不需要半年，3 个月就可能进入蛰居状态。

结合日本社会各界对蛰居概念的界定以及对蛰居要素的分析，本书所指蛰居是因社会性因素引发的 "社会性蛰居"，是一种消极生活状态，而非

---

① 数据来源：第 5 次：境泉洋、川原一紗、NPO 法人全国引きこもり KHJ 親の会（家族会連合会）：『「引きこもり」の実態に関する調査報告書⑤—NPO 法人全国引きこもり KHJ 親の会における実態—』，徳島大学総合科学部境研究室，2008 年。第 6 次：境泉洋、川原一紗、木下龍三他：『「引きこもり」の実態に関する調査報告書⑥—NPO 法人全国引きこもり KHJ 親の会における実態—』，徳島大学総合科学部境研究室，2009 年。第 7 次：境泉洋、野中俊介、大野あき子他：『「引きこもり」の実態に関する調査報告書⑦—NPO 法人全国引きこもり KHJ 親の会における実態—』，徳島大学総合科学部境研究室，2010 年。

② 町沢静夫：『ひきこもる若者たち：「ひきこもり」の実態と処方箋』，東京：大和書房 2003 年版，第 22 頁。

③ 井出草平：『ひきこもりの社会学的研究』，博士学位論文，大阪大学，2012 年，第 13 頁。

精神疾患。其定义为：由于社会性原因，长时间回避社会活动（包括上学、就业及与家庭外的人际交往等），自我切断与他者的联系（包括家庭关系），丧失社会行为、自我封闭的消极生活状态。蛰居者失去了上学、工作等参与社会的机会，没有正常的社会交往，仅与家人保持最低限度的接触，甚至与家人也尽量避免接触，过着昼夜颠倒的生活。因此，蛰居不仅是空间上的闭居，而且是基本丧失社会活动和社会交往的一种长期化的消极生活状态。

三 相关问题的辨析

2000年前后蛰居社会问题化后，"蛰居"一词虽已为人熟知，但蛰居概念还存在着被误用的现象。将蛰居与"啃老族"混淆或等同于"御宅族"的误用充斥于各种报道中。实际上，蛰居与"啃老族"存在差异，与"御宅族"也存在着本质上的区别。为了准确地把握蛰居概念的内涵，有必要厘清"啃老族""御宅族"与蛰居的差异。

第一，"啃老族"与蛰居。"啃老族"源于英国，是指那些不工作，不上学，也不接受职业训练的年轻人。①在日本被称为"ニート"（Niito）。2004年2月，"啃老族"问题首次在日本国会中被提及。同年5月17日，日本《产经新闻》进行了题为《啃老族不工作的年轻人/没有就业意愿寄生于父母》的报道。②很快"啃老族"成为轰动一时的焦点问题。

日本厚生劳动省对"啃老族"的界定为："年龄在15～34岁，不想上学和工作，也不接受专业求职训练的年轻人（学生和主妇除外）。"2005年3月，内阁府"关于青少年就业研究会"（2004年7月成立，委员长为玄田有

---

① 玄田有史、曲沼美恵：『ニート—フリーターでもなく失業者でもなく』，東京：幻冬舎2004年版，第10頁。

② 石川良子：『ひきこもりの＜ゴール＞：「就労」でもなく「対人関係」でもなく』，東京：青弓社2007年版，第65頁。

史）发布了《年轻无业者①实况调查中间报告》，将年轻无业者分为"求职型""非求职型""不想就业型"，其中将"不想就业型"（没有就业的想法）和"非求职型"（有就业想法但没有进行求职活动）称作"啃老族"，并推算出 2002 年的"啃老族"人数已高达约 85 万人。② 此外，日本存在很多潜在的"啃老族"，不登校者也是"啃老族"的预备军。

蛰居与"啃老族"是容易混淆的两个概念，二者的表征具有相似性，且存在重叠部分（参见图 2－1）。因此，很多人将蛰居等同于"啃老族"。2010 年内阁府调查报告中的准蛰居者（平时在家，只有做自己感兴趣的事情时外出）与"啃老族"类似，"啃老族"蛰居化的案例也不少见。可以说，"啃老族"是蛰居的后备军。

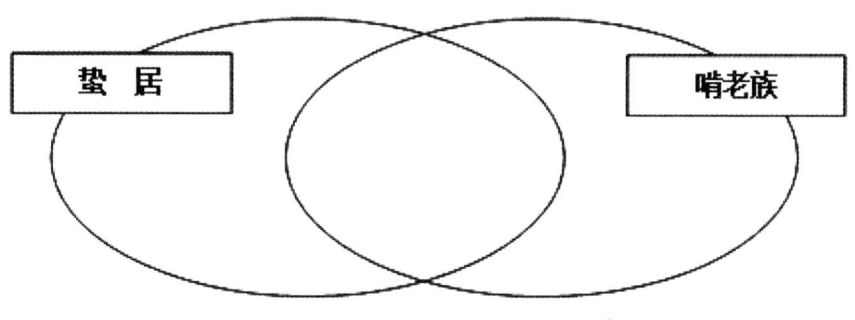

图 2－1 蛰居与"啃老族"的关系③

当然，二者之间也存在着明显的差异。主要区别在于是否存在与家人以外的他者的交流。蛰居是长期不能参与社会的状态，且回避一切社会关系，断绝人际交往，难以重新回归社会。而"啃老族"保持着与他者的交

---

① 2005 年，内阁府进行的"关于青少年就业的研究调查"中，将年轻无业者定义为"没有在高中、大学以及（考大学的）补习学校、专科学校等学校上学，没有结婚，也没有收入的 15～34 岁的个人"。2014 年版《儿童·青年白皮书》中指出年轻无业者为 60 万人，在同年龄段人口中所占比例为 2.2%，创历史新高。参见船越明子『ひきこもり―親の歩みと子どもの変化』，东京：新曜社 2015 年版，第 13 页。

② 内閣府：『若年無業者に関する調査（中間報告）』，2005 年 3 月，http://www8.cao.go.jp/youth/kenkyu shuro chukan.pdf u/chukan.pdf./，2017 年 7 月 14 日。

③ 井出草平：『ひきこもりの社会学』，京都：世界思想社 2007 年版，第 48 页。

流，有一定的社会交往和参与社会的能力。他们没有蛰居者普遍存在的不安和精神压力，终日无所事事，花着父母的钱，游手好闲。从援助对策上看，对于蛰居者来说，恢复人际关系是援助的重点。而"啃老族"因不存在人际交往障碍，就业援助是解决"啃老族"问题的关键，实现就业是其回归社会的目标。

第二，"御宅族"与蛰居。1980 年代，作为消费社会的产物，日本年轻人中出现了"御宅族"。所谓"御宅族"，专指那些对 ACG（Animation 动画、Comic 漫画、Game 电玩）极度痴迷而足不出户的人。他们花费大量时间和精力异常狂热地收集和研读 ACG 产品，从而忽略了人际交往。"御宅族"一度成为青少年非社会性问题的典型而广受批判。

那么，为什么人们会将蛰居与"御宅族"联系在一起呢？如果溯源的话，与 1989 年的"连续绑架杀害幼女事件"[①]有着很大的关系。新闻媒体对嫌疑犯的房间进行报道时，展现在大众面前的是零乱堆放着大量录像带和漫画杂志的昏暗房间，嫌疑人宫崎勤就是在这样的房间内，实施犯罪的。宫崎的生活被描述为"御宅族"，即闭居在自己房间里，沉溺于录像带或动画的世界里。此事件向人们传达着一种信息，即"御宅族"是闭居在家的危险人物和犯罪预备军。人们之所以将蛰居与"御宅族"混为一谈，除 1989 年事件中作为嫌疑犯的"御宅族"房间的冲击效果依然存在外，2000 年的新潟监禁女性事件[②]也使得人们的潜意识里，将"御宅族"等同于蛰居和犯罪预备军。[③] 蛰居给人的印象是闭居在家，过着昼夜颠倒的生活。在他人看来，其生活状态与"御宅族"非常相似，故而将两者混为一谈。

实际上，蛰居与"御宅族"存在差异。虽然两种现象的表征相似，但

---

① 1989 年，宫崎勤连续绑架杀害幼女事件，震惊了日本社会。他拐骗 4~7 岁的可爱女童，将其杀害后，把女童遗骨装入纸箱中，附上遗体照片送回到女童家中，还用摄像机拍摄下杀人的整个过程。
② 由疑似蛰居者实施的犯罪，详见第二章第三节。
③ 岡本祐子、宮下一博編著：『ひきこもる青少年の心：発達臨床心理学的考察』，京都：北大路书房 2003 年版，第 64 页。

生活状态完全不同。表面上看，"御宅族"是躲在家里不与人接触，实际上是一种对兴趣爱好的过分投入和执着的表现。"御宅族"的房间内堆满录像带、书、杂志等，因他们不善于与人交流，所以闭居在房间里沉溺于对自我爱好和兴趣的追逐。[①]而蛰居者往往是对什么都不感兴趣，整天无所事事，精神萎靡不振，缺乏自信心。与"御宅族"不同，蛰居者并非满足于自我的世界中，他们挣扎在渴望朋友却又不能结交朋友的痛苦纠结中。[②]从旁观者的立场来看，蛰居者的生活非常惬意，整天待在家里，可以做自己喜欢的事情。但是，蛰居者的内心是非常煎熬和痛苦的，失去了与人交往的自信，处在想参与社会却不能参与的痛苦生活中，未来前景一片迷茫。这种对前途的担忧和不安时刻困扰着他们，精神上的痛苦是旁观者无法体会的。如果说"御宅族"的原点是"快感"的话，蛰居的原点就是"痛苦"，甚至可以说是"愤怒"。[③]"御宅族"的生活状态是充实和快乐的。"御宅族"好像没有社会关系，实际上他们也经常参加自己兴趣领域内的集会。"御宅族"和"宅文化"已经成为一种生活文化、生活方式，为世界各国所认可。而蛰居则完全是一种病态的、逃避现实的消极生活状态，蛰居者自身承受着肉体和精神上的双重煎熬。

综上所述，蛰居是日本青少年问题中较为严重的问题之一。"啃老族"是蛰居的"后备军"，而"御宅族"只是空间上的闭居，与蛰居存在本质上的差异。

第二节　蛰居的实态

一　关于精神健康的流行病学调查

因蛰居者社会行为的丧失及问题自身的隐蔽性、私密性和敏感性等特

[①] 島田裕巳：『個室：引きこもりの時代』，東京：日本評論社1997年版，第6頁。
[②] 富田富士也：『引きこもりと登校・就職拒否Q&A Vol.1』，東京：ハート出版1994年版，第3頁。
[③] 上山和樹：『「ひきこもり」だった僕から』，東京：講談社2001年版，第139頁。

征，使得开展蛰居实况调查存在着较大的难度，尤其是对蛰居当事者的调查难度更大。迄今为止，有关蛰居的实况调查报告多为推算值[①]。而且，因调查实施主体、调查对象及调查方法的不同，结果存在着较大的差异。

2002～2006年，作为世界精神卫生（World Mental Health，缩写为WMH）[②]调查的组成部分，日本厚生劳动科学研究团体开展了"关于精神健康的流行病学调查"（简称WMH-J调查）[③]。与其他国家的调查不同，日本的调查项目中追加了对蛰居的调查。WMH-J调查使用的蛰居概念是以人际关系的缺失为标准的，即不去工作或上学，且与家人以外的人基本上没有交流，持续6个月以上闭居在家的状态，包括偶尔外出购物的情况。此次调查持续4年（2002～2005年），通过面试随机抽取的1,660名年龄为20～49岁的人，询问其是否有蛰居经历。另外，向4,134名全体调查对象，询问其目前是否有蛰居状态的孩子。调查结果显示，曾有过蛰居经历的人为19人，在1,660人中所占比例为1.14%。开始蛰居时的平均年龄为23.6岁，平均蛰居时间为11.8个月。4,134名调查对象中，回答有蛰居状态孩子的有23人，蛰居者的平均年龄为28.8岁。如果以家庭为单位考虑，意味着在4,134户家庭中有23户家庭存在蛰居者，所占比例为0.56%。由此推测出，2003年（该年日本的家庭总数为4,580万户），全国有蛰居状态孩子的家庭约有26万户（4,580万户家庭中的0.56%）。其中，与30～39岁年龄段相比，20～29岁年龄段的蛰居者居多，且男性多于女性。[④] 上述调查结果意味着，

[①] 随机选出一部分人，调查其中存在的蛰居者比例，然后根据日本总人口数和得出的比值，推算出日本全国的蛰居者人数。

[②] 世界卫生组织（WHO）主导的世界精神卫生（World Mental Health, WMH）调查，是对发生频率比较高的情绪障碍、不安障碍等精神障碍的国际共同研究。主要在29个国家中开展，是以抑郁症或不安障碍为首的精神疾病的流行病学调查。

[③] 该调查历时5年，从全国11个地区的一般居民中，以家庭为单位随机选取4,134名（平均回收率为55.1%）调查对象。

[④] 小山明日香：『地域疫学調査による「ひきこもり」の実態と精神医学の診断について—平成14年度～平成17年度のまとめ—』，載川上憲人：『こころの健康についての疫学調査に関する研究平成18年度総括・分担研究報告書』，2007年，第120—121頁。

大约每 180 个家庭中，就有 1 个家庭存在蛰居者。

WMH-J 调查是最早的蛰居实况调查，被认为是迄今为止最具信赖性的蛰居现状调查。2010 年，日本厚生劳动省发布的"新指针"也使用了上述数据。并根据 0.5% 存在蛰居状态孩子的家庭比例，推测出 2006 年 3 月底（此时的家庭总数为 51,102,005 户），有蛰居孩子的家庭数为 255,510 户。[①] 也就是说，2006 年日本约有 26 万个家庭中存在处于蛰居状态的孩子。

二　内阁府的抽样调查

日本内阁府于 2010 年和 2015 年先后两次开展了全国性蛰居实况调查。与 WMH-J 调查不同，内阁府调查中，蛰居的判定标准是"外出的有无及其频度"。

2010 年，日本内阁府委托"社团法人新信息中心"开展了"关于年轻人意识调查（蛰居的实况调查）"的全国性调查[②]。同年 7 月公布了《关于年轻人意识调查（蛰居的实况调查）报告书》。此次调查将对象细分为蛰居群、蛰居亲和群和一般群。所谓蛰居群就是已经处于蛰居状态的人群，包括狭义蛰居者和准蛰居者。调查结果显示：狭义蛰居者和准蛰居者所占比例分别为 0.61%、1.19%。即在日本总务省 2009 年推算的 3,880 万名 15～39 岁人口中，狭义蛰居者、准蛰居者的人数分别为 23.6 万人和 46.0 万人。广义蛰居者为狭义蛰居者和准蛰居者之和，即 69.6 万人（所占比例为 1.79%）（参见表 2－3）。该调查中狭义蛰居者的推算数字 23.6 万人与厚生劳动省"新指针"中引用的蛰居推算数 25.5 万人大体相当。

所谓蛰居亲和群，简单来说就是理解蛰居者或自己也有蛰居想法或倾

---

① 厚生劳働科学研究費補助金こころの健康科学研究事業　思春期のひきこもりをもたらす精神科疾患の実態把握と精神医学的治療・援助システムの構築に関する研究（研究代表者 齊藤万比古）：『ひきこもりの評価・支援に関するガイドライン』，2010 年 5 月 19 日，http://www.mhlw.go.jp/file/06-Seisaku jouhou-12000000-Shakaiengokyoku-Shakai/0000147789.pdf，2017 年 7 月 11 日。

② 该调查于 2010 年 2 月 18～28 日进行，随机抽取居住在日本市町村的年满 15～39 岁的 5,000 人作为调查对象，有效回收率达 65.7%（3,287 人）。

向，但未进入蛰居状态的人。具体来说是有以下想法的人：理解闭居在自己家中或自己房间内不外出者的心情；自己有时候也想躲在自宅或自室内不出来；有烦心事时，不想外出；如果有理由的话，闭居在自己家中或自己房间内也是没办法的事情。对上述想法完全同意或者只有一项是"基本同意"，其他3项都持"同意"态度的人中，除蛰居群外，都属于蛰居亲和群。根据内阁府的调查，蛰居亲和群的规模相当庞大，推算数约为155万人。而且，从蛰居亲和群的年龄分布看：15～19岁的占30.5%、20～24岁的占18.3%、25～29岁的占12.2%、30～34岁的占22.1%、35～39岁的占16.8%。[①] 由此可见，蛰居在青少年群体中能够产生较强的共鸣，十几岁的少年成为蛰居亲和群的主力。如果这些人都发展为蛰居者，形势的严峻性可想而知。而且，从就业意识看，"如果能够生活，不想工作"的比例，蛰居者为49.1%，而亲和群则高达71.0%。[②] 也就是说，蛰居亲和群的就业意识非常低，发展成蛰居者的可能性很高。综上所述，日本青少年蛰居现状已十分严峻，蛰居群已多达约70万人，更加令人担心的是，作为"后备军"的蛰居亲和群规模更为庞大。并且，因抽样调查的局限性，实际数字可能还会更高。

表2—3 内阁府的蛰居调查（2010年7月）[③]

蛰居的状态	在有效回收问卷中所占比例（%）	全国的推算数（万人）	
基本上待在自己房间里	0.12	4.7	23.6（狭义上的蛰居者）
从自己房间里出来，但不外出	0.09	3.5	
平时在家，偶尔去便利店	0.40	15.3	
平时在家，只有做自己感兴趣的事情时外出	1.19	46.0（准蛰居者）	
合计	1.79	69.6（广义的蛰居者）	

---

① 内閣府政策統括官（共生社会政策担当）:『若者の意識に関する調査（ひきこもりに関する実態調査）報告書』，2010年7月，https://www8.cao.go.jp/youth/kenkyu/hikikomori/pdf_index.html，2019年7月12日。

② 同上。

③ 同上。

2015 年，为了解近几年来蛰居问题的发展趋势，进一步把握青少年蛰居实况，日本内阁府开展了"关于年轻人生活"的全国性调查[①]。2016 年 9 月公布了《关于年轻人生活调查报告书》。调查结果显示：狭义蛰居者和准蛰居者所占比例分别为 0.51%、1.06%。根据 2015 年日本总务省推算的 15～39 岁人口总数（该年龄段人口总数为 3,445 万人）推测，这一人群中，狭义蛰居者、准蛰居者的人数分别为 17.6 万人和 36.5 万人（参见表 2－4）。广义蛰居者为狭义蛰居者和准蛰居者之和，即 54.1 万人（占该人群比例为 1.57%）。[②] 与 2010 年调查得出的 69.6 万名蛰居者相比，蛰居人数减少了 15.5 万人。此外，这次调查对因精神分裂症而蛰居的人数进行了统计（约为 2.2 万人），如果加上这部分人，蛰居者的推算值达到了 56.3 万人。[③]

表 2－4　内阁府的蛰居调查（2016 年 9 月）[④]

蛰居群		蛰居的状态	比例（%）	推算数（万人）	
广义的蛰居	狭义上的蛰居者	从自己房间里出来，但不外出，或基本上待在自己房间里	0.16	5.5	17.6
		平时在家，偶尔去便利店	0.35	12.1	
	准蛰居者	平时在家，只有做自己感兴趣的事情时外出	1.06	36.5	

2015 年的上述调查被认为与事实相差悬殊，可信度受到质疑。一是认为此次调查之所以会出现蛰居人数的减少，与调查对象的设定有关。2010 年的调查中，30 多岁的蛰居者已占很大的比例。而此次调查却将这些已经

---

① 该调查于 2015 年 12 月 11～23 日进行，随机抽取居住在日本市町村的年满 15～39 岁的 5,000 名年轻人及其家人为对象，年轻人的有效回收率达 62.3%（3,115 人）。

② 内閣府政策統括官（共生社会政策担当）：『若者の生活に関する調査報告書』，2016 年 9 月，https://www8.cao.go.jp/youth/kenkyu/hikikomori/h27/pdf-index.html，2019 年 7 月 13 日。

③ 同上。

④ 同上。

超过 40 岁的蛰居者排除在调查对象之外。① 二是主妇、"主夫"等专事家务和育儿的人被排除在调查对象之外，而这部分人中也可能存在蛰居者。尤其值得关注的是，20～24 岁的蛰居者人数比 6 年前增加了约 13%，所占比例高达 34.7%。② 这说明 5 年来，出现了很多新的蛰居者。由此推测，在原有蛰居者未大量回归社会的情况下，蛰居人数不会大幅度下降。因此，并不能轻易断言青少年蛰居人数在减少。

对比 WMH-J 调查和内阁府的调查，2010 年内阁府调查中狭义蛰居者的人数约 23.6 万人，这与 WMH-J 调查推算出的约 26 万户家庭存在蛰居者的数字大体相当。不过，井出草平认为内阁府以"外出的有无"作为判定蛰居者的标准，容易将蛰居问题扩大化。比如有可能将"有工作，但私底下不怎么和他人交往，平时在家"的人也计算在蛰居者中。因此，井出认为以"人际关系的有无"作为判定标准的 WMH-J 调查更为准确。③ 笔者认为，无论是 WMH-J 调查，还是内阁府的调查，因判定标准不同，推测出的蛰居人数也必然会存在一定的差异。但毋庸置疑的是日本的蛰居者已高达数十万人，其严重性已不容忽视。

除上述官方调查外，自 1990 年代，日本青少年蛰居问题引发社会关注以来，尤其是 2000 年前后蛰居社会问题化之初，关于蛰居者的人数，社会上流传着几万人、几十万人甚至数百万人等不同的说法，可谓众说纷纭。1994 年，《每日新闻》报道指出："根据心理咨询专家们的调查，18 岁以上，拒绝人际关系，不去公司或学校，与家人也不交流，数年内闭居在自己房间里的所谓蛰居者，全国至少有 1 万多人。"④ 自 1999 年以来，精神科医

---

① 对于为什么将 40 岁以上的蛰居者排除在调查对象之外，内阁府的回答是"40 岁以上是厚生劳动省的工作范围"，对于这种解释，很多人表示无法理解。

② 内閣府政策統括官（共生社会政策担当）：『若者の生活に関する調査報告書』，2016 年 9 月，https://www8.cao.go.jp/youth/kenkyu/hikikomori/h27/pdf-index.html，2019 年 7 月 13 日。

③ 井出草平：『ひきこもりの社会学的研究』，博士学位論文，大阪大学，2012 年，第 16 頁。

④ 『［にっぽん診断書］第 5 部ガラスのくに／1 引きこもる大人、全国で 1 万人以上』，『毎日新聞』（東京朝刊）1994 年 5 月 29 日。

生斋藤环一直主张日本存在"100多万名蛰居者",并于2004年撰文指出"社会性蛰居进入100万人的时代"。① 2001年,临床教育研究所"虹"的负责人尾木直树通过调查发现,参加该研究所演讲会的人中,3.2%的家庭中存在具有蛰居倾向的青少年,尾木据此推测出全国有蛰居者的家庭达到了80万户到140万户(包括不登校在内)。② 2003年,厚生劳动省资助的一项调查显示:全国20~40岁年轻人中处于蛰居状态的有50万~100万人,蛰居者家庭至少有71万户。③ 另据NHK福利网透露,2005年度日本蛰居人数达到160多万人,如果将"准蛰居者"也包括在内,总数超过300万人,即每30个家庭中就有1名蛰居者。④ 虽然这些数据的准确性和严谨性有待商榷,但从时间顺序上看蛰居人数整体上呈现出不断增多的趋势。

三 KHJ父母会(家庭会)的实况调查

"KHJ父母会(家庭会)"是唯一的全国性援助蛰居者及其家庭的民间团体。自2004年到2019年,在参加KHJ父母会(家庭会)的蛰居者及其家人的协助下,不间断地开展了16次关于蛰居实况的全国性调查。与WMH-J调查和内阁府的抽样调查侧重推测蛰居人数不同,"KHJ父母会(家庭会)"通过对蛰居者本人及其家人的实况调查,详细地分析了蛰居者的性别、年龄、蛰居时长、开始蛰居时的年龄等蛰居者的情况,是目前为止由民间机构开展的规模最大、坚持时间最长的蛰居实况调查,堪称民间援助团体开展的蛰居实况调查的代表。

第一,对参加"KHJ父母会(家庭会)"的蛰居者家人(父母为主)的

---

① 斎藤環:『社会的ひきこもり―〇〇万人の時代に―思春期と社会性』,『児童心理』第58卷2号(通号800)。
② 荻野達史、川北稔、工藤宏司等編著:『ひきこもりへの社会学的アプローチ―メディア・当事者・支援活動―』,京都:ミネルヴァ書房2008年版,第82頁。
③ 石川良子:『ひきこもりの<ゴール>:「就労」でもなく「対人関係」でもなく』,東京:青弓社2007年版,第13頁。
④ 河野憲一:『心の居場所を探して:ひきこもりを通して考える開発的人間関係』,東京:朱鳥社2010年版,第7頁。

调查。从表 2 - 5 的调查结果来看，蛰居者以男性为主。男女蛰居者的性别比，2005 年为 80.0：14.0，2009 年为 80.0：10.0，2011 年为 75.6：19.0，2014 年为 75.7：21.3。从开始蛰居的平均年龄来看，大部分蛰居者从高中毕业后的 20 岁前后开始蛰居。这个时期是人生的重要转折期，面临着升学、就业等关系到未来前途的各种问题。从蛰居者的平均年龄来看，基本上在 30 岁上下，且呈现出不断增长的趋势。2008 年，蛰居者的平均年龄首次超过了 30 岁。30 岁以上的蛰居者所占比例不断攀升，从 2004 年的 37.1%、2005 年的 40.3%，增至 2006 年的 49.8%。到了 2007 年，男性蛰居者中 30 岁以上的已超过一半，达到 52.6%。[1] 这表明，不仅学龄期容易蛰居，大学毕业后面临就业困境的年轻人走上蛰居之路的人数也在不断增多。蛰居者的年龄呈现出不断增长的趋势，甚至出现了 65 岁的高龄蛰居者。从平均蛰居时间来看，2004～2006 年，虽然平均蛰居时间基本维持在 7~8 年，但值得关注的是，10 年以上的蛰居者所占比例不断提高，2005 年为 31.5%，2006 年增至 38.5%，并出现了长达 30 年的蛰居者。[2] 2011~2017 年，平均蛰居时间已超过 10 年，最长的蛰居时间长达 40 年。[3] 可见，长期化、迁延性成为蛰居问题的显著特征。

---

[1] 境泉洋、植田健太、中村光他：『「ひきこもり」の実態に関する調査報告書—NPO 法人全国引きこもり KHJ 親の会における実態—』，志學館大学人間関係学部境泉洋研究室，2004 年。境泉洋、植田健太、中村光他：『「ひきこもり」の実態に関する調査報告書②—NPO 法人全国引きこもり KHJ 親の会における実態—』，志學館大学人間関係学部境研究室，2005 年。境泉洋、中垣内正和、NPO 法人全国引きこもり KHJ 親の会（家族会連合会）：『「引きこもり」の実態に関する調査報告書④—NPO 法人全国引きこもり KHJ 親の会における実態—』，志學館大学人間関係学部境研究室，2007 年。

[2] 境泉洋、植田健太、中村光他：『「ひきこもり」の実態に関する調査報告書—NPO 法人全国引きこもり KHJ 親の会における実態—』，志學館大学人間関係学部境泉洋研究室，2004 年。境泉洋、植田健太、中村光他：『「ひきこもり」の実態に関する調査報告書—NPO 法人全国引きこもり KHJ 親の会における実態—』，志學館大学人間関係学部境研究室，2005 年。境泉洋、中村光、ひきこもり家族調査委員会編：『ひきこもりの実態に関する調査報告書』，2006 年。境泉洋、中垣内正和、NPO 法人全国引きこもり KHJ 親の会（家族会連合会）：『「引きこもり」の実態に関する調査報告書④—NPO 法人全国引きこもり KHJ 親の会における実態—』，志學館大学人間関係学部境研究室，2007 年。

[3] 特定非営利活動法人 KHJ 全国ひきこもり家族会連合会：『ひきこもりの実態に関するアンケート調査報告書』，2016 年。

第二，对参加"KHJ父母会（家庭会）"的蛰居经历者或蛰居者本人的调查（参见表2－6）。能参与调查的蛰居经历者或者蛰居者本人，已经完全摆脱蛰居生活，或者基本上处于恢复期。因此，与针对蛰居者家人的调查相比，该调查结果表现出的蛰居程度相对较轻。但基本情况与对家人的

表2－5　KHJ父母会（家庭会）的蛰居实况调查（对蛰居者家人的调查）[①]

调查报告书	调查人数	性别比（男：女）	开始蛰居的平均年龄（岁）	蛰居者平均年龄（岁）	平均蛰居时间（年）
第1次（2004年）	529	男性居多	20.5	27.6	4～6
第2次（2005年）	362	80.0：14.0	20.6	28.1	7.5

① 数据来源：第1次：境泉洋、植田健太、中村光他：『「ひきこもり」の実態に関する調査報告書―NPO法人全国引きこもりKHJ親の会における実態―』, 志學館大学人間関係学部境泉洋研究室，2004年。第2次：境泉洋、植田健太、中村光他：『「ひきこもり」の実態に関する調査報告書②―NPO法人全国引きこもりKHJ親の会における実態―』, 志學館大学人間関係学部境研究室，2005年。第3次：境泉洋、中村光、ひきこもり家族調査委員会編：『ひきこもりの実態に関する調査報告書』, 2006年。第4次：境泉洋、中垣内正和、NPO法人全国引きこもりKHJ親の会（家族会連合会）：『「引きこもり」の実態に関する調査報告書④―NPO法人全国引きこもりKHJ親の会における実態―』, 志學館大学人間関係学部境研究室，2007年。第5次：境泉洋、川原一紗、NPO法人全国引きこもりKHJ親の会（家族会連合会）：『「引きこもり」の実態に関する調査報告書⑤―NPO法人全国引きこもりKHJ親の会における実態』, 徳島大学総合科学部境研究室，2008年。第6次：境泉洋、川原一紗、木下龍三他：『「引きこもり」の実態に関する調査報告書⑥―NPO法人全国引きこもりKHJ親の会における実態―』, 徳島大学総合科学部境研究室，2009年。第7次：境泉洋、野中俊介、大野あき子他：『「引きこもり」の実態に関する調査報告書⑦―NPO法人全国引きこもりKHJ親の会における実態―』, 徳島大学総合科学部境研究室，2010年。第8次：境泉洋、堀川寛、野中俊介他：『「引きこもり」の実態に関する調査報告書⑧―NPO法人全国引きこもりKHJ親の会における実態―』, 徳島大学総合科学部境研究室，2011年。第9次：境泉洋、平川沙織、原田素美礼他：『「ひきこもり」の実態に関する調査報告書⑨―NPO法人全国引きこもりKHJ親の会における実態―』, 徳島大学大学院ソシオ・アーツ・アンド・サイエンス研究部，臨床コミュニティ心理学研室，2012年。第10次：境泉洋、斎藤まさ子、本間恵美子他：『「引きこもり」の実態に関する調査報告書⑩―NPO法人全国引きこもりKHJ親の会における実態―』, 徳島大学大学院ソシオ・アーツ・アンド・サイエンス研究部，臨床コミュニティ心理学研究室，2013年。第11次：特定非営利活動法人全国引きこもりKHJ親の会（家族会連合会）：『ひきこもりピアサポーター養成・派遣に関するアンケート調査報告書』, NPO法人全国引きこもりKHJ親の会（家族会連合会），2014年。第12次：特定非営利活動法人KHJ全国ひきこもり家族会連合会：『ひきこもりの実態およびピアサポーター養成・派遣に関するアンケート調査報告書』, 2015年。第13次：特定非営利活動法人KHJ全国ひきこもり家族会連合会：『ひきこもりの実態に関するアンケート調査報告書』, 2016年。第14次：特定非営利活動法人KHJ全国ひきこもり家族会連合会：『ひきこもりの実態に関するアンケート調査報告書』, NPO法人KHJ全国ひきこもり家族会連合会，2017年。第15次：特定非営利活動法人KHJ全国ひきこもり家族会連合会：『ひきこもりの実態に関するアンケート調査報告書』, NPO法人KHJ全国ひきこもり家族会連合会，2018年。第16次：特定非営利活動法人KHJ全国ひきこもり家族会連合会：『ひきこもりの実態に関するアンケート調査報告書』, NPO法人KHJ全国ひきこもり家族会連合会，2019年。

续表

调查报告书	调查人数	性别比（男：女）	开始蛰居的平均年龄（岁）	蛰居者平均年龄（岁）	平均蛰居时间（年）
第3次（2006年）	603	80.0：10.0	20.9	29.5	8.6
第4次（2007年）	545	81.3：17.0	21.1	29.6	8.33
第5次（2008年）	331	82.1：16.1	21.2	30.1	8.95
第6次（2009年）	426	80.0：16.2	21.2	30.2	8.8
第7次（2010年）	383	76.0：19.8	19.6	30.3	9.6
第8次（2011年）	332	75.6：19.0	19.9	31.6	10.21
第9次（2012年）	371	74.0：16.7	19.9	31.5	10.28
第10次（2013年）	312	76.0：19.2	20.1	33.1	10.5
第11次（2014年）	478	75.7：21.3	19.9	33.1	10.72
第12次（2015年）	310	79.1：20.9	20.4	33.2	10.22
第13次（2016年）	362	79.5：20.5	19.4	32.7	10.8
第14次（2017年）	399	79.2：18.0	19.8	33.5	10.8
第15次（2018年）	544	74.8：24.3	19.6	34.4	9.6
第16次（2019年）	304	78.9：20.7	19.7	35.2	9.8

调查大致匹配，如开始蛰居的平均年龄为 20 岁前后，平均蛰居时间在 8 年左右，蛰居者的平均年龄在 30 岁上下等。总之，KHJ 父母会（家庭会）的实况调查，更直观地反映了蛰居问题的现状，以及高龄化和长期化的发展趋势。

此外，伴随着蛰居的社会问题化，日本新闻媒体也开始关注蛰居现象。其中，NHK 开展的"网络咨询"比较有代表性。2002 年，NHK 特别节目"蛰居支援活动"[1]中，开设了日本首个"网络咨询室"[2]。因"网络咨询室"能

---

[1] 活动时间为 2003~2004 年，内容包括在电视上播报与蛰居相关的节目，开展网络调查，以及通过电子邮件开展咨询等各种各样的活动。

[2] "网络咨询室"是通过网络这种非面对面的方式，倾听蛰居者的心声，回答他们的问题。该咨询室经过 2002 年 10 月 15 日至 12 月 10 日的试运行后，于 2003 年 4 月 1 日至 12 月 20 日开通，共收到 3,016 件咨询案例。蛰居支援活动 2004 年 3 月结束，但其开设的"网络咨询室"继续存在。其基本的运行流程是：首先由蛰居者本人或其亲属、朋友等在"蛰居支援活动"网页中输入要咨询的内容，然后由志愿者咨询员回信。这些回信常年开展蛰居咨询的民间援助团体的咨询员和有丰富的蛰居临床经验的精神科医生进行把关。其内容主要是有关蛰居状态或应对方法的基本信息及介绍相应的咨询机构的信息。

表2—6 KHJ父母会（家庭会）的蛰居实况调查（对蛰居经历者或本人的调查）[1]

调查报告书	调查人数	性别比（男：女）	开始蛰居的平均年龄（岁）	蛰居者平均年龄（岁）	平均蛰居时间（年）
第5次（2008年）	53	84.9：13.2	—	29.4	7.29
第6次（2009年）	83	79.5：19.3	—	28.3	—
第7次（2010年）	91	81.3：13.2	19.7	30.2	6.5
第8次（2011年）	82	76.8：23.2	18.4	29.1	5.97
第9次（2012年）	106	77.4：16.0	19.0	30.0	6.9
第10次（2013年）	92	85.9：14.1	19.3	32.3	7.3
第11次（2014年）	140	75.7：17.9	18.9	34.0	7.4
第12次（2015年）	58	86.0：14.0	19.6	34.2	7.1
第13次（2016年）	89	81.4：18.6	19.7	35.6	8.1
第14次（2017年）	119	84.0：12.6	19.5	34.0	6.4
第15次（2018年）	85	75.3：20.0	20.5	36.1	7.2
第16次（2019年）	52	73.1：23.1	20.4	36.8	8.1

注："—"表示不包含此项调查内容。

---

[1] 数据来源：第5次：境泉洋、川原一紗、NPO法人全国引きこもりKHJ親の会（家族会連合会）：『「引きこもり」の実態に関する調査報告書⑤—NPO法人全国引きこもりKHJ親の会における実態』，徳島大学総合科学部境研究室，2008年。第6次：境泉洋、川原一紗、木下龍三他：『「引きこもり」の実態に関する調査報告書⑥—NPO法人全国引きこもりKHJ親の会における実態—』，徳島大学総合科学部境研究室，2009年。第7次：境泉洋、野中俊介、大野あき子他：『「引きこもり」の実態に関する調査報告書⑦—NPO法人全国引きこもりKHJ親の会における実態—』，徳島大学総合科学部境研究室，2010年。第8次：境泉洋、堀川寛、野中俊介他：『「引きこもり」の実態に関する調査報告書⑧—NPO法人全国引きこもりKHJ親の会における実態—』，徳島大学総合科学部境研究室，2011年。第9次：境泉洋、平川沙織、原田素美礼他：『「ひきこもり」の実態に関する調査報告書⑨—NPO法人全国引きこもりKHJ親の会における実態—』，徳島大学大学院ソシオ・アーツ・アンド・サイエンス研究部，臨床コミュニティ心理学研究室，2012年。第10次：境泉洋、斎藤まさ子、本間恵美子他：『「引きこもり」の実態に関する調査報告書⑩—NPO法人全国引きこもりKHJ親の会における実態—』，徳島大学大学院ソシオ・アーツ・アンド・サイエンス研究部，臨床コミュニティ心理学研究室，2013年。第11次：特定非営利活動法人全国引きこもりKHJ親の会（家族会連合会）：『ひきこもりピアサポーター養成・派遣に関するアンケート調査報告書』，NPO法人全国引きこもりKHJ親の会（家族会連合会），2014年。第12次：特定非営利活動法人KHJ全国ひきこもり家族会連合会：『ひきこもりの実態およびピアサポーター養成・派遣に関するアンケート調査報告書』，2015年。第13次：特定非営利活動法人KHJ全国ひきこもり家族会連合会：『ひきこもりの実態に関するアンケート調査報告書』，2016年。第14次：特定非営利活動法人KHJ全国ひきこもり家族会連合会：『ひきこもりの実態に関するアンケート調査報告書』，NPO法人KHJ全国ひきこもり家族会連合会，2017年。第15次：特定非営利活動法人KHJ全国ひきこもり家族会連合会：『ひきこもりの実態に関するアンケート調査報告書』，NPO法人KHJ全国ひきこもり家族会連合会，2018年。第16次：特定非営利活動法人KHJ全国ひきこもり家族会連合会：『ひきこもりの実態に関するアンケート調査報告書』，NPO法人KHJ全国ひきこもり家族会連合会，2019年。

够更好地保护蛰居者的隐私，在 3,016 件参与咨询的蛰居事例中，有 65% 的咨询者是蛰居者本人。从参与咨询的蛰居者年龄看，10～19 岁的咨询者占 19%；20 岁以上的占 81%，其中 25 岁以上的占 55%。从蛰居时长看，5 年以上的蛰居者占 30%（5～10 年的为 18%，10 年以上为 12%）。从利用援助机构的现状来看，"目前，哪一个咨询机构也没有利用"的蛰居者高达 75%。[①] 由此可知，蛰居问题不仅是青春期问题，还包括成年后因就业受挫或职场生活不如意而走上蛰居之路的青年人和中年人。蛰居问题已十分严重，但相关援助机构的利用比例却很低。

第三节　蛰居的类型

一　性格自卑型

蛰居是一个非常复杂的问题。蛰居者的表征相似，诱因却千差万别。性格孤僻自卑、学业问题、家庭问题、工作压力等都容易让人陷入蛰居生活。2003 年，NHK 开展了蛰居问题网络调查，在参与调查的 1,000 多名蛰居者中，大体上看，引发蛰居的诱因主要有：对自己的容貌和能力感到自卑、职场的人际关系、考试或就业失败、家庭问题及校园欺凌等。[②] 本书对蛰居的分类主要根据笔者目前掌握的相关调查报告及文献资料中对蛰居诱因的解读，大体上分为以下四种类型：一是自卑感等自身性格因素引发的自卑型；二是考试失利等学业问题引发的挫折型；三是父母的过高期望和偏重智育等家庭教育问题引发的家教偏颇型；四是就业失败等职场问题引发的就业遇挫型。

性格自卑型蛰居主要由自卑感等自身性格因素引发。很多蛰居者的性格和行为倾向具有一些共性，如不成熟，以自我为中心；对母亲百依百顺，

---

① NHK「ひきこもりサポートキャンペーン」プロジェクト編：『hikikomori@NHK ひきこもり』，斎藤環監修，東京：日本放送出版協会 2004 年版，第 14－16 頁。

② 同上书，第 81 页。

依赖性强，缺乏自信心；性格内向、消极，人际关系方面比较敏感，警惕性强；规规矩矩，爱较真，缺乏变通性；容易自责，自尊心强且容易产生不安情绪；等等。他们容易拘泥于小事情，过度在意周围人的看法，缺乏主动性和积极性，不善于交朋友。这些性格特点在每一个蛰居者身上都有或多或少的体现，而自卑型蛰居者的自身性格因素是主要诱因，一旦周围环境发生改变，自身又无法适应时，就可能走上蛰居之路。

案例 B：B，男，33 岁，居住在神奈川县。B 从大四时开始蛰居，在房间内蛰居了 4 年，其间连父母也不见。他认为让别人看到自己，只能徒增恐惧，这种不愉快的事情要尽量避免。一想到自己的未来，B 就感到无比的绝望，曾有过自杀的想法。B 自懂事起就有劣等感和自卑感，认为自己不如人，非常讨厌自己，对自己的存在感到羞愧。实际上，B 并不比别人差，周围也不存在让他有劣等感的理由。为了减轻自卑心理，小学阶段的 B 非常努力地学习，成绩名列前茅。他还积极参加学校活动和志愿者活动等。通过各种努力，B 找回了一些自信。但是上大学后，生活环境的改变让 B 无所适从。他发现自小存在的自卑心理一点也没有改变，不知道自己为什么活着。这种自卑感引发了抑郁，自杀未遂后，B 的抑郁症状加重，最终走上了蛰居之路。[1]

B 从小就有自卑心理，缺乏自信。虽然通过努力学习，积极参与社会活动，缓解了自卑情绪。但是上大学后，周围环境的改变，又使其自卑心理增强，从而引发了抑郁症，最终走上了蛰居之路。这种类型的蛰居者自我否定意识强，找不到自身存在的社会价值。

---

[1] NHK「ひきこもりサポートキャンペーン」プロジェクト編：『hikikomori@NHK ひきこもり』，斎藤環監修，東京：日本放送出版協会 2004 年版，第 18 - 19 頁。

二 学业受挫型

当今日本青少年不仅享受着优越的物质生活条件，而且在父母的过度保护下成长，抗挫折能力差。他们一旦在学业上或者交友方面受挫，很容易采取逃避的方式来应对。蛰居便成为其逃避挫折的一种消极生活方式。蛰居者中，因考试失利、不登校、校园欺凌等校园问题走上蛰居之路的青少年占较大的比例。

案例C：C，男，19岁，住埼玉县。C小时候性格开朗活泼，有很多朋友。中考时，C没能考上理想的公立高中。进入私立高中的C，情绪非常低落。高二第一学期期末考试时，因偷了老师的文字处理机而被退学。此后，虽然也去预备学校上学，准备报考大学。但因预备学校成员复杂，最终放弃，蛰居在家。C十分在意周围人的目光。因家附近有很多亲戚，所以C不愿意出门，一直闭居在家，平时一直关着窗户，只有周末才开窗晾晒被子。C经常对家人发脾气，甚至发展到不能和父亲一起吃饭，长时间蛰居在自己房间里。①

案例D：D，男，31岁，与父母住在首都圈内。父亲是公务员。其母纪子说："他以前是非常活泼的孩子。"初中时加入了足球部，还参加过县级比赛。第一次高考失败。第二年考试日期临近时，自己认为"学习没有进步，没办法参加考试"，让母亲将参考资料处理掉。然后开始把饭菜端到自己房间内独自食用，用支棍顶上房门，过起了昼夜颠倒的生活。自那一天开始，已经过去了大约十年。D断绝了和朋友的交往，既不升学也不就业，完全蛰居在家。②

C本来是性格非常开朗的孩子，因升学问题，性格发生了改变，最终不

---

① 富田富士也：『引きこもりから旅立ち』，東京：ハート出版1992年版，第47－50页。
② 塩倉裕：『孤立する母親たち（人と生きたい 引きこもる若者たち：2）』，『朝日新聞（朝刊）』1997年2月6日家庭版。

得不中途退学，蛰居在家。D也是因高考失利，不堪压力而走上蛰居之路。

三　家教偏颇型

战后日本经济高速增长期间形成了"学历主义"社会。在整个社会强调学历主义的氛围下，学历成为评价人的唯一标准。父母对孩子的期望值不断提升，学习和成绩成为父母关注的重点，家庭教育的偏智育倾向进一步增强。在父母的高学历主义价值观的影响下，日本青少年从小形成了"优秀的学习成绩，然后上好学校，进大公司，努力成为工薪阶层"的价值观，并为之努力奋斗。在这种单一价值观的束缚下以及父母过高期待的家庭教育下，日本青少年一旦成绩下滑或考试失败很容易一蹶不振，成为蛰居者。这种类型的蛰居青少年大部分都曾拼命努力，消耗了大量体力，一旦考试失败就很容易萎靡不振。即使是非常开朗的孩子，因考试受挫而崩溃的情况也很常见。也就是说，在学历社会、偏差值教育及父母的过高期望下，过度疲劳的孩子一旦学业失利，很容易引发蛰居现象。

> 案例E：E，男，19岁，E的父亲崇尚"出息发迹、学历主义"的教育理念。毕业于短期大学的母亲，在孩子教育上完全听从于父亲。每当E的成绩下降时，母亲都会受到父亲的责备，偶尔还会遭受家庭暴力，曾发生过母子夜晚流落街头的事情。在父亲的严格管教下，E升入了重点高中。周围的同学都是"以一流大学为目标"，这给能力不足的他带来巨大的心理压力。刚入学一个月，E因腹痛、头痛、恶心等开始请假。E认为，如果中途退学就辜负了父亲对自己的期望，会成为母亲的耻辱。在紧张和不安中，E长期缺课的事情一直没敢告诉父亲。害怕被父亲知道的恐惧，以及近邻的"白眼"让E承受了巨大的心理压力。一个暑假前，E终于向父亲表达了要退学的想法，但父亲说了句"去死吧"，便离席而去。几个月后，E开始闭居在自己房间

里，不与家人见面，渐渐地对什么都失去了兴趣。①

案例 F：F，男，26 岁。私立大学毕业前夕开始蛰居在租住的公寓里，白天也拉着窗帘。他每个月从房间里出来一两次，半夜时去便利店买一些日用品。因害怕父母打电话询问蛰居的原因，便拔掉了电话线。蛰居 1 年后的 1996 年 1 月，F 回到了九州老家。父母在家时，他一直待在自己房间内，即使见面也只是义务性地说句"早上好"。F 的父亲（58 岁）是公司职员，其口头禅就是"学习成为了不起的人"。为了得到父母的认可，F 认真学习，从小学开始，成绩一直名列前茅。但是初中二年级时，成绩开始下滑。大学时代基本上是在混日子。父母认为他蛰居是因为在大学学坏了，F 则认为"根源在家里"。在 F 上初中遇到挫折最需要帮助时，父母没有施以援手，这让他产生了绝望感，从此一蹶不振。②

E 是在偏重智育的家庭环境中成长起来的。在其父亲强势的学历主义教育下，E 害怕让父亲失望，上了与自己能力不相称的重点高中。然而，在无法继续学业想退学时，却得不到父亲的理解。在巨大的心理压力下，E 走上了蛰居之路。F 也是为了迎合父亲的期望，做父母眼中的"好孩子"。小学阶段努力学习，成绩名列前茅。初中时成绩开始下滑，大学期间一直在混日子，最终也走上了蛰居之路。这两个蛰居案例都与学历主义、偏智育的家庭教育有着密切的联系。

四　就业遇挫型

1990 年代以来，日本经济持续的不景气，因就业受挫或不能适应职场环境而蛰居的人不断增多。很多年轻人毕业后无法就业，从而失去了生活

---

① 富田富士也：『続・引きこもりからの旅たち』，東京：ハート出版 1993 年版，第 111 – 112 頁。
② 塩倉裕：『弱音吐けずに本音しまう（人と生きたい　引きこもる若者たち：3）』，『朝日新聞（朝刊）』1997 年 2 月 7 日家庭版。

的信心。2010年内阁府开展的"关于年轻人意识调查（蛰居实况调查）"结果显示，除生病外，不适应工作环境和就业受挫是年轻人走上蛰居之路的主要原因，所占比例分别为23.7%和20.3%（参见表2－7）。他们对成为社会人充满排斥，不愿意承担社会责任，对工作没有热情，不感兴趣。而且，泡沫经济崩溃后，经济不景气带来的失业问题加剧，很多中年人面临着失业后重新就业的问题，再就业受挫后，精神和经济的双重压力，也容易导致一些中年人走上蛰居之路。

表2－7 蛰居的契机[①]

蛰居契机	不适应工作环境	生病	就业受挫	不登校（中小学生）	人际关系受挫	不适应大学生活	考试失败（高中大学）
所占比例（%）	23.7	23.7	20.3	11.9	11.9	6.8	1.7

案例G：G，男，30多岁，在大公司从事技术工作。某天他在进公司大门时，心跳突然加快，情绪低落，无论如何也不能走进公司大门，最终只能折回家里。他一个人住在市中心的高级公寓中。G过去从来没有过不登校的经历，工作以后身体状况一直也很好。但是，G工作中的压力很大，领导分配的研究课题太难，G为此失眠和焦虑不安。因时常受到领导斥责，G的精神压力越来越大。其间家人带其看过医生，被诊断为"适应障碍"[②]。经过治疗后，G的失眠症状得到改善。但是，还是不能出勤，最后不得不辞职。辞了工作的G，和公司断绝了关系，很有可能蛰居在家。[③]

案例H：H，男，29岁。H大学毕业后，进入当地的公司工作，但

[①] 内閣府政策統括官（共生社会政策担当）：『若者の意識に関する調査（ひきこもりに関する実態調査）報告書』，2010年7月，https://www.8.cao.go.jp/youth/kenkyu/hikikomori/pdf_index.html，2019年7月12日。
[②] 所谓"适应障碍"就是因为精神压力大难以适应社会环境，身心出现各种各样的症状。
[③] 池上正樹：『大人のひきこもり：本当は「外に出る理由」を探している人たち』，東京：講談社2014年版，第40－42頁。

只工作了一个月就辞职了。下一份工作也仅仅维持了半年。此后，H又先后找了几份工作。但都因无故缺勤或失联而最终被辞退。H最后过上了闭居在家的蛰居生活。①

G和H均是因为工作压力过大或不适应工作环境而走上蛰居之路。尤其是H，对工作没有热情和耐心，经常无故缺勤，反复辞职后，闭居在家过起了蛰居生活。

以上是笔者对日本青少年蛰居现象的粗略分类，由于涉及个案有限，可能不能涵盖所有的类型。蛰居问题是性格、学业、家庭、就业等多种因素综合作用的结果。通过对蛰居类型的案例解读，可知青少年蛰居是一种回避竞争、自我否定的消极避世行为。

第四节　蛰居的特征

一　男性为主，多与父母同居

蛰居是一种丧失社会行为、自我封闭的消极生活状态。提到蛰居者，不怎么外出和拒绝人际关系成为其标志性特征，昼夜颠倒②是其典型的生活状态。青少年蛰居问题自1990年代引起关注至今，日本对蛰居问题的认识和研究不断深入。从各种有关蛰居的统计调查结果来看，蛰居者中男性较多，占60%~80%（参见表2-8）。

与抽样调查相比，斋藤环等的临床调查及KHJ父母会（家庭会）的统计报告中，男性所占比例更高。1998年，斋藤环的临床诊疗数据显示，蛰居者中82.5%是男性，占压倒性多数。③2004~2009年，KHJ父母会（家

---

①　斋藤環：『社会的ひきこもり－終わらない思春期』，東京：PHP研究所1998年版，第21頁。
②　对于自尊心极强的蛰居者来说，白天是令他们非常痛苦的时间。因为人们在白天都在忙碌地学习工作，这无疑会给蛰居者带来更大的不安感和劣等感。因此，他们白天睡觉，晚上夜深人静的时候再出来活动，去便利店购物等。这种逃避式的生活方式，不利于蛰居者的恢复，进一步加重了他们的人际关系危机。
③　斋藤環：『社会的ひきこもり－終わらない思春期』，東京：PHP研究所1998年版，第23頁。

庭会）开展的 6 次针对蛰居者家人的实况调查中，男性所占比例均在 80% 以上，此后的调查，虽然男性比例有所减少，但也保持在 75% 左右（参见表 2－5）。

表 2－8　蛰居者中的男性比例[①]

调查报告	男性比例（%）
1. 埼玉县实况调查（2002 年）	79.5
2. 蛰居"旧指针"（2003 年）	76.9
3. 大分县实况调查（2004 年）	68.7
4. 内阁府蛰居实况调查（2010 年）	66.1
5. 内阁府蛰居实况调查（2016 年）	63.3

男性蛰居者之所以占绝大多数，与日本社会文化中的男性角色定位有关。"男主外，女主内"的家庭角色分工，使男性的社会角色要远远高于家庭角色，出人头地、养家糊口成为男性不可推卸的责任和压力。相反，女性以家庭角色为主，责任和压力较之男性要小。为了培养男孩的责任意识和担当精神，父母从小就对男孩赋予了较高的期望值，而对女孩的自立要求就不那么严格。女性即使蛰居在家不外出，也可以在家里帮着做家务，不会引起周围人的特别关注。有过蛰居经历的上山和树认为，蛰居者中男性居多，主要是因为男女的社会压力不同。比如 25 岁的男子，整天待在家里的话，很明显给人的印象就是无业人员。而女子的话，给人的印象是帮

[①] 数据来源：1. 埼玉県健康福祉部：『ひきこもり実態調査報告書』，社団法人埼玉県精神保健福祉協会，2002年。2. 伊藤順一郎：『厚生労働科学研究（こころの健康科学研究事業）「地域精神保健活動のあり方に関する研究」平成 14 年度総括・分担研究報告書』，厚生労働省，2003 年。3. 大分県精神保健福祉センター：『「ひきこもり」実態調査報告書』，大分県精神保健福祉センターひきこもり支援対策推進委員会，2004 年。4. 内閣府政策統括官（共生社会政策担当）：『若者の意識に関する調査（ひきこもりに関する実態調査）報告書』，2010 年 7 月，https://www8.cao.go.jp/youth/kenkyu/hikikomori/pdf_index.html，2019 年 7 月 12 日。5. 内閣府政策統括官（共生社会政策担当）：『若者の生活に関する調査報告書』，2016 年 9 月，https://www8.cao.go.jp/youth/kenkyu/hikikomori/h27/pdf-index.html，2019 年 7 月 13 日。

忙做家务，或者学习烹饪或插花等技艺，为出嫁做准备。① 正是由于日本社会和家庭对男女的期望值和定位的差异，导致父母、亲戚朋友及社会习惯都强调男孩的自立，从而给男性带来了很大的压力。男孩在成长过程中，遇到的困难和挫折也就比女孩要多，诱发蛰居的因素也会增多。

现有的各种调查结果显示，绝大多数蛰居者与父母等家人同居，成为没有经济来源、不能自立的寄生族。如"KHJ 父母会（家庭会）"2007～2009年的调查显示，蛰居者与父母同居的比例分别为 91.5%、87.9%、85.9%。② 只有少数蛰居者因其有家庭暴力行为，家人不得不与其分开居住。蛰居者对父母的依赖性非常强，几乎是完全依靠父母，由此带来的家庭危机也愈发严重。伴随着蛰居时间的延长、蛰居者及其父母年龄的增长，蛰居者家庭面临着较大的精神压力和经济负担，其生存现状堪忧。

二 "不登校"经历者居多

不登校是应试教育和学历社会的产物。1992 年，日本文部省（现在的文部科学省③）将不登校定义为"由于一些心理的、情绪的、身体的或社会的原因背景（疾病或经济原因除外），不上学或不想上学，1 年间缺席达 30 天以上者"。④

蛰居问题与不登校有着很大的关联性，蛰居者中有不登校经历的人居多。从蛰居问题的演变过程来看，1970 年代，蛰居现象随着不登校的社

---

① 上山和樹：『「ひきこもり」だった僕から』，東京：講談社 2001 年版，第 155 頁。
② 境泉洋、中垣内正和、NPO 法人全国引きこもり KHJ 親の会（家族会連合会）：『「引きこもり」の実態に関する調査報告書④—NPO 法人全国引きこもり KHJ 親の会における実態—』，志學館大学人間関係学部境研究室，2007 年。第 5 次：境泉洋、川原一紗、NPO 法人全国引きこもり KHJ 親の会（家族会連合会）：『「引きこもり」の実態に関する調査報告書⑤—NPO 法人全国引きこもり KHJ 親の会における実態』，徳島大学総合科学部境研究室，2008 年。第 6 次：境泉洋、川原一紗、木下龍三他：『「引きこもり」の実態に関する調査報告書⑥—NPO 法人全国引きこもり KHJ 親の会における実態—』，徳島大学総合科学部境研究室，2009 年。
③ 2001 年 1 月 6 日，原文部省及科学技术厅合并为文部科学省。是日本中央政府行政机构之一，负责统筹日本国内教育、学术、文化等事务。文中出现的文部省均指现在的文部科学省，为行文简洁，后文不再标注说明。
④ 山下耕平：『迷子の時代を生き抜くために：不登校・ひきこもりから見えてくる地平』，京都：北大路書房 2009 年版，第 90 頁。

会问题化而浮出水面，一部分不登校者闭居在家过起蛰居生活。1980年代以来，蛰居者随着不登校人数的增多而增多。1989年，斋藤环对80名蛰居者进行的调查结果显示，有过不登校经历的高达86%。[①] 正如富田富士也所说："不登校是社会病理现象，蛰居则是不登校的延长。"[②] 进入1990年代，不登校人数一直呈增长趋势，蛰居现象也逐渐引发社会的关注。1995年，文部省调查结果显示，不登校的小学生和初中生中，52%的人属于"不安等情绪混乱型"或"无气力型"，这部分人存在着成为蛰居预备军的可能性。[③] 2001年，文部科学省委托现代教育研究会进行的一项调查显示："约有20%的不登校者会转向蛰居生活，大体上相当于蛰居人数的60%~80%。"[④] 斋藤环著作中列举的蛰居案例，86%的都有长达3个月以上的不登校经历，他认为从不登校发展到蛰居者的比例在20%左右。[⑤] 2010年，厚生劳动省公布的"新指针"中，也明确指出不登校与蛰居存在很强的关联性，蛰居者中存在很多具有不登校经历的人。

从现有的蛰居实况调查来看，60%~90%的蛰居者具有不登校经历（参见表2-9）。KHJ父母会（家庭会）的蛰居实况调查表明，蛰居者中曾有过不登校经历的人超过了半数。如第7次调查报告书中，对383名蛰居者家人的调查结果显示，蛰居者中的50.9%有不登校经历；对91名蛰居者本人的调查显示，50.5%的蛰居者有不登校经历。[⑥] 可以说，不登校是蛰居的"预备军"，也是蛰居的原因之一。长期不登校后走上蛰居之路的案例不在少数，蛰居成为一些不登校者逃避学业和社会竞争的生活方式。

---

① NHK「ひきこもりサポートキャンペーン」プロジェクト編：『hikikomori@NHK ひきこもり』，斎藤環監修，東京：日本放送出版協会2004年版，第67頁。
② 富田富士也：『引きこもりからの旅立ち』，東京：ハート出版1992年版，第135頁。
③ 塩倉裕：『引きこもる若者たち』，東京：ビレッジセンター出版局1999年版，第21-22頁。
④ 井出草平：『ひきこもりの社会学』，京都：世界思想社2007年版，第44頁。
⑤ 荻野達史、川北稔、工藤宏司等編著：『ひきこもりへの社会学的アプローチ―メディア・当事者・支援活動―』，京都：ミネルヴァ書房2008年版，第83頁。
⑥ 境泉洋、野中俊介、大野あき子他：『「引きこもり」の実態に関する調査報告書⑦―NPO法人全国引きこもりKHJ親の会における実態―』，徳島大学総合科学部境研究室，2010年。

表2－9　蛰居者中有不登校经历的比例[1]

蛰居的调查	有不登校经历的比例（%）
（1）2003年蛰居"旧指针"	61.4
（2）斋藤环的诊疗数据	90.0
（3）埼玉县实态调查	64.6
（4）大分县实态调查	69.6

蛰居者中具有不登校经历的比例之所以高，是因为在人们的潜意识里，认为上学，获取学历，谋求好工作，是正常的发展轨迹。那么，长期不登校或中途退学的孩子，在重视学历的日本社会中很难找到稳定工作，不上学就意味着没有了其他的出路。而富有的家庭条件又允许他们待在家里，特别是这一代人的父母多是出生于战后初期婴儿潮时代的"团块世代"[2]，他们本身很反感上一代人烦琐的人际关系，因此教育自己的子女就相对宽容很多。这也是很多不登校也不就业的孩子能够安心待在家里享受父母提供的舒适生活的重要背景之一。此外，蛰居也是不登校孩子逃避现实生活的一种自我防卫的手段。对于不登校孩子来说，因自己的生活轨迹与父母和社会所公认的价值观出现了偏差，所以会产生无所适从感，有一种无处安身立命的无助感，找不到自身存在的价值。他们不仅会受到周围人的讽刺和否定，而且会受到家人的嫌弃。这些被同龄人远远抛在后面的青少年为了躲避周围人的目光，回避社会活动和人际关系，逐渐自我逃避于狭小的空间内，长期蛰居起来。

需要指出的是，虽然绝大多数蛰居者具有不登校经历，但不登校者中

---

[1] 数据来源：（1）伊藤顺一郎：『厚生労働科学研究（こころの健康科学研究事業）「地域精神保健活動のあり方に関する研究」平成14年度総括・分担研究報告書』，厚生労働省，2003年。（2）斎藤環：『社会的ひきこもり—終わらない思春期』，東京:PHP研究所1998年版，第39頁。（3）高畑隆：『埼玉県における「ひきこもり」の実態』，『精神医学』2003年45号，第299－302頁。（4）『ひきこもり実態調査報告書』，大分県精神保健福刊センター，2004年，转引自井出草平：『ひきこもりの社会学』，京都：世界思想社2007年版，第42頁。

[2] "团块世代"是指日本在1947～1949年出生的、人口稠密的一代人，每年的新生儿人口约有270万人，是日本战后出现的第一次婴儿潮人口。日本著名经济评论家堺屋太一是第一个将第一次婴儿潮人口命名为"团块世代"的人。"团块世代"被认为是推动战后日本经济高速增长的主力。

进入蛰居状态的比例并不是很高，只有约20%的不登校者最终走上了蛰居之路。大部分不登校学生依然和朋友保持交流，也能参加地域活动。文部省1998~1999年对从初中三年级开始不登校的人进行追踪调查，结果显示，5年后（20岁时）仅有23%的不登校者未上学或就业，其中包括结婚成为专职主妇的人。可见，大部分不登校者都能够在此后的生活中适应社会。① 因此，不能把不登校等同于蛰居（参见图2-2）。

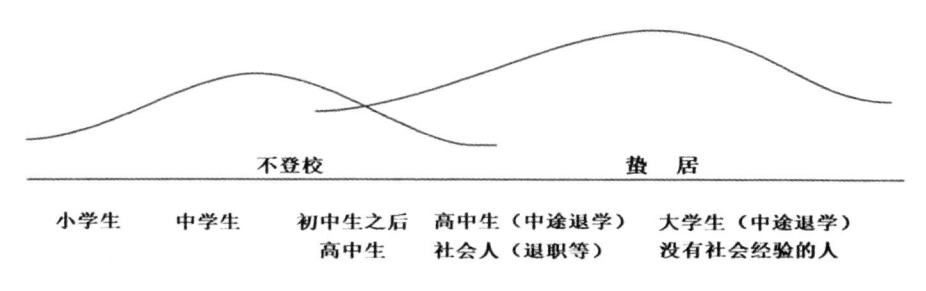

图2-2 不登校和蛰居的关系（概念图）②

三 长期化和高龄化

21世纪以来，日本青少年蛰居问题愈发严重，出现了长期化和高龄化的发展趋势。有的蛰居者数年或数十年过着蛰居生活不能自拔，甚至出现了60岁以上的蛰居者。KHJ父母会（家庭会）的负责人奥山雅久曾介绍了一个极端案例，一名53岁的男性，在自己房间内蛰居长达30多年。③ 2003年7月28日，日本厚生劳动省公布了2002年的蛰居咨询调查结果，该调查以全国的精神保健福祉中心和保健所为对象开展。2002年，蛰居者本人或家人前来咨询两次以上的3,293件咨询案例中，30岁以上的占32%，蛰

---

① NHK「ひきこもりサポートキャンペーン」プロジェクト編：『hikikomori@NHK ひきこもり』，斎藤環監修，東京：日本放送出版協会2004年版，第67頁。
② 竹中哲夫：『ひきこもり・ニート・不登校の支援：健康心理学と社会的支援の視点から』，京都：三和書房2006年版，第118頁。
③ [英] リチャード ロイド パリー：『日本の若者はどこへ行ってしまったのだろうか』，堀口佐和子翻訳，『旅立ち』19号，2004年3月7日。

居 10 年以上的占 23%。① 从蛰居者年龄的增长及蛰居时间的延长来看，蛰居出现了高龄化和长期化趋势。

KHJ 父母会（家庭会）的蛰居实况调查显示，迁延性是蛰居问题的主要特征之一。表现之一是蛰居时间的延长。从图 2-3 可以看出，青少年平均蛰居时间从 2005 年的 7.5 年，2008 年的 8.95 年，2010 年的 9.6 年，到 2016 年的 10.8 年，呈现出不断延长的趋势。表现之二是蛰居者平均年龄的增长。从图 2-4 来看，蛰居者的平均年龄从 2002 年的 26.6 岁，2008 年的 30.1 岁，到 2015 年的 33.2 岁，呈现不断增长的趋势。2008 年，蛰居者的平均年龄已经突破 30 岁大关。三四十岁的蛰居者也不鲜见，甚至出现了五六十岁的高龄蛰居者。蛰居的长期化和蛰居者的高龄化趋势明显增强了。

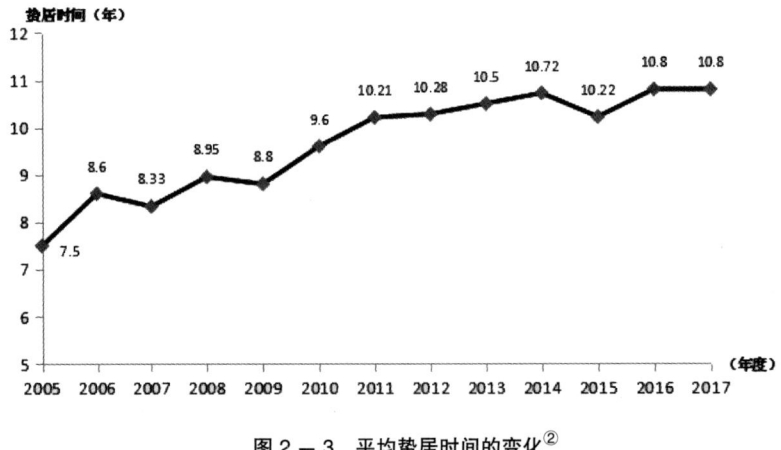

图 2-3 平均蛰居时间的变化②

---

① 『「ひきこもり」30 歳以上の相談が 3 割 厚労省が 02 年の実態調査』，『朝日新聞（朝刊）』2003 年 7 月 29 日社会版。

② 特定非営利活動法人 KHJ 全国ひきこもり家族会連合会：『ひきこもりの実態に関するアンケート調査報告書』，NPO 法人 KHJ 全国ひきこもり家族会連合会 2017 年版，第 117 頁。

图 2－4　蛰居者平均年龄的变化①

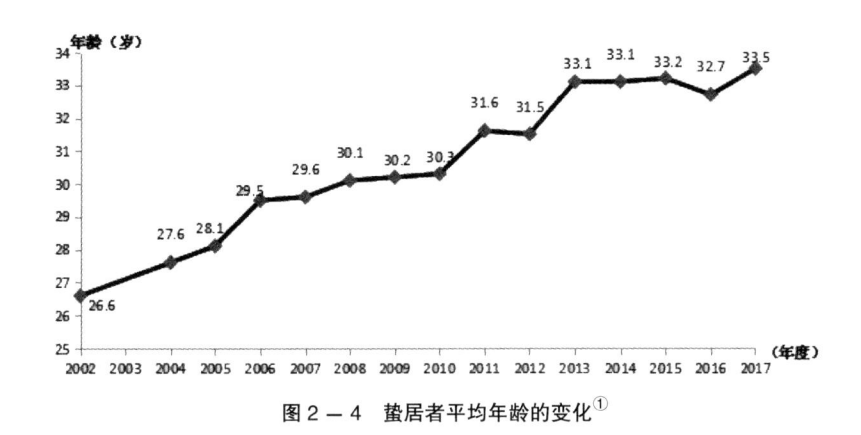

从各个地方的调查来看，蛰居者的长期化和高龄化特征也非常明显。2013 年 4～5 月，山形县开展的问卷调查②结果显示，蛰居者中约 45% 是 40 岁以上的人，蛰居时间在 3 年以上的约占全体蛰居者的 67%，其中 5 年以上的约为 51%，10 年以上的也有约 33%。③2014 年，岛根县发表的《关于蛰居的实况调查报告书》④中指出，长达 10 年以上的蛰居者所占比例高达 34%。⑤40 多岁的蛰居者最多，且 40 岁以上的蛰居者已经超过半数，所占比例为 53%，可见蛰居者出现了高龄化的趋势。⑥山形县和岛根县的调查表明，约半数的蛰居者年龄超过了 40 岁。对于这些高龄蛰居者来说，最大的担心是父母死后自己的生活问题。

不仅仅在偏远过疏地区出现了蛰居的高龄化和长期化，即便是在大城

---

① 特定非营利活动法人 KHJ 全国ひきこもり家族会連合会：『ひきこもりの実態に関するアンケート調査報告書』，NPO 法人 KHJ 全国ひきこもり家族会連合会 2017 年版，第 115 頁。
② 2010 年内阁府的蛰居实况调查，虽然推算出全国的蛰居者约 70 万人，但各个地方的蛰居实况并不清楚。因此，山形县为了把握本县蛰居者状况，开展了以 15 岁以上的人为对象的问卷调查。
③ 池上正樹：『大人のひきこもり：本当は「外に出る理由」を探している人たち』，東京：講談社 2014 年版，第 16 頁。
④ 开展调查的主体是岛根县的健康福祉总务课。调查时间是 2013 年 11 月，回答数 1,632 人，回收率为 81.2%。
⑤ 池上正樹：『大人のひきこもり：本当は「外に出る理由」を探している人たち』，東京：講談社 2014 年版，第 22 頁。
⑥ 同上书，第 19 頁。

市中，这种倾向也很明显。如 2007 年，东京都开展的"年轻人自立支援调查研究"①中，30～34 岁的蛰居者占 44%，且 7 年以上的蛰居者占被调查者的 19%。②东京都町田市保健所 2013 年 3 月公布了《关于年轻人自立的调查报告书》③。在本人、家人或近邻、亲戚、熟人中，蛰居者所占比例为 31.5%，40 岁以上的蛰居者超过了 30%。④高龄化倾向同样明显。

而且，随着蛰居者开始蛰居时年龄的增长，蛰居的时间也随之延长。青少年培养俱乐部接待的、前来咨询的蛰居者每年都在增加，从年龄来看，涉及从小学生到 40 多岁的各个年龄段的人；从特征上看，年龄越大，蛰居的时间越长。⑤内阁府 2010 年公布的调查报告书显示：30 多岁开始蛰居的人所占比例为 23.7%，相应的，30～34 岁年龄段蛰居者蛰居时间在 7 年以上的比例也高达 38.5%。⑥一方面表明因就业或职场问题而蛰居的比例在上升，另一方面说明高龄蛰居者更难回归社会，从而走上长期蛰居之路。长期的蛰居生活不仅使蛰居者出现高龄化现象，还有可能出现智力和能力的退化，进一步加大了蛰居问题的解决难度。

---

① 以都内的 15～34 岁的 3,000 人为对象，结果判定处于蛰居状态的为 25,000 人。
② 樋口峰子：『東京都のひきこもりの現状と課題』,『青少年問題』2012 年第 59 卷新年号，第 33 頁。
③ 随机抽取市内 20～64 岁的市民 2,000 人作为调查对象。
④ 池上正樹：『大人のひきこもり：本当は「外に出る理由」を探している人たち』,東京：講談社 2014 年版，第 25 - 26 頁。
⑤ 内田直人：『「ひきこもり」から子どもを救い出す方法：不登校・ネット依存・出社拒否・家庭内暴力』,東京：現代書林 2014 年版，第 12 頁。
⑥ 内閣府政策統括官（共生社会政策担当）：『若者の意識に関する調査（ひきこもりに関する実態調査）報告書』,2010 年 7 月，https://www8.cao.go.jp/youth/kenkyu/hikikomori/pdf/contents.pdf，2019 年 7 月 12 日。

第三章　社会转型与蛰居的社会因素

冰冻三尺非一日之寒，蛰居是社会发展的产物。在当代日本从富裕社会、消费社会、多元化社会到"格差社会"的转型过程中，社会环境、价值观念及生活方式等都发生了明显的变化。这些宏观的社会变迁是每位青少年都置身其中而无法回避的社会环境，也是蛰居现象从萌芽、增多、社会问题化到严重化的重要背景。本章将青少年蛰居问题置于战后日本社会变迁的宏观背景下，按照时间顺序考察社会转型与青少年蛰居问题具体的、动态的社会互动过程。这对于理解青少年蛰居的社会因素及其演变过程，必将有所裨益。

第一节　富裕社会与蛰居的萌芽（1970年代）

一　富裕社会中青少年生活环境的变化

1945年8月15日，日本战败。在占领当局主导下，战后日本进行了民主化改革。政治上，制定了《日本国宪法》，确立了象征天皇制和立法、司法、行政三权分立的资产阶级政治体制；经济上，实行了农地改革，解散了财阀，为日本经济的起飞创造了条件；教育上，制定了新的教育制度，改革了教育内容。战后民主化改革铲除了明治维新以后残存在政治、经济、教育等各个领域中的封建因素，稳定了社会秩序，有利于日本经济的恢复和发展。在完善的社会制度保障下，1950年代后期，日本实现了经济复兴，逐渐摆脱了贫困。1956年的《经济白皮书》中指出，日本"已经不是战后"了。此后日本经济进入了高速增长期。在 1956～1973 年的近 20 年时间里，日本经济年平均增长率接近 10%，成为令世人瞩目的经济大国。

1970 年代，已跻身世界强国之列的日本进入了富裕社会。贫困、饥饿已成为历史，富足的生活成为理所当然的事情。家庭收入直线上升，工薪家庭每月的实际收入，从 1955 年的约 3 万日元，增长至 1975 年的约 25 万日元，同期的消费支出也由 2 万多日元增长至 17 万多日元。国民生活水平迅速提升，1975 年前后，电冰箱、洗衣机、彩色电视机等耐用消费品迅速普及，私人汽车、空调等的普及率也分别超过了 70% 和 60%。[①] 人们的衣食住行各个方面都达到了历史上没有过的富裕时代，进入了一个 80% 的国民对他们的生活情况回答为"中流"的时代。[②] 人们普遍具有"中流意识"[③]，大家都比上不足比下有余，生活水平不相上下。

伴随着富裕社会的到来，青少年的生活环境随之发生了变化。首先，社会财富的增加和生活水平的提高，为青少年提供了富足的生活条件。战后初期，生活贫困，人们为了生存而疲于奔命，不存在允许青少年蛰居的物质条件。在兄弟姐妹多，且不富裕的家庭环境下，孩子不仅不会被娇生惯养，而且很多未成年孩子要帮助父母照顾弟妹，做家务，甚至农活，从小就有较强的独立意识。社会富裕后，日本进入"一亿总中流"时代，孩子数量减少，生活水平提高，物质欲求很容易得到满足。他们不需要努力，就能从父母那得到自己想要的东西。在父母的过度保护下，孩子们通过自身努力获取的东西逐渐减少，取而代之的是被赋予的东西过剩了。而且，社会富裕后生存压力相对弱化。孩子们从小生活在物质十分丰富的环境中，尽早实现经济自立的迫切性降低。即使成年后，不工作，不自立，也能够生活。可以说，社会富裕后，经济宽裕、衣食无忧为蛰居生活提供了基本的物质条件。正如西藤玉树所说，"从经济的角度来说，年轻人蛰居问题是

---

① 総務庁青少年対策本部編：『青少年白書（平成元年版）』，東京：大蔵省印刷局 1990 年版，第 37－38 頁。
② ［日］上野千鹤子：《近代家庭的形成和终结》，吴咏梅译，商务印书馆 2004 年版，第 218 页。
③ 所谓"中流意识"是对自己生活水平的满足和肯定。

日本人富裕后产生的悲剧。作为发达国家之一，日本已成为一个富国，人们不必为了生存而工作。遁世的年轻人可以过上相当舒适的生活，因为他们的属于中产阶级的父母会在经济上资助他们"。①

蛰居是富裕社会的产物。蛰居现象萌芽之初，大多数蛰居者生活在中产以上的家庭中。斋藤环21世纪初进行的调查显示，蛰居孩子多生活在中产以上的家庭，附带离婚、单身赴任等特殊条件的比较少。②中垣内正和认为，出现蛰居问题的家庭，70%是公司职员、公务员等所谓的中产阶级家庭。③对于生活在富足社会的年轻人来说，经不起挫折和失败，一旦遇到困难，就在一定时期内与社会隔绝，不参与社会活动，蛰居在家里或房间内。虽说生活富裕并非蛰居问题产生的必要条件，蛰居者家庭也并不都是中产以上的富裕家庭。也有父母已退休，孩子依靠父母的退休金维持蛰居生活的案例。但是对于实现了现代化，已经步入富裕社会的日本来说，即便是不富裕的家庭也只是相对贫困④。而且，绝大多数蛰居者都与父母同居，依靠父母生活。如果父母没有一定的经济实力，不仅无法满足蛰居孩子的基本生活需求，也难以给孩子提供单独蛰居的房间。需要指出的是，虽然社会财富的增多为蛰居者提供了基本的物质条件，但并不意味着蛰居者的生活是奢侈的和丰富多彩的，因为他们自我封闭在房间内，没有欲望、没有诉求，甚至饮食需求也仅限于满足生存需要。

其次，生活的富裕和城市化的发展，改变了大众的社会思想意识和生活方式，大众追求个人生活和家庭幸福的社会私性化趋势增强。社会私性化（Privatization）是指与现代社会中个人私生活优先这一原则的普遍化相

---

① 《日本数百万年轻人遁世 官方正探究遁世现象之谜》，《参考消息》2003年9月16日社会文教版。
② 爪生武：『「社会的ひきこもり」と社会的背景』，载家庭問題情報センター編著：『若者たちの社会的ひきこもり：そのとき親や家族はどうすればよいか』，山田博監修，東京：日本加除出版2001年版，第11頁。
③ 中垣内正和：『はじめてのひきこもり外来：回復のための10ステップ』，東京：ハート出版2008年版，第73頁。
④ 根据OECD（经济合作与发展组织）的指标，相对贫困人群指人均所得低于中间值（即收入从高到低排列居中的数值）一半以下的群体。

关联的个人—社会关系的变化。伴随着社会的现代化，曾经将人们同团体及他人联结在一起的传统的纽带逐渐松弛，人们开始同团体和他人保持距离，不愿自己的私生活被他人涉足，也不再愿意被团体和人际关系完全吞没。[①] 对于现代社会的私性化动向，评价有两种，积极肯定的评价：私生活受到重视，传统的牺牲自己忠于社会或集团的"灭私奉公"的人生观受到怀疑，重视自我的价值观开始出现；消极否定的评价：弱化了人与社会或集团的关系，出现隐遁于私生活的倾向，对社会不感兴趣，只关注自身利益。[②] 不管对"私性化"进行怎样的评价，都意味着重视个人的价值观和生活方式出现了。

社会私性化的发展，使得追求个人幸福的自我意识增强，传统的共同体逐渐瓦解。日本原本是邻里关系紧密、地域共同体意识极强的社会。经济高速增长带来的快速城市化和产业化，使得大量农村劳动力涌入城市，长期以来在农耕社会中持续下来的农村共同体遭到了决定性的破坏，逐渐解体。生活节奏的加快及核心家庭的增多，使原本密切的人际关系变得淡薄，地域的连带感和都市邻里关系也随之淡化，加速推进了社会私性化的进程。富足、便利及舒适的生活方式，使得以往相互协作的地缘共同体逐渐瓦解，取而代之的是以个人和家庭为单位的生活方式。这种生活方式在个人与他人或社会之间筑起了一道无形的壁垒，形成了"我是我，和他人没有关系"的个人主义生活模式，导致家庭以外的人际关系淡化，人与人之间的关系日渐疏离。

社会富裕后，城市化和逐渐私性化的社会环境改变了青少年的生活方式。现代化的快速发展剥夺了孩子们自由玩耍的空间。玩是儿童的权利，孩子们通过和玩伴游戏，建立友谊，逐渐学会处理伙伴之间的矛盾，在玩耍中获得基本的人际交往经验。然而，随着富裕社会的到来和城市化进程

---

① 陈映芳：《个人化与日本的青少年问题》，《社会学研究》2002 年第 2 期。
② 森田洋司：『不登校をどう理解するか』，『青少年問題』1991 年第 38 卷 3 号，第 7 頁。

的加快，孩子们室外玩耍的空间不断缩小，青少年人际交往的需求难以得到满足。1960年代，高速增长引发了大量的开发建设，大开发剥夺了孩子们聚集玩耍的场所。与经济开始高速增长的1955年相比，1990年儿童游玩场所（包括道路）面积，全国平均缩小至1955年的二十分之一，大都市圈中则缩小到1955年的四十分之一。① 而且，伴随着生活水平的提高，汽车数量增多。1960～1970年的10年，日本的汽车数量激增了约13倍（四轮汽车从136万台增至1,725万台）。② 交通事故也随之增加，孩子们能够安全玩耍的场所越来越少。1986年，厚生省儿童家庭局开展的"儿童环境调查"显示，在"放学后经常玩耍的场所"的回答中，小学高年级及初中生中，79.8%的是在"自己家里"，56.1%的在"朋友家"。而在"近处的空地"玩耍的仅有11.5%。③ 可见，经济的高速增长，城市开发的推进，使孩子的游玩场所从室外转向室内。人际交往训练日益减少，交友范围不断缩小，人际关系日益淡薄。

即便是农村地区，随着农村共同体的解体，儿童群体也逐渐瓦解。大田尧指出，1955年以后，在日本的农村中，学校的农忙假接二连三地被取消。进入1960年代后，电视机的普及又抢走了孩子们在生活中自己手工做的高跷、风筝，给其他的游戏也造成了深刻的影响。进入1970年代后，插秧机的普及几乎将孩子们彻底从田里轰了出去。这些事实无论哪一件都无法准确地用日期来表示，都是在日本儿童生活的历史上，在人们不知不觉的情况下发生的巨大事件。④ 与此同时，孩子们逐渐失去了玩耍的兴趣和欲望。或者是想玩耍，却不知道该如何玩耍。有些小孩子不知道怎样融入集体，需要父母或者老师给予帮助。即便是一起玩耍，淘气的孩子不见了，

---

① 仙田满：『子どもと遊び』，東京：岩波書店1992年版。转引自小谷敏：『若者たちの変貌：世代をめぐる社会学的物語』，京都：世界思想社1998年版，第122頁。
② 小谷敏：『若者たちの変貌：世代をめぐる社会学的物語』，京都：世界思想社1998年版，第121頁。
③ 総務庁青少年対策本部編：『青少年白書（平成元年版）』，東京：大蔵省印刷局1990年版，第86頁。
④ ［日］大田尧：《战后日本教育史》，王智新译，教育科学出版社1993年版，第297页。

都变得非常乖巧、听话，不乱涂乱画，不说脏话，和小伙伴之间也少了争执。孩子间的游戏缺少了随性玩耍的空间。

综上所述，日本社会富裕后，富裕生活为蛰居提供了基本的物质条件。而经济高速增长后社会私性化生活方式带来的人际关系淡薄，也在一定程度上催生了蛰居问题。衣食无忧的生活，日益淡薄的人际交往为蛰居现象的萌芽创造了条件。

二 青少年社会压力增大与个人主义的增强

生活在富裕社会中的青少年，物质生活条件发生了翻天覆地的变化。然而，在经济至上主义的影响下，青少年所承载的来自社会、家庭和学校的压力也与日俱增。竞争异常激烈的社会氛围、过重的学业负担等不利于青少年的健康成长，增大了青少年的社会压力。

日本是典型的压力社会和竞争社会，且这种压力和竞争随着经济的高速增长日益加重。日本精神保健学家吉川武彦指出，在快速工业化过程中，"重视速度""奖励效率""强化管理""推进划一性"的竞争主义和管理主义发展模式，成就了日本经济的辉煌，使日本跻身世界发达国家行列，成为举世瞩目的工业强国。但是，在一切以经济发展为中心，重视效率的社会环境下，上述经济发展模式也被应用到对青少年的培养教育上。家庭教育和学校教育中，忽视了对孩子精神生活的培育，而是一味地要求孩子"快点儿""努力""好好做""和大家保持一致"。[①] 很多父母将个人意志强加给孩子，孩子们在父母的催促中勉强自己、加倍努力。这种教育模式给孩子带来了较大的精神压力，特别是对于那些跟不上整体步伐（所谓的"落后生"）的孩子来说，心理压力尤其大。他们往往被贴上"不努力的孩子是无用之人"的标签。

---

① NHK「ひきこもりサポートキャンペーン」プロジェクト編:『hikikomori@NHK ひきこもり』，斎藤環監修，東京:日本放送出版協会2004年版，第59頁。

日本经济高速增长后进入企业社会。在企业社会中，"丈夫在哪个公司上班""孩子在哪个学校上学"对于丈夫、妻子和孩子的自我认同感的形成具有重要意义。丈夫工作的公司及在公司中的地位，孩子就读的学校或学历，成为身份的证明。由此形成了从升学、就业到升迁，竞争无处不在的社会氛围。特别是社会富裕后，在具有高度同质性的日本社会中，为维持中流生活水平，与周围人保持一致步伐，堪称"企业战士"的丈夫疲于奔命地工作，然后获取足够养家的收入，为孩子提供优越的生活。孩子则在富裕的生活条件下，要努力学习，上补习班，获取高学历，进入高收入的大企业，重复着和父辈一样的生活轨迹。这种单一性的出人头地准则，迫使青少年不得不严格要求自己，在家庭、学校和公司中都努力保持好孩子、好学生和好职工的形象。

在这种"上重点学校，就职于一流公司，然后才能出人头地"的单一价值观影响下，日本的学校教育形成了"学历主义"、"偏差值教育"和"考试竞争"的教育模式。特别是经济高速增长期间，学历主义受到推崇，整齐划一的管理主义体制随之被强化。企业也认为，学生如果不能适应管理主义极强的学校教育，那么即使进入公司，也很难适应职场环境。在高中和大学的升学率不断攀升的背景下，尽管高学历化增强了青少年的学习欲望和学习能力，但是学历主义下考试竞争的加剧也给青少年带来了巨大的精神压力。在学力偏差值成为衡量标准的应试教育中，学生们为进入一流大学而超负荷学习。不仅学校课业负担重，而且无休止的补习班令学生们不堪重负。即便是周末也不能休息，补习班、兴趣班、运动项目等日程被排得满满的。竞争激烈的社会环境、偏智育的家庭教育及繁重的学习压力加重了青少年的心理危机和社会压力。

富田富士也认为："蛰居严重化的最大原因是只教给孩子们一种价值观，即'知识优先'。"[①] 上好的小学、中学，进入好的大学，然后入职一

---

① 富田富士也：『引きこもりから旅立ち』，東京：ハート出版1992年版，第219頁。

流企业，这便是日本社会赋予青少年的价值观。这种价值观加大了青少年的社会压力。在竞争日益激烈的社会环境下（学历主义和公司主义下的竞争），青少年也拼命努力地适应社会的发展。然而，一旦这条出人头地之路受挫，青少年将会受到致命的打击，不堪重负者就会走上蛰居之路。

物质生活的富有、生活的便利，在给青少年带来优越舒适生活的同时，对青少年的意识和性格培养等方面也产生了负面影响。在"一亿总中流"的环境下，青少年没有了就业烦恼，毕业后都能够按部就班地工作，然后结婚成家。这种可预见的比较稳定的生活模式，成为绝大多数人的生活轨迹。年轻人丧失了斗志和艰苦奋斗的精神，代之而起的是享乐主义和安于现状，个人主义滋生。个人化、自我中心主义及个体发展等价值观受到推崇和张扬。文部省统计数理研究所开展的"日本人的国民性"（以20～24岁的青年为调查对象）调查（参见表3－1）结果显示，与1953年相比，1973年，"个人幸福后，日本强大"的个人重视型比例和"日本强大后，个人幸福"的国家重视型比例，发生了逆转。日本年轻人的价值观向个人主义方向发展。

表3－1 "日本人的国民性"调查（对20～24岁青年的调查）[①]

年份	个人幸福后，日本强大（%）	日本强大后，个人幸福（%）
1953	19	42
1973	43	17

伴随着青少年个人主义意识的增强，青少年的节约等规范意识降低，自控力和抗挫折的忍耐力下降，对他人的同情心、感恩之情淡化。总理府青少年对策本部于1979年12月5～24日，以15～24岁青少年和25岁以上的成年人为对象，开展了关于"个人与社会"的调查。从表3－2可以看出，青少年中，追求个人幸福的"个人优先型"比例为38.7%，超过

---

① 池木清、後藤光義、河上恭雄：『現代の青少年』，東京：総合労働研究所1978年版，第20頁。

了成年人的 28.6%。青少年的个人主义意识增强,开始热衷于对自我情趣和爱好的追求,努力追求自我价值的实现,崇尚自由自在的生活,对成年人的生活方式表现出了抗拒。

表 3 – 2　个人幸福与日本的关系[①]

	个人优先型(%)	社会优先型(%)	并立型(%)	不清楚(%)
青少年	38.7	21.1	33.6	6.6
成人	28.6	27.1	37.3	7.0

三　偏差行为与蛰居现象的萌芽

青少年蛰居现象萌芽于日本经济高速增长后已步入富裕社会的 1970 年代末。首先经济宽裕、衣食无忧是蛰居生活能够持续的基本条件,更为重要的原因在于,富裕社会在满足了人们对物质财富追求的同时,相伴而生的是升学、就业、人际交往等社会压力的增大。在物质生活日益丰富与精神压力不断增大之间形成强烈反差的背景下,蛰居现象的萌芽成为日本社会急剧转型过程中青少年行为偏差的真实写照。

日本进入富裕社会后,青少年享受着丰富的物质生活,同时也承载着来自学业、交友及职场中的精神重压。青少年身上出现了与传统发生背离的"无气力"、"延缓成为社会人"(モラトリアム [Moratorium])、蛰居等青少年偏差行为,凸显出社会富裕后青少年价值观、生活观和行为方式的变化,也是青少年对来自社会、家庭及学校压力的一种抗拒。

"无气力"又称"无气力症",是战后日本出现的青少年偏差行为之一。日本社会富裕后,家庭规模的缩小、生活的富足及家用电器的普及,改变了人们的生活方式。从家务劳动中解放出来的母亲将主要精力放在孩子身上,产生了对孩子的过高期望、过度保护及过度干涉问题,无形中增加了青少年的精神压力。出现了对本职工作不感兴趣的"无气力"青少年。

---

① 方邦夫:『青少年の社会性と個人性に関する研究調査』,『青少年問題』1981 年第 28 卷 3 号,第 11 頁。

所谓"无气力"是指缺乏朝气没有热情,对事情不感动也不关心的无所作为的状态。[1] 即无热情、无感动、无关心的"三无"状态。在日本,大学之前的教育竞争异常激烈。为了考入理想的大学,孩子们可以说拼尽了力气。然而,考上大学后,大学教育的自由性,又使很多年轻人失去了目标。早在1960年代,大学生中特有的"无气力"现象已经萌芽。1970年代,年轻人的"无气力"现象已成为社会问题。到了1970年代后期,"无气力"现象不仅存在于大学生中,中学生及已步入社会的年轻人中也普遍存在。这种症状的特点是,缺乏耐性和毅力;厌学,学习热情不高;生活态度消极颓废,精神生活匮乏。他们无精打采,缺乏进取心,不务正业,生活完全依赖父母。可以说,现代孩子的"无气力"是在欲望很容易得到满足的前提下,缺乏做事情的动力和激情。

这种消极的生活状态与蛰居生活具有相似性。日本学者笠原嘉将这种缺乏热情、无精打采的现象称为"学生无气力症"或"退却神经症"。并指出"'退却神经症'是对成人中非精神病性蛰居的最初的记述"。[2] 当时接诊过蛰居状态青少年的精神科医生稻村博也将蛰居现象称为"无气力"[3] 或"退却神经症"[4]。也就是说,1970年代末,蛰居现象已经存在,但描述这一现象的词语是"无气力"或"退却神经症"。不过,二者也存在一定的差异。"无气力"青少年虽然对学习等本职工作缺乏热情,但他们却热衷于旅游和社团活动等自己感兴趣的业余生活,与社会有一定的接触。蛰居则是完全脱离社会,没有人际交往,自我封闭的生活状态。

"延缓成为社会人"现象也是日本社会急剧转型过程中出现的青少年偏

---

[1] 稲村博:『若者・アパシーの時代:急増する無気力とその背景』,東京:日本放送出版協会1989年版,第13頁。
[2] 笠原嘉:『スチューデント・アパシーと社会的ひきこもり』,載斎藤環編:『ひきこもる思春期:いかに考え、いかに向き合うか』,東京:星和書店2002年版,第60頁。
[3] 稲村博根据"无气力"的程度,将其分为轻度、中度和重度三个阶段,其中中度和重度"无气力"相当于蛰居状态。
[4] 畠中雅子:『高齢化するひきこもりのサバイバルライフプラン:親亡き後も生きのびるために』,東京:近代セールス社2012年版,第173頁。

差行为之一。"延缓成为社会人"最早由精神科医生小此木启吾提出。"延缓成为社会人"（モラトリアム）一词来自经济学用语 Moratorium，原意为"延期偿付"，是指一定期间内延期执行债权或债务的措施。这里指年轻人以学习、研修为由，暂时延期承担社会责任和义务。① 小此木启吾指出："延缓成为社会人原本是指青年告别青年期走向成年的准备时期。结束了这个准备期的青年人最终将选择职业，选择配偶，并作为一个成年人去选择生活方式，在现有社会和组织中占有一定的位置。但是，越来越多的青年人在结束青春期的时候，表现得优柔寡断。"② 实际上是延长了青年期。1978年以后"延缓成为社会人"一词逐渐成为流行语。其典型特征是：一些年轻人虽已成年，却不愿意承认已成年的事实，也不愿意步入社会，即陈映芳所说的"孩童化倾向，拒绝成年"。③ 很多年轻人过于孩子气，他们想永远停留在孩子阶段，不想长大，来逃避社会责任。对社会漠不关心、无动于衷、无责任的"无气力"现象，以及大学生的留级现象都是"延缓成为社会人"的表现。从1960年代末开始，大学生中不能按时毕业的学生增多，东京大学等名牌大学中也出现了很多留级学生。进入1970年代后，这种现象有增无减。文部省开展的"学校基本调查"显示，1973年4月入学的四年制大学生中，能够按时毕业的，男生为68.8%，女生为87.6%，可见男生留级现象明显。④ 甚至有些大学生为了延缓步入社会而多次留级。笠原嘉将这些"长期留级的学生称为'现代的奥勃洛莫夫⑤'"。⑥ 有的年轻人即便已经大学毕业，也不愿意参与社会活动，而是将自己孩童化，继续躲在父母的羽翼下过着悠闲自在的生活。

---

① 小此木启吾：『モラトリアム人間の時代』，東京：中央公論社1978年版，第14頁。
② 同上书，第28頁。
③ 陈映芳：《青年与中国命运》，《招商周刊》2005年第8期。
④ 池木清、後藤光義、河上恭雄：『現代の青少年』，東京：総合労働研究所1978年版，第146頁。
⑤ 俄国作家冈察洛夫的同名小说中的主人公，他拥有地产，一生不愁吃穿，性情温和但缺乏生气，才30多岁便足不出户，甚至卧床不起，任凭朋友怎么劝说也打不起精神。后来，有一个名叫奥尔加的女子使他摆脱了百无聊赖的恶习，对生活重拾信心。
⑥ 小谷敏：『若者たちの変貌：世代をめぐる社会学的物語』，京都：世界思想社1998年版，第129頁。

有学者认为，此现象的出现主要原因在于日本社会富裕后，即使不务正业，依靠父母也一样能够生活得很好。而且，此时的日本正在向消费社会迈进。消费热潮的兴起，使得年轻人没有了从事生产劳动的积极性和责任感。① 崇尚消费的他们丝毫没有内疚感。他们的人生信条是：与其辛苦地参与社会劳动，不如悠闲地享受青春。"延缓成为社会人"是一种不愿承担社会责任的表现，是一种推卸责任和拒绝社会化的依赖心理。其后果，轻者是虚度光阴、错失就业机会；重者则会形成懒散、好吃懒做的习惯，从而为社会和家庭所排斥，慢慢地就会发展成为没有自立能力的"啃老族"。当他们无法忍受周围人嘲笑的目光，难以融入社会时，很可能走上蛰居之路。

当然，"延缓成为社会人"现象与日本经济高速增长期间形成的年功序列雇佣制度有一定的关联。这种雇佣体系，使日本年轻人在企业中的地位低、工资少。不仅企业，日本政、官、财界，重要职位均是有一定资历的人处于支配地位，而年轻人的地位要低得多。很多情况下，只考虑年龄因素，不考虑能力和其他，年轻人就只能从基层干起，待到一定年龄后才能获得相应的升迁职位。在年功序列制度下，年轻人不被重视，不仅职位低，收入上也明显存在差别。1978年，劳动省统计结果显示，20～24岁年轻人的工资仅相当于50～54岁年龄段工资的53%，存在如此大差距的原因不排除有单纯年龄因素。② 年轻人无论有怎样的学历和能力，无论进入哪一个企业，都要从最基础的工作做起，无论是职位的升迁，还是工资的提高，都需要按照年功序列，等待升迁机会，而不能有所逾越。即便是一流大学一流专业毕业的年轻人，也一样要按照年功序列论资排辈，有时还要做自己不喜欢的工作。一些年轻人不想过早地从事决定自己一生的职业，想打破战后以来形成的毕业后就业，然后终生就职于此的生活模式。于是，以故意延期毕业，或者毕业后也不就业的方式来抗争。正如池木清所指出的，

---

① 小谷敏：『若者たちの変貌：世代をめぐる社会学的物語』，京都：世界思想社1998年版，第128页。
② 池木清：『八〇年代と青少年をめぐって』，『青少年問題』1979年第26卷11号，第26页。

"日本特有的年功序列制度导致 1970 年代末，大量'延缓成为社会人'现象的出现"。①

蛰居问题是 1970 年代末，随着富裕社会的到来而出现的新型青少年问题。蛰居现象的萌芽早于"蛰居"一词的出现，早在 1970 年代中期，不登校问题已成为较严重的社会问题之一。鉴于不登校与蛰居的密切相关性，可以推测出，作为不登校延长线上的蛰居现象至少应该在 1970 年代末期开始萌芽。日本青少年蛰居现象萌芽之初，并未引起社会的关注，也没有相关的统计数据②。但是，一些援助不登校学生的支援机构和精神科医生已经接触到有类似现象的年轻人。早在 1978 年，工藤定次已经援助过处于蛰居状态的青少年。精神科医生的临床报告中也出现了少数蛰居案例。町沢静夫 1980 年前后第一次接诊的蛰居者是一位已蛰居两年的高二女生。③因当时还未出现"蛰居"一词，描述这一现象的词语有"对人恐惧""无气力""延缓成为社会人"等。这些蛰居者的典型特征是不上学、不工作，整天蜗居在房间内，不与他人发生任何联系，过着昼夜颠倒的生活。蛰居者与社会完全脱节，甚至断绝了与家人的交流，其生活来源完全依赖父母。因此，富裕生活中成长起来的青少年抗挫折能力弱，当他们在学习、工作以及人际交往方面遇到挫折时，往往容易以逃避的心态来应对，蛰居在家，无条件地享受着父母的庇护和家庭的温暖。

"无气力症""延缓成为社会人"与蛰居现象存在着不可分割的联系。蛰居现象萌芽之初是以"无气力"等方式体现出来的，他们对学业和职业生活不感兴趣，不参与社会活动，无所作为地虚度光阴。可以说，"无气力症""延缓成为社会人"是蛰居现象的前奏，体现出日本社会富裕后，青少年精神的颓废和生活目标的缺失，也是日本社会富裕后青少年社会压力增

---

① 池木清：『八〇年代と青少年をめぐって』，『青少年問題』1979 年第 26 卷 11 号，第 31 页。
② 关于蛰居问题的流行病学调查最早始于 2002 年，在此之前的蛰居问题演变过程很难找到具体的数据来论证，只能进行间接推测。
③ 町沢静夫：『ひきこもる若者たち：「ひきこもり」の実態と処方箋』，東京：大和書房 2003 年版，第 25 页。

大和行为偏差的真实写照。蛰居则成为青少年逃避社会责任和回避社会竞争的一种极端方式。

第二节 消费社会与蛰居的增多（1980年代）

一 消费社会中"新人类"的诞生

1980年代的日本已经成长为一个成熟的现代化社会和产业社会，同时也进入了消费时代。1980年代中后期，日本经济进入缓慢增长阶段的同时，迎来了消费社会的新局面。此时的日本国民生产总值仅次于美国居世界第二位，个人消费在国民经济中所占比重大幅增加。尤其是泡沫经济的虚假繁荣，带来了消费社会的膨胀。日本的购物者几乎垄断了主要发达国家所有购物街上的精品服饰商店，几乎控制了全球的艺术品、钻石、游艇和赛马市场，甚至有人花500美元买一张麦当娜演唱会的门票，还有人出高价从南极进口冰块。在参加高尔夫运动的5,000万人口中，日本人就大约占到了1,300万人。日元升值也让世界名牌产品在日本寻到了巨大的空间，一夜之间，日本成为世界著名品牌的销售地。当时在日本开始流行"刹那主义"，人们追求刹那间的享受，很多名牌产品在瞬间就销售一空。① 这种泡沫经济带来的炫耀式消费，曾一度让日本人变得十分傲慢，不可一世。

伴随着大众消费社会的形成，年轻人逐渐成为消费文化的主体。1980年代的年轻人生于日本经济高速增长期，是在过度保护和物质超级丰富的环境下成长起来的一代人。因此，以年轻人为中心形成了强有力的消费市场。1980年代中期，东京原宿②成为年轻人的天下，步行者天堂，时尚、新潮的代名词。年轻人成为品牌热的主力，而且竞相购买以电视游戏为代表的新型媒体工具。1985年，NHK舆论调查部开展了名为"日本

---

① 徐平：《苦涩的日本：从"赶超"时代到"后赶超"时代》，北京大学出版社2012年版，第141页。
② 位于日本东京都涩谷区，是年轻人聚集的时尚街区。

的年轻人"的调查①，其中40%以上的年轻人有自己专用的"提款卡和信用卡"，在专有物品中排名第二位，而18岁以上的年轻人中，拥有率高达60%～70%。②年轻人登上了消费舞台，引领着消费时尚。

便利店的普及也是年轻人消费文化繁荣的表现之一。自1974年日本第一家便利店"7-Eleven"开张以来，便利店文化在日本迅速发展。到了1980年代，便利店已普及日本全国各地，成为年轻人消费文化中不可或缺的组成部分。然而，便利店的普及弱化了年轻人的沟通能力。三浦展认为"便利店世代"的典型症状是这一代年轻人的沟通能力及技巧到了一种连日常生活也无法应付的地步。而便利店的经营方式，正是为他们而设的——一切以不用与人沟通为出发点，只需付款时放下金钱便可以了。对伴随着便利店成长的一代人来说，因不善沟通而演化为拒绝沟通，正是多年潜移默化积累下来的后果。③

日本进入消费社会的同时，也进入了信息化社会④。电视、收音机、报纸等成为青少年接触最多的新闻媒体。1981年，总理府青少年对策本部实施了"信息化社会与青少年"的调查。调查结果显示，65.4%的有青少年（10～24岁）的家庭中备有两台以上的电视，且28.9%的青少年有自己专用的电视。收音机也是青年（15～24岁）接触最多的媒体，每天听30分钟到2个小时收音机的青年占半数以上（52.4%），甚至有13.4%的青年每天听收音机长达3个多小时。⑤此外，读报纸的年轻人不断增多，80%以上的青年（15～24岁）每天用10～30分钟时间读报纸。⑥与此同时，家用

---

① 1985年10月，在全国300个地方，对3,600名13～29岁年龄段的人进行了调查。
② NHK取材班、岩間芳樹：『ザ・ディ7（若者はどう変わる）』，東京：日本放送出版協会1986年版，第53頁。
③ 汤祯兆：《日本中毒》，中国人民大学出版社2010年版，第104页。
④ 1960年代，伴随着电视等新媒体的出现及迅速普及，出现了"信息化"一词。1970年代的日本，已经进入信息化社会。1980年代，家用电脑的出现，使得信息化社会又向前迈进了一大步。
⑤ 総理府青少年対策本部編：『情報化社会と青少年：情報化社会と青少年に関する調査報告書』，東京：大蔵省印刷局1982年版，第23－25頁。
⑥ 同上书，第30页。

电脑的出现，将日本带入新的信息化时代。然而，信息获取渠道的增多和便捷，便于人们获取信息和沟通交流的同时，也使现实生活中的人际关系遇到挑战。新闻媒体占用了青少年的大部分业余时间。15～24 岁的青年人中，61.6% 的业余时间用在了看电视和听收音机上，与家人、朋友交流的时间只占业余时间的 38.0%；而 10～14 岁少年 70.6% 的业余时间用在看电视和听收音机上。[①] 此外，随着电脑的普及，沉迷于电脑游戏的青少年增多，他们将打游戏作为解闷和休闲的工具。随之而来的是户外玩耍时间的缩短以及同辈朋友间交流的减少，很多青少年躲在自己房间内，成为一个个被游戏"绑架"的孤独个体。

伴随着消费社会的出现，一直以来支撑日本社会的各种价值观在新一代青年人中出现了动摇。千石保指出："1970 年代初之前，日本人的理念是追求西化、追求现代化，追赶和超越欧美发达国家。那时的伦理是努力、忍耐、自我牺牲等。然而，及至《日本名列第一》一书问世，该理念至少失去了作为理念而应有的力量，可以说这就是理念和目标的丧失。"[②] 这一时期，青少年的价值观念和行为方式都发生了深刻的变化。人们努力奋斗的志向降低，选择自由职业的年轻人增多。对于年轻人来说，与工作相比，余暇更重要；与金钱相比，时间更重要。日本传统的勤劳价值观受到冲击，年轻人出现了对"努力学习，考上名牌大学，找到好的工作，从而获取富裕生活"的出人头地路径的质疑。以追求自我为代表的社会私性化趋势进一步增强，且在年轻人身上的表现尤为显著。"新人类现象""自我主义""脱离公司""私生活尊重主义""寻找自我"等表现现代社会青少年意识及其变化动向的一系列关键词，正是个体从集团或人际关系中脱离，退回到私人领域的表现。[③] 青少年被卷入了整个社会私性化的洪流中，他们变

[①] 総理府青少年対策本部編：『情報化社会と青少年：情報化社会と青少年に関する調査報告書』，東京：大蔵省印刷局 1982 年版，第 132 頁。

[②] ［日］千石保：《"认真"的崩溃：新日本人论》，何培忠译，商务印书馆 1999 年版，第 58 页。

[③] 森田洋司：『「不登校」現象の社会学』，東京：学文社 2000 年第 2 版，第 213 頁。

得"没有耐性""不能忍耐",缺少对自我欲求的控制力。

与 1970 年代出现的"延缓成为社会人"等青少年偏差行为不同,席卷 1980 年代的年轻人形象是"新人类"。"新人类"作为描述青年人的时髦用语登上了历史舞台,并在 1986 年获得了由《现代用语的基础知识》主办的"流行语大奖"的金奖。"新人类"是适合高消费社会和高度信息化社会的、新的人格类型。所谓"新人类",是指生于 1960 年代的年轻人。他们出生于电视普及的年代,从小在媒体环境中成长的他们,具有上一代人没有的良好媒体素养。而且,与人际交往相比,他们更喜欢一个人玩媒体游戏,成为极度的个人主义者。领导让加班,或者邀请其参加应酬聚会时,他们会以私事优先而拒绝领导。这样的"新人类"在上一代人眼中简直就是"异形"。① 与"延缓成为社会人"拒绝承担社会责任的消极抗争不同,"新人类"崇尚的是表现主义。正如千石保所说,"新人类"不反对或拒绝承担社会责任,至少不会发生抵抗运动,甚至还试图发挥一些作用和承担一些责任。然而,他们不准备为发挥作用而献身,不准备牺牲自己来履行社会责任。"新人类"本质上不具备反抗意识,他们享受着现成的富裕生活,将反抗能量都转化成玩乐能量。与"努力""自我牺牲""积蓄财富"相违背,他们的人生哲学是"消费"、"玩乐"和"自我主张"。② 在青年人中,上一辈人形成的"认真学习""认真工作"的价值观已被"重视自我"的价值观所取代。"青年人考虑的不是为公司奋斗一生,而是要忠实于自我的生活,他们认为,若是牺牲自我,不讲享乐、努力拼搏奋斗,到头来只能是哀叹'失去自我价值'。"③ 青少年不愿像他们的父母那样做出自我牺牲,努力学习、认真工作对他们来说简直就是生命的浪费。他们不愿意重复父辈的生活轨迹,而是追求一种更自由、更快乐的生活方式。

---

① 小谷敏:『若者たちの変貌:世代をめぐる社会学的物語』,京都:世界思想社 1998 年版,第 180－181 页。
② 千石保:『現代若者論:ポスト・モラトリアムへの摸索』,東京:弘文堂 1985 年版,第 43 页。
③ [日]千石保:《"认真"的崩溃:新日本人论》,何培忠译,商务印书馆 1999 年版,第 33 页。

1980 年代年轻人的典型特征是"自我中心主义"。"努力""自我牺牲"等传统社会规范发生动摇，个人主义思想泛滥，与父辈的勤勉、敬业等价值观相比，青少年群体中的劳动观念和消费观念已经出现了巨大的转变。过去那种将工作视为唯一的人生意义之所在，视公司为家的劳动观念，已经不复存在。"企业人"和"工蜂"的形象成为历史，取而代之的是私生活优先。也就是说，当生活富裕后，"劳动的尊严以及通过工作实现自我价值的日本式劳动观也开始趋于崩溃"。① 父辈们勤勉、敬业、认真的工作态度与现代年轻人追求"即时满足"（Consummatory）、"即时享乐"的价值观形成了鲜明的对比。出现了"由工作优先向娱乐优先的转变，从主张勤奋向主张娱乐的转变，以及视认真为'较真'的转变等"。② 应该说，青年人的新的价值观，是"自我忠实"而不是"自我实现"，"自我忠实"就是"欲求忠实主义"。③ 富裕生活消磨了青少年的斗志，消费、娱乐成为孩子们生活的重心，没有了远大理想。他们心安理得地享受着富裕生活，却抛弃了奋斗精神，缺乏社会责任感，没有了朝气，丧失了目标。

"新人类现象""尊重私生活主义""寻找自我"等词语成为解读现代社会的关键词。这些与日本社会深层发生的变革有着密切的联系，这种变化是指整个社会结构及人们的意识逐渐呈现出"个人化"（private），即"私性化"。④ 可以说，正是社会的私性化，个人主义的发展，才导致"新人类""尊重私生活""寻找自我"等现象的流行。

二 人际关系日益淡漠

战后日本人自我意识的膨胀是伴随着经济高速增长出现的。特别是伴随着经济现代化的实现和国际化趋势的增强，日本人的思维方式、价值观及

---

① [日] 千石保：《"认真"的崩溃：新日本人论》，何培忠译，商务印书馆 1999 年版，第 142—143 页。
② 同上书，第 20 页。
③ 千石保：『現代若者論：ポスト・モラトリアムへの摸索』，東京：弘文堂 1985 年版，第 111 - 112 頁。
④ 森田洋司：『不登校から見えてくる日本社会と教育の課題』，『青少年問題』2005 年第 52 卷 2 号，11 頁。

人际交往方式都发生了变革。传统的合作精神、共同体意识等被不断增长的自我意识所替代。生活的便利和富足使以往相互帮助的必要性丧失，邻里之间疏于往来，不再像以往那样亲密。出现了相互之间尊重隐私的现代交往方式，不欠人情、不互相帮助，也不互相鼓励，保持一定的距离。同学、朋友，甚至家人之间都尽量避免冲突和争论，回避意见分歧。人际关系由相互有所牺牲、有所依赖的集体关系，变成了界限分明的表层人际关系。

　　1980年代，超富裕的生活，青少年价值观的改变，以及现代通信工具的发达，使年轻人的人际关系逐渐表面化。彼此之间保持有距离的、不涉及私生活的交往。可以说"不涉及对方个人领域""不相互过分亲密"，是那些"不愿受到伤害"的日本青年形象的代表。在过去的年代，友情建立在一种牢固的信赖基础上，为了友情是可以有所牺牲的。而在1980年代，青年人之间的友情，只是一种表面的东西，他们的结伴而行，是一种内心相互隔绝的"表现主义"的友情。① 日本儿童·青年心理研究会，自1980年4月开始，进行了为期约一年半的关于青少年人际关系的调查研究。关于友人关系的调查中，在给出的18项交友活动中，所占比例最高的是"与兴趣相同的朋友一起玩""遇到困难时互相帮助"等。男生中，即便是高中生，"交流学习""谈论人生""倾诉烦恼"等的比例也不太高。可见，兴趣和合得来成为青少年交友的主要参考标准。② 日本年轻人不会向朋友谈论自己的苦恼、担忧等个人问题。正如千石保所说："这是一种浮泛而淡漠的人际关系，物质生活优越是造成这种人际关系的一个原因。同时，也是青年人逃脱与他人的交锋和冲突的一个结果。从另一个角度来说，这是一种从'理解'到'感觉'的转变，在这个意义上，青年人的人际关系成为玩笑型的、摆脱积蓄型的、为所欲为型的。"③ 青年人表现出来的"为人亲切""体贴人"，主要是害怕自己受伤害和得到不好的评价。实际上，日本年轻人之

---

① 千石保：『現代若者論：ポスト・モラトリアムへの摸索』，東京：弘文堂1985年版，第202－203頁。
② 加藤隆勝：『「現代青少年の人間関係」を調査して』，『青少年問題』1982年第29卷3号，第23頁。
③ 千石保：『現代若者論：ポスト・モラトリアムへの摸索』，東京：弘文堂1985年版，第53頁。

间的关系淡漠，没有亲密朋友。他们所说的"所谓'亲密朋友'，就是'多品种小批量'，即'共同爱好者的小型聚会'"。①结果形成了不正常的人际关系，人与人之间的交往变得虚伪和伪善。朋友之间的交往是有界限的和保持一定距离的交往。这种流于表面形式的人际关系是发展亲密朋友的最大障碍之一。

人际关系的淡漠与私生活化的生活模式密切相关。所谓私生活化就是与公众事情相比，私生活领域优先的生活态度或生活方式。②1980年代后期，发扬个性和个性化教育受到推崇，学校教育的同质性受到批判。"自我实现""忠实于自我"等词语开始出现。青少年的人际交往能力和社会性欠缺，其性格特征是自我中心主义、散漫、无责任心、没有耐性。在人际关系方面出现了对他人不信任的现象。人际关系的淡漠使得那些讨厌或者不擅长人际交往的青少年更加封闭自我，不怎么外出，整天闭居在房间内。长此以往，这些青少年很容易发展成为完全依靠父母生活的蛰居者。

综上所述，消费社会不仅仅带来了生活水平的提高，随之出现的是理念和目标的丧失。人们追求的价值已经发生了逆转，消费、享乐、休闲成为新的价值追求。青少年的价值观也出现了变革，不再视认真、勤奋为真理，代之的是享受现在和忠实于自我的生活。这种放纵式的生活使年轻人的劳动观念和人际关系都出现了较大的转变。而这些转变也是1980年代以来，青少年蛰居问题增多的原因之一。

三 "不登校"与蛰居现象的增多

1980年代，青少年在富裕生活中享受青春的同时，也出现了很多问题。在人际关系淡漠、升学竞争加剧的背景下，日本的校园欺凌、校园暴力等学校问题日益凸显，不登校问题愈演愈烈，作为连锁反应的蛰居现象也随之增多。

---

① ［日］千石保：《"认真"的崩溃：新日本人论》，何培忠译，商务印书馆1999年版，第73页。
② 住田正樹：『子どもの私生活化と集団活動』，『青少年問題』2009年第56卷新年号，第4页。

蛰居是1980年代以来逐渐增多的新型青少年问题和现代性社会问题。在日本最早的关于蛰居的实况调查是2002年开展的，因此无法从调查数据中寻找1980年代蛰居现象增多的论据。不过，因蛰居是紧随不登校问题出现的，是不登校问题的延长，且蛰居者中具有不登校经历的比例高达60%～90%，很多蛰居者是经历长期不登校后，开始走上蛰居之路的。因此，通过考察不登校人数的变化，可以推测出蛰居人数的演变轨迹（参见图3-1）。1966年，文部省开始统计除了生病等明确理由之外，因"讨厌学校"1年间缺课50天以上的不登校人数。从图3-1来看，1965～1975年，每年小学生和初中生不登校人数有1万多人。从1970年代中期开始，不登校现象增多。进入1980年代以后，不登校人数激增，1982年首次突破2万人大关，达到了23,789人。1984年则突破了3万人大关，高达30,191人。到了1988年，不登校人数已激增至42,401人，是1966年开始此项调查以来人数最多的一年。短短十几年，不登校人数已从1975年的10,534人增长到1988年的42,401人，增长了三倍多。也就是说，自1975年以来，不登校人数基本上呈现持续增加的趋势。由此可以推测出蛰居现象于1980年代逐渐增多。

社会学家石川良子在论述1980年代的不登校孩子与蛰居的关系时指出：一部分未成年的不登校孩子一直待在家里，是"不登校中的'蛰居'"；另一部分已经成年的不登校孩子不参与社会继续闭居在家，是"不登校之后的'蛰居'"。[①] 被称为研究蛰居问题第一人的斋藤环指出："蛰居问题容易被误解为从20世纪90年代急速增加，实际上并非如此，至少在20世纪80年代就已经很常见了，只是1990年代以后才突然引起关注。"[②] 综上所述，作为不登校延长线上的蛰居问题增多于20世纪80年代，已是不争的事实。

[①] 石川良子：『ひきこもりの＜ゴール＞：「就労」でもなく「対人関係」でもなく』，東京：青弓社2007年版，第51頁。

[②] 斎藤環：『ひきこもりはなぜ「治る」のか？：精神分析的アプローチ』，東京：中央法規出版2007年版，第16頁。

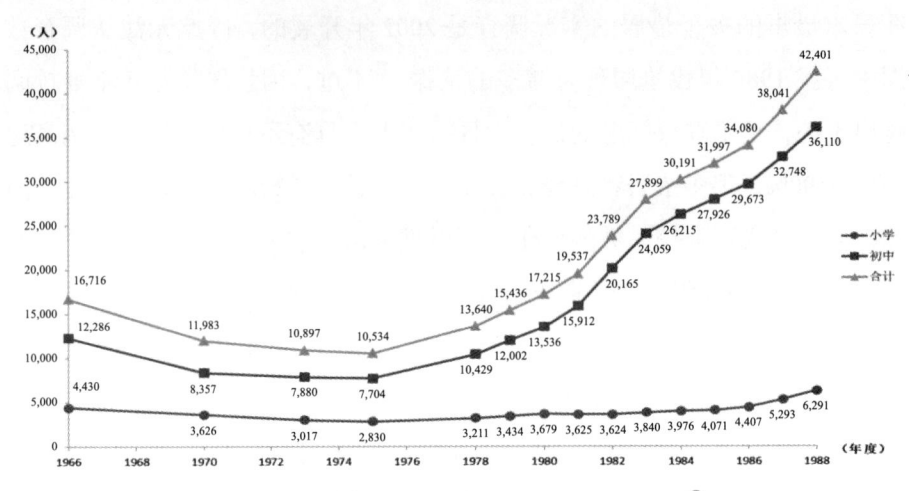

图 3-1 不登校（缺课 50 天以上）人数的变化①

第三节 多元化社会与蛰居的社会问题化（1990 年代）

一 多元化社会中非社会性问题行为的凸显

1980 年代的日本社会，是崇尚消费的社会，因为"日本人一直相信今年一定比上一年更富裕"。② 这十年是日本疯狂的十年，泡沫经济的极度膨胀，模糊了日本人的双眼，使人们天真地以为日本会长久繁荣下去，日本第一的喧嚣不绝于耳，殊不知危机就在眼前。短暂的虚假繁荣过后，是经济的长期低迷。1991 年，日本泡沫经济崩溃了。最初几年，没有引起大的波动。人们以为也会像 1970 年代初的石油危机一样，很快就能过去。因此，对泡沫经济崩溃没有足够的心理准备，相应的应对举措也不充分，政府、企业和国民的态度都非常消极。到了 1990 年代后期，随着企业破产、银行倒闭的增多，自杀者也随之增多，人们才意识到问题的严重性。

---

① 文部科学省：『平成 14 年度「児童生徒の問題行動等生徒指導上の諸問題に関する調査」』, 2011 年, http://www.e-stat.go.jp/SG1/estat/List.do?bid=000001022607&cycode=0，2017 年 12 月 28 日。

② 堀井憲一郎：『若者殺しの時代』, 東京：講談社 2006 年版，第 29 頁。

1990年代是日本进入泡沫经济崩溃后面临全面转型的多元化时代。泡沫经济崩溃打破了日本人的幻想，将其拉回到现实中来，日本人开始迷茫，变得不知所措。特别是1990年代中期以来，日本政治经济进入转折期。战后以来比较稳定的政治格局发生变化，55年体制结束，出现了以自民党为主的三党联合执政。经济陷入一片萧条之中，平均年增长率仅有百分之零点几。失业率不断攀升，新毕业大学生更是遇到了"就业冰河期"。1990年代的经济长期萧条与1980年代的经济繁荣形成了巨大的反差。在泡沫不断膨胀的1980年代后期，日本人曾一度显得十分傲慢，认为美国也没什么可学的了，今后没有什么能够阻挡日本的前进步伐了，日本第一的感觉溢于言表。而如今却是一蹶不振，显得极为消沉，简直在折磨自己。① 1980年代经济繁荣带给日本人的自信心受到经济衰退的冲击，人们对曾引以为傲的"日本文化异质"论提出质疑，日本人的"群体"意识和团队精神也不再成为人们引以为傲的民族精神。在经济衰退的冲击下，日本人变得消极和颓废，自信心受挫，失去了目标，整个社会陷入了悲观失望的谷底。

以泡沫经济崩溃为契机，日本进入了近代以来的第三次转型期。与明治维新和"二战"后改革的外压推动不同，这次转型是在和平背景下进行的，是日本社会自身矛盾的集中爆发。在经济全球化和信息化的背景下，日本原有的社会体系出现了解体的倾向，日本社会向多元化方向发展。形成于高速经济增长期的日本型企业社会，随着泡沫经济的崩溃和雇佣方式的变化而逐渐瓦解，"一亿总中流"社会终结。日本创造的诸如股价只升不跌、地价只涨不落、金融机构不破产、社会秩序很稳定等"神话"相继失灵，奥姆真理教投毒事件打破了日本社会的安全神话。支撑战后政治、经济机制的"政、官、财"共生关系产生的腐败与丑闻显现。失业率猛增和经济衰退，使一大批曾为日本经济高速增长奉献青春的中年人，突然面临裁员的威胁。1997年爆发的亚洲金融危机更是雪上加霜，因裁员而被解雇

---

① ［日］大前研一：《真实的日本》，陈鸿斌译，青岛出版社2011年版，第67—68页。

的中高年男性正式员工增多，很多人为此走上自杀之路，自杀人数不断攀升。1998 年日本自杀死亡人数比 1997 年的 23,494 人增加了 35.2%，高达 31,755 人，这是日本 1899 年进行人口动态统计以来自杀死亡人数最多的一年。[1] 1990 年代中期以来，每年超过 3 万人走上自杀之路，其主体主要是被解雇或者因破产导致经济困境的中高年男性。对于这些崇尚工作主义和经济主义的一代人来说，除了工作之外，没有其他兴趣。当工作失去后，也就丧失了生活的勇气，从而走上自杀之路。而在父母价值观的影响下成长起来的青少年，遇到就业受挫后，他们受到的打击更大，其解决的办法之一就是脱离社会，蛰居在自我的世界中，来逃避现实生活的压力。

此外，伴随经济全球化出现的是信息社会的快速发展。1990 年代中期，日本社会掀起了互联网热潮，手机、网络迅速普及，人与人之间的交流逐渐商品化。信息化的快速发展，一方面有利于青少年扩展知识面，能够享受到以往无法享受的精神和文化生活。特别是电视的普及，录像、电脑、网络等新媒体的迅速发展，使信息的发送和接收都变得异常快捷。另一方面信息化也给青少年的生活带来了一些负面影响。如青少年过度依赖新媒体获取信息，造成对间接经验的过度依赖，与自然、人、社会的接触机会变少，由此出现的不擅长人际关系的人增多。[2] 而且，电视、录像、电话、游戏机、手机等新媒体，使得青少年独处时间增多，与朋友玩耍时间减少。1991 年 10 月，总务厅青少年对策本部对 4,575 名 10～29 岁青少年的调查显示，10～12 岁的小学生中，约 20% 的人自己一人看录像，70% 以上的自己一人玩电视游戏。[3] 青少年独自看录像、玩游戏、读漫画，减少了与友人的交往，人际关系越来越淡薄。在现代日本社会中，通信技术的发达，使人与人之间的交往便捷且迅速，但是现实生活中的人际关系

---

[1] 内阁府编集：『自殺対策白書（平成 19 年版）』，東京：佐伯印刷 2007 年版，第 5 頁。
[2] 総務庁青少年対策本部編：『青少年白書（平成元年版）』，東京：大蔵省印刷局 1990 年版，第 47 頁。
[3] 総務庁青少年対策本部：『情報化社会と青少年―第 2 回情報化社会と青少年に関する調査の概要』，『青少年問題』1993 年第 40 巻 4 号，第 42、45 頁。

却越来越疏远。不能适应社会发展、不善于人际交往的人，很容易走上蛰居之路。

1990年代以来的日本社会变革，表现在青少年身上就是青少年行为的巨大变化。在经济不景气、社会急剧转型的背景下，原来被富裕生活掩盖的一系列社会问题凸显出来，青少年问题愈演愈烈。除了恶性犯罪案件等反社会性问题行为日益严重之外，以自我为中心，因无法适应而逃避学校或社会生活的行为，如蛰居、不登校、自杀等非社会性问题行为也日益凸显且愈演愈烈。以蛰居为代表的非社会性问题行为日益严重是1990年代青少年问题的显著特征之一。这些问题在泡沫经济崩溃前被虚高的经济繁荣和"完全雇佣"所掩盖。当泡沫经济崩溃后，日本经济低迷导致雇佣环境和劳动条件恶化，社会矛盾加剧。隐藏在背后的非社会性问题行为凸显出来。1990年代的年轻人被称为"团块少年"[①]，他们的父母绝大多数是"团块世代"。经济高速发展期成长起来的父母们，从小给孩子灌输的高学历价值观和出人头地准则，因泡沫经济的崩溃，失业者的增多，终身雇佣制度的破产，受到年青一代的质疑。就业环境的恶化使得青少年的思想变得混乱和失去了方向。传统价值观念在青少年心中彻底崩溃，他们希望有更加不同的、更真实的人生。然而真正的人生价值在哪里，没有人告诉他们，他们的想法与父母们的培养目标格格不入。在这种矛盾的精神压力下，他们不愿意面对社会上的残酷竞争，闭居在自己的角落里，封闭自己，不与他人发生任何联系，以此来逃避社会责任。年轻人的"脱社会"倾向，如"延缓成为社会人""无气力""御宅族""单身寄生族"[②]等，都是年轻人不愿意承担社会责任，不愿意社会化的典型。他们享受现有的生活，而拒绝承担任何责任，不想为了未来而努力奋斗。他们中有的成为依靠父母供养的"啃老族"，有的则成为"飞特族"，更为严重的是成为"蛰居族"。

---

① "团块少年"指1990年代的年轻人，绝大多数是"团块世代"的孩子。
② "单身寄生族"由日本社会学家山田昌弘提出，是指和父母同居，日常生活依赖于父母的单身青年群体。

二　就业环境的恶化与蛰居现象的激增

战后以来至 1990 年代，除去不景气时期，日本年轻人的失业率非常低，这与日本的从应届毕业生中招录职员的就业模式有关，而且在终身雇佣和年功序列的企业制度下，进入公司直到退休，定期升迁，稳定且可预见性高，成为大多数人的人生轨迹。泡沫经济崩溃前的"一亿总中流"时期，日本年轻人就业相对容易，即便学历不是很高，也能够找到稳定工作。年轻人选择"自由职业"只是为了能生活得更为自由、随性。如果愿意，随时都可以成为正式员工。

但是，随着时代的变化，相对于上一代人来说，年轻人就业状况逐渐恶化。在经济不景气背景下，1997 年席卷亚洲的金融危机以及政府出台的雇佣规制缓和政策，促进了雇佣方式的多样化。契约员工、派遣员工、临时工等非正式雇佣增多，成就了日本经济腾飞的企业雇佣体系出现了瓦解的迹象。企业为降低人工费成本，裁员的同时，减少了应届毕业生的录用人数。导致应届生入职人数减少，很多毕业生不能成为正式员工，不得不选择非正规就业。大学毕业生的就业状况不断恶化。即便是拥有高学历，也有很多人找不到稳定工作。不断调换工作的年轻人增多。战后以来形成的"上大学，就职企业，成为工薪族，在终身雇佣制度下，一直工作到退休，然后依靠养老金过着稳定的老后生活"的生活模式，随着泡沫经济的崩溃而瓦解。传统的"上好的学校，找好的工作"的人生设计也在年轻人中发生了动摇。父母从小灌输给孩子的高学历价值观，随着终身雇佣制的瓦解而失去了市场和魅力，很多年轻人变得茫然不知所措。

蛰居现象的激增与年轻人就业环境的恶化有着密切的联系。因就业受挫而蛰居的事例不在少数。社会雇佣环境的恶化，导致正式雇佣减少，"飞特族"增多。年轻人的劳动热情和自信心下降，很多年轻人无法自立。当然，年轻人不能自立，与其自身因素有着一定的联系，如劳动意愿低、职业意识不成熟或自立意识淡薄等。但是，根本原因在于经济形势的低迷和雇佣环境的恶化。"飞特族"、临时工、派遣劳动者等非正式雇佣的年轻人，即便非常努力工作也随时面临被解雇的危机。一旦失业丧失经济收入，他们很可能沦落为流浪者或"网吧难民"①。这种不稳定的雇佣带来的问题越来越严重，临时工的权益没有保障，他们居无定所，还被贴上了"啃老族""飞特族"的标签。青少年对未来失去信心而变得一蹶不振，有的甚至成为流浪者。而且，日本社会体制中没有给就业失败的人以更多的选择空间。一旦毕业后不能直接就业，再就业只能从事临时工、派遣工等不稳定的工作。一旦成为非正式雇佣者，那么就意味着难以摆脱自身的地位和身份，难以实现向正规劳动者的转变。紧接着就是无法结婚成家，成为社会的落伍者。在临时工不稳定的现实困境中，经历几次就业和辞职的反复后，也许是对现实的逃避，也许是对自我的否定……结果便是躲在房间内，自我封闭起来，最终走向了蛰居生活。可以说，从正式雇佣到非正式雇佣，从非正式雇佣到无业，从无业到蛰居，年轻人的就业环境一步步恶化。蛰居成为年轻人逃避现实生活的一种无奈的选择。因此，就业环境的恶化成为蛰居青少年增多的重要诱因之一。蛰居现象的激增无不证明日本年青一代对工作和职业的期望值下降。当职业生活不再成为日本年轻人的重要追求的同时，他们的社会责任感和家庭责任感也随之降低。

三 蛰居问题引起社会关注

泡沫经济崩溃后，雇佣方式的变化进一步恶化了青少年的就业环境。年轻人一蹶不振，生活态度消极、忍耐力低、缺乏责任感。"飞特族""啃老族"增多。青少年蛰居现象逐渐引起社会各界的广泛关注，完成了由隐性个案向显性社会问题的转化。

1980年代末，不断增多的蛰居现象引起日本政府的关注。1989年版《青少年白皮书》中，已将蛰居问题视为青少年问题之一，并将其与年轻

---

① 主要是指那些因贫困没有住的地方，只能蜗居在网吧中过夜的年轻人。

人的"无气力"问题一起讨论。近年来蛰居和"无气力"现象增多，但难以给出严格的界定。比如，蛰居是整天待在家里，将饭菜端到自己房间内单独食用等，不仅是家庭以外的人，即便和家人也仅保持最低限度的交流；"无气力"是对学业和职业生活等失去兴趣，无所事事地过日子。①1990 年代以来，日益增多的青少年蛰居现象，逐渐引起政府、学术界以及新闻媒体的广泛关注。1991 年，厚生省开始出台政策援助蛰居青少年。此后，随着富田富士也的《从蛰居开始的旅程》（ハート出版 1992 年版）、《蛰居与不登校、就业 Q&A》（ハート出版 1994 年版）和精神科医生稻村博的《不登校、蛰居 Q&A》（诚信书房 1993 年版）等一系列研究蛰居现象著作的出版，蛰居问题逐渐为社会所认知。1994 年，日本精神卫生学会出版的杂志《心与社会》中开设了蛰居特集，其中介绍了清水将之和稻村博对蛰居病例和孤立者症候群的研究。②1998 年，精神科医生斋藤环的《社会性蛰居》（PHP 研究所 1998 年版）一书的出版，进一步加深了民众对蛰居现象的认识。

　　新闻媒体也开始关注蛰居现象。1994 年 1 月 8 日，《产经新闻》刊登了题为《不能打开心扉的年轻蛰居者增加 断绝一切往来 70% 是男性》的报道。③值得一提的是，1997 年 2 月 5 ~ 13 日，《朝日新闻》朝刊家庭栏连续 6 期刊载了由盐仓裕撰写的题为《希望与他人共同生活的蛰居年轻人》的报道，记述了 15 名蛰居者，平均年龄为 26.9 岁，平均蛰居时间达 6.9 年。④该报道通过对具体案例的描述，形象地向人们展示了蛰居青少年的生活状态、蛰居者家庭的痛苦与无奈，揭示了蛰居者的高龄化和蛰居的长期化问题，在社会上引起了强烈反响。报道刊出后不久，盐仓裕收到了 700 多封

---

① 総務庁青少年対策本部編：『青少年白書（平成元年版）』，東京：大蔵省印刷局 1990 年版，第 27 - 28 頁。
② 畠中宗一、武藤清栄：『日本における「ひきこもり」概念の変遷』，載宗像恒次、武藤清栄編：『ニート・ひきこもりと親：心豊かな家族と社会の実現へ』，東京：生活書院 2008 年版，第 147 頁。
③ 工藤宏司：『「ひきこもり」社会問題化における精神医学』，載中河伸俊、赤川編：『方法としての構築主義』，東京：勁草書房 2013 年版，第 32 頁。
④ 荻野達史、川北稔、工藤宏司等編著：『ひきこもりへの社会学的アプローチーメディア・当事者・支援活動一』，京都：ミネルヴァ書房 2008 年版，第 36 頁。

蛰居当事者或其父母的来信，接到的咨询电话多达 700 多个。① 由此可见，蛰居现象已非常普遍。

蛰居成为一种社会问题并引起人们的重视，主要是由于 2000 年前后发生了 3 起由疑似蛰居者实施的恶性犯罪案件。

案件 A：京都日野小学男生被杀害事件

京都事件发生在 1999 年 12 月 21 日，疑似蛰居的 21 岁男子将京都市日野小学的一名男生杀害。

案件 B：新潟监禁女性事件

1990 年 11 月 13 日，新潟县三条市的一名小学四年级女生，放学途中失踪。新潟县警察局虽然设立了"小学女生失踪案件对策本部"持续搜查，但是随着时间的流逝，一直未找到有价值的线索。直到其失踪后 9 年零 2 个月的 2000 年 1 月 28 日，在新潟县柏崎市的 B 男（38 岁，无业）的房间中发现了被监禁的女孩。女孩失踪时年仅 9 岁，此时已经 19 岁了。当时，B 用刀威胁放学回家途中的女孩，将其塞入车的后备箱中带回家，长期进行监禁。监禁期间，B 对女孩进行了"不能离开这个房间""不听话就杀死你"等的语言恐吓，以及殴打、脚踢及电枪电击等严重的身体暴力。而且，衣食供应不足，不让女孩洗澡，也不允许她下床。让人震惊的是，女孩被监禁期间，B 一直与其母同居，但因 B 不允许母亲进入二楼自己的房间内，所以其母对 B 的暴行竟浑然不知，也没有发现女孩的存在。B 高中毕业后曾就职于公司，3 个月后辞职，此后基本上过着近似蛰居的生活。

案例 C：佐贺高中生劫持高速公共汽车事件

2000 年 5 月 3 日，一名 17 岁少年 C 乘上了从佐贺发出的高速公共汽车，并在开出 15 个小时后劫持了该汽车。C 持刀砍向三名女性，造

---

① 塩倉裕：『引きこもる若者たち』，東京：ビレッジセンター出版局 1999 年版，第 8 頁。

成了1人死亡、2人重伤的严重后果。

　　C与父母和妹妹一起生活在比较富裕的四口之家中。成绩优秀的他是大家眼中的"好孩子"。但是从初中三年级暑假开始，他的成绩开始下滑，并伴有家庭暴力倾向。C曾在小学4年级时遭受过校园欺凌。高中入学考试也因打架受伤住院而未能考出理想成绩，未考上理想高中的他很快退学蛰居在家。蛰居期间，对家人的暴力不断升级。

　　考试结束的第二年夏天，C让父母为他购买了电脑。此后，C每天锁上房门，长时间闭居其中，开始沉迷于网络无法自拔。为了发泄现实生活中的不满，C在网络中将自己虚拟成非常强大的形象，如将165厘米的身高故意写成178厘米。不过，即便在网络的虚拟环境中，C也经常被嘲弄，自身价值不被认可。C为了出名，蓄谋制造震惊社会的事件，并通过网络购买了刀具。2000年3月初，"没有任何办法"的父母强制将C送到疗养所。入所之际，C感觉被父母抛弃了，对父母产生了强烈的不信任感。劫持事件发生在其离开疗养所在外过夜时。事件发生数天前，C曾发表了一份声明称"谁也不能阻止我"，主张"只有杀人才是正义"。最终，C制造了令人震惊的劫持公共汽车事件。

　　京都事件发生时，《朝日新闻》对犯罪嫌疑人的报道中，并没有将其与"蛰居"联系起来，只是将其描述为无业、没考上大学、失学在家。但是新潟事件发生后，报道方向发生了逆转。2000年2月1日，《读卖新闻》朝刊刊载的精神科医生牛岛定信的评论文章中，直接使用了"专家指出'极度的蛰居'"的标题。而且，在犯罪嫌疑人被逮捕的2月11日前后，《读卖新闻》《每日新闻》《产经新闻》等各大报纸同时刊登了"两个案件发生的背景与蛰居相关"的专家文章，题目分别为《监禁、杀人……异常事件连续发生的背景　不能很好地建立人际关系　自立失败》(《读卖新闻》2月11日)、《为什么年轻人会行凶　人际交流是解决的关键》(《每日新闻》2月12日)、《与社会断绝的"蛰居者"昼夜颠倒，不工作，也不外出》(《产经新闻》2月11日)。① 上述报道指出,这三大案件的嫌疑人均是不怎么外出,回避人际交往,处于蛰居状态的蛰居者。

三大恶性犯罪案件的发生成为蛰居社会问题化的转折点。以此为契机,社会各界对蛰居问题的关注度迅速提升,各大媒体加大力度对蛰居问题进行宣传,有关蛰居问题的报道激增。从表3－3可以看出,1990年代初期,关于蛰居的报道基本上维持在10条左右,1990年代中期开始增多,特别是3起恶性犯罪案件发生后,新闻媒体掀起了关注蛰居问题的热潮。与1999年相比,2000年两大报纸对蛰居问题的相关报道激增,《朝日新闻》的报道从115条增加到393条;《读卖新闻》则从46条增加到248条。② 很多报道将蛰居与犯罪联系在一起,称蛰居为"犯罪的温床"、蛰居者为"犯罪的预备军"③。甚至出现了全国蛰居青少年多达一百万人的报道,引起社会恐慌和不安。

表3－3 《朝日新闻》《读卖新闻》对蛰居问题的相关报道数量④　　单位:条

年份 报纸	1990	1992	1995	1997	1998	1999	2000	2001	2002	2003	2004	2005
《朝日新闻》	9	13	25	82	104	115	393	413	405	472	522	489
《读卖新闻》	4	4	12	25	24	46	248	307	307	359	355	305

此外,学术界也出现了研究蛰居问题的热潮。从表3－4来看,整个

---

① 工藤宏司:『「ひきこもり」社会問題化における精神医学』,載中河伸俊、赤川学編:『方法としての構築主義』,東京:勁草書房2013年版,第19－20頁。
② 不过从2004年开始,两大报纸的报道都出现了减少的趋势,主要是因为2004年"啃老族"的出现,转移了人们的注意力。
③ 很多蛰居问题研究专家指出蛰居者犯罪率很低,反对将蛰居者等同于"犯罪预备军",如《产经新闻》2月11日报道中,刊登了斋藤环的评论文章《蛰居者引发的犯罪事例极其少》;《每日新闻》2月12日的报道中,也刊载了富田富士也撰写的评论《蛰居者伤害别人的事情很少》。笔者认为,虽然蛰居者的社会犯罪率很低,但是长期蛰居者容易爆发针对家人的家庭内暴力,特别是针对母亲的家庭内暴力居多。
④ 石川良子:『ひきこもりの＜ゴール＞:「就労」でもなく「対人関係」でもなく』,東京:青弓社2007年版,第45頁。

1990年代，仅有十几本研究蛰居问题的书籍问世。以2000年为分界点，出版了大量的蛰居问题著作，仅2001年一年内就有36本相关研究专著问世。2002年，日本广播协会（简称NHK）播放的特别节目"蛰居援助活动"，进一步扩大了社会各界对蛰居问题的认知度。至此，蛰居完成了由隐性现象向显性社会问题的转化，成为公众话题和较为严重的社会问题之一。

表3－4　蛰居相关书籍的出版数①

年份	1992	1993	1994	1995	1996	1997	1998	1999	2000	2001	2002	2003	2004	2005
著作数量（本）	1	1	1	0	3	3	1	5	15	36	28	30	15	22

第四节　"格差社会"与蛰居的严重化（21世纪以来）

一　"格差社会"中青少年保守化意识的增强

泡沫经济崩溃后，经历了平成萧条的日本社会发生了一系列的变化。金融危机使日本经济竞争力下降。人均GDP在1992年位居世界第四位，2007年则下降至第二十位；GDP在世界上所占比重由1994年的18%，下降到2007年的10%以下。②日本经济不景气导致雇佣环境恶化，失业率攀升，就业困难，传统的终身雇佣制度逐渐解体，非正式雇佣者不断增多。日本中小企业员工的工资从2001年到2007年，降低了10%。35岁以下的成年人中，有1/5的人要么失业，要么打零工。东京地铁站开始出现无家可归的人。③2000年以来，在日本经济持续低迷的影响下，企业效益降低，人工成本增加，劳动力需求减少。2003年《国民生活白皮书》指出，招聘高中生的人数，1992年达到167万人的峰值后开始减少，到2002年，减至24万人；招聘大学生的人数，1991年达到84万人的峰值，2002年降至57万

---

①　石川良子：『ひきこもりの＜ゴール＞：「就労」でもなく「対人関係」でもなく』，東京：青弓社2007年版，第45頁。

②　河合俊雄、内田由紀子編：『「ひきこもり」考』，大阪：創元社2013年版，第7－8頁。

③　赵忆宁：《转轨中的日本》，中信出版社2007年版，第54页。

人。大企业中招聘人数的减少非常明显，年轻人在员工中所占比例下降。①

与此同时，企业开始调整雇佣政策，日本进入了"不完全雇佣"时代，其典型特征就是减少正式雇佣，增加非正式雇佣。随着钟点工、派遣员工、合同工等非正式雇佣者的增多，出现了正式雇佣和非正式雇佣的两极分化现象。从表3－5可以看出，全体劳动者中正式雇佣比例不断减少，而零工和派遣员工等非正式雇佣的比例不断增多。2003年1～3月的统计数字显示，每3人就有1人是非正式雇佣者，且形势不断恶化。2011年，非正式雇佣者在全体雇佣者中所占比例达到了35.4%，是1984年开始劳动力调查以来的最高值。2014年1～3月的最新统计数字显示，正式雇佣比例已降至62.1%，而非正式雇佣比例增至37.9%，创历史新高。

表3－5 正式雇佣和非正式雇佣的比例②

时间	正式雇佣（%）	非正式雇佣（%）
1984年2月	84.7	15.3
1986年2月	83.4	16.6
1988年2月	81.7	18.3
1989年2月	80.9	19.1
1990年2月	79.8	20.2
1993年2月	79.2	20.8
1996年2月	78.5	21.5
1998年2月	76.4	23.6
2000年2月	74.0	26.0
2003年1~3月	69.7	30.3
2005年1~3月	67.7	32.3
2007年1~3月	66.3	33.7

---

① 山本耕平：『ともに生きともに育つひきこもり支援：協同の関係性とソーシャルワーク』，京都：かもがわ出版2013年版，第19頁。

② 総務省統計局：『「雇用形態別雇用者数」労働力調査長期時系列データ』，2017年7月，http://www.stat.go.jp/data/roudou/longtime/03roudou.htm#hyo_9，2017年9月5日。

续表

时间	正式雇佣（%）	非正式雇佣（%）
2011 年 1~3 月	64.6	35.4
2013 年 1~3 月	63.7	36.3
2014 年 1~3 月	62.1	37.9
2017 年 1~3 月	62.7	37.3

在非正式雇佣者中，年轻人占绝大多数。年轻人的非正式雇佣率从 1990 年代后期开始大幅度上升。厚生劳动省公布的《劳动经济白皮书》指出，2003 年，15~34 岁年轻人中，不结婚，不工作，也不上学的无业者为 52 万人。"飞特族"为 217 万人，创历史新高。无业者与"飞特族"加在一起在该年龄段中所占比例约为 8%。[①] 2011 年，15~24 岁年轻人中有一半是非正式雇佣者。以前基本上是正式雇佣者的 25~34 岁年龄段男性，非正式雇佣率也升至 16%。[②] 2013 年 3 月，56 万名大学毕业生中，非正式雇佣和"啃老族"等没有稳定工作的人高达 11.5 万人（20.7%）。[③] 总之，雇佣制度改革恶化了年轻人的雇佣环境。大学毕业后不工作的年轻人增多，这些无业年轻人与父母同居，经济来源完全依赖父母。长此以往，很多人沦为"啃老族"或蛰居者。

21 世纪以来，形成于经济高速成长期的企业用人制度，以及长期保持的"一亿中流社会"，伴随着雇佣制度的变革而瓦解，代之而起的是"格差社会"的出现。社会阶层之间在收入、雇佣、教育及社会地位等方面的差距不断扩大。"格差社会"这一用语迅速普及，并入选日本"2006 年十大流行语"。

---

① 石井守:『社会的ひきこもりと登校拒否・不登校：支援者のこころで25年』，東京：教育史料出版社2014年版，第26頁。

② 総務省統計局:『「雇用形態別雇用者数」労働力調査長期時系列データ』，2017 年 7 月，http://www.stat.go.jp/data/roudou/longtime/03roudou.htm#hyo_9，2017 年 9 月 5 日。

③ 文部科学省:『平成25年度学校基本調査（確定値）の公表について』，2014 年 1 月 29 日，http://www.mext.go.jp/component/b_menu/other/__icsFiles/afieldfile/2014/01/29/1342607_1_1.pdf，2017 年 12 月 5 日。

日本之所以出现贫富差距，与日本社会制度和意识的固化有关。平成萧条使得雇佣制度发生了变革，非正式雇佣不断增多。但是，"应届毕业生一揽子聘用"（日语为"新卒一括採用"），终身雇佣习惯，以及正式雇佣与非正式雇佣之间存在的工资、待遇、社会保障等方面的差别依然存在。与正式雇佣相比，非正式雇佣工资低，不稳定。东京工业大学社会学教授桥爪大三郎介绍"四年制大学毕业生每小时工资是 1,000 日元，派遣工每小时只有五六百日元；很多正式的职员都有社会福利和退休金，而派遣工没有。如果加起来计算，正式员工与派遣员工的收入差一倍左右"。[①] 而收入的差距也带来了消费、教育及社会地位上的差距。总之，在终身雇佣意识依然存在的背景下，经济低迷背景下雇佣制度的变革，使正式雇佣和非正式雇佣之间的差距逐渐扩大，日本进入了"格差社会"时代。然而，在终身雇佣和年功序列逐渐崩溃，非正式雇佣不断增多的背景下，青少年的保守化趋势却在不断增强，他们更倾向于追求稳定的生活。表现在对传统终身雇佣制的期待、职业选择以及年轻女性主妇愿望的增强。

2000 年以来，年轻人渴望能够就职于大公司，且一生不调动工作。日本生产性本部 2014 年度的新进职员意识调查[②] 显示，对"希望在现在的公司工作一生"的回答，2000 年为 20.5%，此后开始逐渐增长，2008 年达到了 47.1%，2012 年高达 60.1%。[③] 年轻人保守化的另一个突出的表现是在职业选择上，与自己创业相比，更多的人倾向于选择稳定的公务员。日本青少年研究所 2013 年 3 月 26 日公布的"关于高中生的前途和职业意识的调查（日、美、中、韩的比较）"[④] 报告显示，日本高中生将来想自己创业的仅有 6%，中国为 31%，美国为 19%，韩国为 12%。希望从事公务员

---

① 赵忆宁：《转轨中的日本》，中信出版社 2007 年版，第 56 页。
② 此调查自 1990 年以来，每年开展一次。
③ 山田昌弘：『なぜ若者は保守化したのか：希望を奪い続ける日本社会の真実』，东京：朝日新闻社2015 年版，第 14 页。
④ 该调查是 2012 年 9～11 月，对日、美、中、韩四国的 6,647 名高中生进行的调查。

的日本高中生占比高达20%，在希望从事职业中排在第一位，其次是教师（18%），建筑家或服装设计师（13%）。①可见日本高中生追求稳定生活的意愿很强。

日本内阁府每隔数年进行的男女共同参与计划意识的舆论调查显示，赞成"丈夫在外工作，妻子守护家庭"的比例，1990年以后逐渐降低，但是2000年以来，虽然男性和40岁以上女性的赞成率减少，但是20岁、30岁年轻女性的赞成率却明显上升。2007年，20~29岁女性的赞成率与60~69岁女性的赞成率大体上相同，2012年，所有年龄段的赞成率进一步上升（参见表3-6）。②与此同时，女性的专职主妇意愿不断增长。与继续工作追求梦想相比，很多年轻女性更愿意早一点和收入稳定的男性结婚，自己做专职主妇。在"关于女性职业"的提问中，20~30岁女性将所谓的专职主妇（没有工作、结婚之前工作和生孩子之前工作的合计）作为理想职业的比例，从2000年的17.3%增长至2007年的23.0%。③可见，年轻女性中肯定"男主外，女主内"的倾向增强了。无论是年轻人的工作意识，还是年轻女性的职业愿望，都出现了保守化倾向。

2000年以来，伴随着"格差社会"的出现，日本年轻人的人生观趋向保守和消极，缺乏勇气和冒险精神。出现了"不想变得伟大""不想成为领导""不承担任何责任快乐地生活"的人生观。日本青少年研究所针对"如果有能生活的收入就想悠闲地生活下去"开展的调查显示，2006年对此持肯定态度的日本高中生达到了42.9%，远远高于美国的13.8%、中国的17.8%和韩国的21.6%。④年轻人中不想承担风险，希望过安定生活的人增

---

① ［中］胡霞编著：『国際比較からみた日本の高校生：80年代からの変遷』，千石保監修，東京：日本児童教育振興財団2014年版，第282頁。
② 山田昌弘：『なぜ若者は保守化したのか：希望を奪い続ける日本社会の真実』，東京：朝日新聞社2015年版，第15-16頁。
③ 同上书，第16頁。
④ ［中］胡霞编著：『国際比較からみた日本の高校生：80年代からの変遷』，千石保監修，東京：日本児童教育振興財団2014年版，第82頁。

多了。他们想尽量在稳定的公司（或政府机构）内就业。年轻女性的理想生活状态是与有稳定工作的男性结婚，相夫教子，做专职主妇，一生过安稳的生活。这种求稳心态，表明年轻人的保守化意识逐渐增强。

表3-6 "丈夫在外工作，妻子守护家庭"的赞成率（女性）[①]

年份	20～29岁（%）	30～39岁（%）	40～49岁（%）	50～59岁（%）	60～69岁（%）	70岁以上（%）
2002	33.2	32.9	37.5	40.6	50.8	63.8
2007	40.2	35.0	31.7	34.3	43.1	54.8
2012	43.7	41.6	41.0	40.4	52.3	62.2

二 "飞特族"与年轻人群体的两极分化

第二次世界大战后至1980年代，日本社会发生了从战败废墟、经济复兴到高速增长的变革。经济高速增长在创造了经济奇迹的同时，也造就了庞大的中产阶级。在"一亿总中流"时代，人们的生活水平相差无几。价值观、生活方式也有着惊人的相似性，无论走到哪里，都给人一种同质的感觉，没有什么差异。日本发展成为社会秩序稳定、生活富裕的中流社会。一般情况下，几乎所有的男性不论是高中毕业，还是大学毕业基本上都能成为正式员工，享受终身雇佣和年功序列待遇，按部就班地等待加薪和升职，也能够适龄结婚买房生子。丈夫拼命工作，为企业奉献劳动，然后获得足够养家的收入；妻子则一心照顾家庭；孩子则努力学习，上补习班，重复着和父辈一样的生活轨迹。可以说，"应届毕业生一揽子聘用""终身雇佣""年功序列"成为多数人的人生轨迹。

"飞特族"出现的1980年代，日本正处于泡沫经济的膨胀期，就业相对容易，年轻人毕业后能轻易地成为正式职员，即使学历不是很高，也能够找到稳定工作。选择"自由职业"只是年轻人的一种生活方式，是为了

---

① 山田昌弘：『なぜ若者は保守化したのか：希望を奪い続ける日本社会の真実』，東京：朝日新聞社2015年版，第16頁。

寻找自我，不被公司束缚而自主选择的就业路径，是一种象征个性和自由的生活追求。正如日本社会学家山田昌弘所述，"飞特族"是指为了追求不被公司束缚的生活，选择打短工的年轻人，大众媒体对这些不拘泥于传统，追求个性生活方式的年轻人赞叹不已。① 但是，1990年代泡沫经济崩溃后，自由职业成为一些年轻人无奈的选择。1990年代中期金融危机后，日本人引以为傲的"中流社会"崩溃。经济不景气导致企业大量裁员，临时工、派遣工等非正式雇佣者增多。即便是有高学历，难以找到稳定工作的人也很多。很多年轻人大学毕业后无法正规就业，高中毕业生的就业形势更加严峻。此时，宣告所有毕业生都能够正规就业的时代结束了，"飞特族"成为"不能正规就业的年轻人"（包括临时工、短工等）的总称。

"飞特族"的规模因定义的不同得出的统计数据也存在一些差距。从官方对"飞特族"的定义来看，厚生劳动省的界定② 是指不想成为正式职员，从而积极选择自由职业的人。根据厚生劳动省的定义，2005年日本的"飞特族"人数达到201万人。③ 内阁府的定义④ 不仅包含积极选择自由职业的人，还包括想成为正式职员但无法正规就业的人，即消极地选择自由职业的人。按照内阁府的定义，2001年"飞特族"人数多达417万人。⑤ 综合厚生劳动省和内阁府的定义来看，在417万人的"飞特族"中，除了201万积极选择自由职业的人，还有约216万人被迫选择自由职业，即不得不从事自由职业的人比自愿选择自由职业的人要多。而且，417万人的"飞特族"，在15～34岁的年轻人中所占的比例为12.2%，也就是说每9人

---

① 山田昌弘：『なぜ若者は保守化したのか：希望を奪い続ける日本社会の真実』，東京：朝日新聞社2015年版，第18頁。
② 『厚生労働白書』（2008年版）对"飞特族"的定义为：15～34岁已毕业的男女中（女性为未婚），从事临时工或短工的雇佣者；正在找临时工或短工工作的完全失业者；非劳动力人口中希望从事临时工或短工的工作，或者不从事家务不上学，也没有拿到内定采用的人。
③ 厚生労働省编：『平成20年版厚生労働白書』，東京：厚生労働省2008年版，第56頁。
④ 内阁府的《国民生活白皮书》（2003年版）的界定为：15～34岁的年轻人（学生和主妇除外），从事临时工或短工（包括派遣员工等）的人以及有工作愿望的无业人员。
⑤ 內閣府編集：『国民生活白書平成15年版』，東京：内閣府2003年版，第78頁。

中就有1人为"飞特族"。如果将学生和主妇排除在外，所占比例提升至21.2%，这就意味着每5人中就有1人为"飞特族"。① 与1990年代初相比，"飞特族"显著增多。

　　雇佣形态的改变和"飞特族"的增多，不仅扩大了年轻人之间的收入差距，而且这些非正式雇佣年轻人的阶层身份基本上被固定，没有上升的空间。年轻人群体中出现了精英阶层和下流阶层的两极分化。著名社会观察家三浦展的《下流社会》一书提出，日本社会两极分化日益严重，越来越多的人形成一个"下流社会"阶层，年青一代源源不断加入"下流社会"。这个"下流"并非指社会底层，而是指中产阶级的居下游者。其最大的特征并不仅是低收入，而且是沟通能力、生活能力、工作意愿、学习意愿、消费意愿等的全面下降，在物质、精神等各方面失去向上发展的动力，甘于平庸。② 经济高速增长时期，世代间的移动是上升的移动。孩子与父母的青少年时期相比，生活水平是不断提高的。在经济不断增长的过程中，孩子能够取得比父母一辈人更高的学历。大部分的儿子都能够找到比父亲要好的工作，许多女儿也能与比父亲有更好工作的男性结婚。但是1990年代以来，阶层固化现象突出，原生家庭的差异影响到孩子的未来。社会学家佐藤俊树（东京大学教授）在其所著的《不平等社会日本》（中公新书2000年版）一书中指出，阶层闭塞化，即父亲职业和儿子职业的相关性增强。父亲没有好的工作，儿子也难以找到好工作。大阪大学教授吉川彻在其所著的《学历分裂社会》（ちくま新书2009年版）中指出，阶层闭塞，使得学历的世代间上升停滞，学历的闭塞又与阶层的闭塞紧密相连。父母社会经济地位直接决定孩子的未来层次，这就是阶层的固定化。固定化最起码能与父母的生活水平基本相当，但是现在发生了更为严重的事情，

---

① 新行内勝善、宗像恒次：『心豊かな存在としてのニート・ひきこもり』，载宗像恒次、武藤清栄編：『ニート・ひきこもりと親：心豊かな家族と社会の実現へ』，東京：生活書院2008年版，第12頁。
② 汤祯兆：《日本中毒》，中国人民大学出版社2010年版，第27页。

出现了达不到父母生活水平的"阶层的向下移动"。①

21世纪以来，经济低迷的持续、雇佣制度的变革、社会差距的扩大，使年轻人群体中出现了严重的两极分化。过去，日本的社会构造是家庭、学校和公司三位一体，共同支持年轻人的成长，孩子的成长环境优越，毕业后就职之路也比较顺畅。年轻人毕业后就职成为正式职员是很正常的事情。然而，21世纪以来，日本社会出现了两极分化现象——"优胜组"和"失败组"，整个社会进入了两极分化时代。日本年轻人的两极分化现象日趋严重，一方面是任性、自我为中心、无视法律和道德、不学习、没有奉献意识的年轻人增多；另一方面是成绩优异、有爱心、有理想，也致力于志愿者服务的少数社会精英。在不完全雇佣的背景下，一部分人能够按照以往的雇佣模式成为正式员工，拥有稳定工作和收入，这些人能够得到希望与正式员工结婚过稳定生活的女性青睐，结婚成家也顺理成章。而另一部分人却只能选择临时工、派遣员工等非正规就业。据统计，在未满24岁的年轻人中，非正式雇佣率男性为42%，女性达到了52%。② 即每2名年轻人中就有1人从事非正式劳动。收入稳定，享受好的社会保障的正式职员，与收入不稳定，社会保障低的非正式职员之间出现了很大的差别。伴随着竞争的加剧，能够在竞争中脱颖而出的则成为社会精英，少数精英依然沿袭传统的价值观念，努力学习，考上名牌大学，进入一流企业，从而获得稳定的高收入和较高社会地位。在终身雇佣体系和性别角色分工下，过着安定的生活。而那些从事临时工等非正式雇佣的年轻人，则随时面临失业的风险，在工资待遇和晋升等方面几乎没有上升空间，逐渐成为社会弱势群体。总之，1990年代初，青少年的生活还是富裕的、有朝气的。但是进入21世纪以来，非正式雇佣年轻人增多，在没有稳定工作，工资低的劳动环境下，年轻人成为社会的弱势群体。

---

① 山田昌弘：『なぜ日本は若者に冷酷なのか：そして下降移動社会が到来する』，東京：東洋経済新報社 2013年版，第30頁。

② 同上书，第13页。

此外，家庭的多元化也是年轻人成为弱势群体的原因之一。"二战"后日本的家庭形态伴随着社会变迁而发生变化。高速经济增长期的日本家庭形态比较稳定，"男主外，女主内"，受过高等教育的母亲专职家务和育儿，形成了"子女→妻子→丈夫→公司"单向性依赖关系。在终身雇佣的日本企业雇佣体系下，失业率低，收入稳定，离婚率也低，大多数女性大学毕业后经过短暂就职即结婚辞职，专心做家庭主妇。然而，伴随着女性就业者的增多，家庭形态也发生了改变。特别是1990年代以来，经济不景气，使传统的雇佣形态发生变化，很多家庭主妇为了家计不得不外出工作。失业率增高，离婚率也攀升，单亲家庭等问题家庭随之增多，特别是贫困家庭增加。当然，这种贫困也是相对的贫困，不是缺衣少穿的绝对贫困，是生活低于社会平均水平的一种状态。家庭的贫困导致孩子的贫困，父母的经济状况影响孩子的成长环境和教育水平。OECD（经济合作与发展组织，简称经合组织）的报告显示，2005年，日本未满18岁的未成年人贫困率为13.7%，每7个人就有1人处于贫困状态。[1]家庭富裕程度影响到孩子的教育条件。学龄期孩子因家庭贫困，而不能参与社团组织，不能安心学业的人，在未来就业道路上也会受到影响。

日本的单亲家庭，特别是母子家庭的贫困问题尤为显著。母亲的工资水准一般较低，而离婚后父亲不负担孩子生活费的现象也时常发生。而且，有一些年轻人奉子成婚，没有收入，导致贫困。这些低收入家庭中，孩子的教育费用都很难保障，特别是义务教育结束后的高中阶段，很容易产生差距。学费等教育费用成为家庭负担，有的孩子不得不自己打工挣学费。还有的孩子面临中途退学，或者高中毕业后就职的命运。而在日本随着高学历化的普及，雇佣环境中对学历的要求也在提升，没有大学文凭的人就业面窄。2010年内阁府的调查显示，高中中途退学后两年内的生活

---

[1] 宮本みち子：『若者が無縁化する：仕事・福祉・コミュニティでつなぐ』，東京：筑摩書房2012年版，第18頁。

状态为，56%的人有工作，14%的人处于求职状态。① 即便是有工作的人，绝大多数是打零工或者从事条件比较差的工作。这样的年轻人逐渐失去了与社会的连接点，成为无缘者。无法找到固定职业，形不成社缘；与学生时代的朋友也失去了联系，没有学缘；家庭关系也很淡化，没有血缘。这样的无缘化人生在日本社会，没有出头之日。总之，日本家庭形态的多样化，使生活在破碎家庭中的孩子处于相对贫困的生活状态，失去了很多同龄孩子应该具有的学习和就业机会，逐渐被社会所抛弃，成为社会中的弱势群体和无缘者。他们的老年生活将面临更大的困境。

三 社缘关系弱化与蛰居的严重化

日本经济高速增长期，形成了"终身雇佣""年功序列"等颇具日本特色的企业用人制度。日本的雇佣制度实行从学校直接到企业的模式，学校和企业之间建立了人才输送制度，即"应届毕业生一揽子聘用"制。一般情况下，绝大多数学生毕业后都能够直接就业成为正式职员。数十年如一日地在同一家公司工作，由此也建立了稳定的社缘关系。1980年代后期，全体劳动者中正式雇佣比例高达80%以上。② 这样的雇佣制度在维护社会和家庭稳定，创造"一亿总中流"社会中发挥着巨大的作用。而且，一旦入职，人际关系基本上固定在公司内部，工作、加班、聚餐甚至周末活动等都要与公司同事一起。这种稳定的社缘关系对日本人来说是不可或缺的存在。

然而，在经济衰退和雇佣制度变革的背景下，"应届毕业生一揽子聘用"的企业用人制度却成为年轻人建立稳定社缘关系的障碍之一。应届毕业生一旦不能以正式职工的身份就职，只能选择非正式雇佣，此后的一生都将处于不利的就业状况中，成为正式职员的希望非常渺茫。21世纪以来，

---

① 宮本みち子：『若者が無縁化する：仕事・福祉・コミュニティでつなぐ』，東京：筑摩書房2012年版，第26頁。
② 総務省統計局：『「雇用形態別雇用者数」労働力調査長期時系列データ』，2017年7月，http://www.stat.go.jp/data/roudou/longtime/03roudou.htm#hyo_9，2017年9月5日。

在经济低迷、非正式雇佣以及失业率不断攀升的社会背景下，不登校者、高中中途退学等未按部就班完成学业的年轻人首当其冲成为非正式雇佣者或失业者。即便是新毕业大学生，正规就业也变得非常困难。"飞特族"、派遣员工、临时工等原本属于非主流的就业模式，成为很多年轻人无奈的选择。他们背井离乡，孤身一人在大都市打拼，找不到正式工作，没有稳定的收入，结婚成家也变得愈发困难。总之，非正式雇佣者的增多使得日本新一代工薪阶层难以通过公司建立稳定的职场关系。在随时有可能被解雇的公司内，人际关系也非常淡薄，作为日本社会关系支柱的社缘关系濒于崩溃。

社缘关系的弱化使得年轻人的自立问题凸显，难以自立的年轻人增多。如毕业后没有固定工作的"飞特族"，即使工作也依靠父母生活的"单身寄生族"，不上学、不工作、也不找工作的"啃老族"，以及丧失社会行为、没有人际交往的蛰居者。据称，包括蛰居者在内，"飞特族"、年轻失业者和毕业无业者等的总数超过了500万人。① 其中，日益严重的蛰居问题成为社会各界关注的焦点。2002年，NHK开展了"蛰居援助活动"。2003年，厚生劳动省发表了"旧指针"。斋藤环的《社会性蛰居——未结束的青春期》一书随之成为畅销书。以精神医学为中心的专业研究渐次展开。2010年，厚生劳动省发布了"新指针"。与此同时，内阁府开展的"蛰居的实况调查"结果显示，日本的蛰居者已达数十万人的规模，其严重性可见一斑。以蛰居者为代表的年轻人的自立问题成为一大社会问题。

日本社会是一个注重实效的社会，弱者、失败者没有容身之地。贫困、孤独困扰着年轻人，没有固定工作、没有朋友、不能结婚的他们逐渐被社会孤立。2007年版《青少年白皮书》指出，"啃老族"或"飞特族"增多的社会是不健全的，年轻人的自立出现困难。对于那些丧失了社缘，难以

---

① 工藤定次、YSCスタッフ、永富奈津惠：『脱！ひきこもり：YSC（NPO法人青少年自立援助センター）の本』，東京：ポット出版2004年版，第98頁。

自立的"啃老族"和蛰居者来说，则逐渐沦为社会弃儿，被置于"无缘化"的边缘。总之，21世纪以来，传统雇佣制度的瓦解，中流社会的解体，使日本青少年的社缘关系弱化，职场人际关系疏离。再加上日本社会富裕后，血缘、地缘、学缘关系的弱化，使青少年无缘化问题严重。在社会现代化不断发展，而人际关系危机日益加剧的无缘社会背景下，日益严重的蛰居问题已成为关系到日本社会未来发展不容忽视的课题之一。

第四章　家庭结构变迁与蛰居的家庭因素

蛰居是青少年在其社会化过程①中遇到的问题，是青少年社会化中断的突出表现。家庭作为青少年社会化的重要场所之一，在青少年蛰居问题上负有不可推卸的责任。有过长期蛰居经历的池上敬认为："不登校和蛰居的原因，80%以上在于家庭环境。"②战后日本向现代化发展的急剧转型中，家庭形态、家庭养育环境及家庭教育等发生了深刻的社会变迁。核心家庭化的家庭形态及随之形成的小家庭主义，淡化了血缘亲情和邻里关系；"父职缺失"和母子（女）为中心的家庭养育环境，导致父亲角色严重缺失，而母子（女）为中心的育儿方式引发的娇纵、溺爱及过度保护等问题助长了孩子的依赖心理，严重影响青少年自立；偏重智育的家庭教育使青少年背负着过重的学习负担和精神压力。由此带来的人际关系危机和家庭环境的改变，逐步弱化了家庭的社会化功能。与此同时，"成年后同居主义"及富裕的家庭生活为青少年创造了能够持续蛰居的物质条件和空间环境，家庭成为青少年蛰居的温床。本章着重从家庭结构变迁带来的家庭社会化功能弱化的视角，来分析蛰居问题的家庭因素。

---

① 社会化过程指人通过各种教育途径学习社会知识、技能和规范，从而形成自觉遵守与维护社会秩序的价值观念和行为方式，培养社会性，从自然人到社会人的发展过程。

② 池上敬：『不登校・ひきこもりから立ち直るための29のメソッド』，東京：パレード2014年版，第34頁。

第一节　核心家庭化与小家庭主义的家庭形态

一　产业化结构变革与核心家庭的增多

核心家庭化是战后日本家庭结构的典型特征之一。所谓核心家庭（Nuclear family）是指由夫妇和未婚子女组建的家庭，是家庭形态中最普遍的家庭模式。包括三种类型：一对夫妻组成的家庭；一对夫妻及其未婚子女组成的家庭；父母中的一方与其未婚子女组成的家庭。

以第二次世界大战为分水岭，日本的家庭结构发生了历史性的变革。战前，居主导地位的家庭形态是以父系家长制、家督继承制[①]和男尊女卑为核心的直系家庭，纵向的父子关系重于夫妇关系。战后初期，日本发生了继明治维新以来的第二次社会大变革。其中很重要的一个变化就是家族制度的变革。1946年公布的《日本国宪法》第24条规定：婚姻基于男女双方之合意即得成立，且须以夫妻享有同等权利为基础，以相互协力而维持之；配偶的选择、财产权、继承、住所之选定、离婚以及其他有关婚姻及家庭之事项，法律应以个人之尊严及两性平等为依据而判定之。[②]根据新宪法的精神，1947年颁布、1948年年初实施的新民法，废除了父权家长制和长子优先继承权，平等、独立的家庭关系得以确立。战后的民主化改革，从法律和制度上废除了被视为封建性的传统家族制度，确立了以尊重个人尊严和两性平等为原则的新型婚姻制度和现代家族制度。

家庭形态的变化与经济发展水平密切相关。经济高速增长之前，日本家庭以农业和商业的自营业为主，家中长子要继承家业，与父母同居生活。

[①]　"家督"一词源于中国的《史记》越王勾践世家："家有长子曰家督。"所谓家督就是家长的指挥地位，家督继承就是包括家产、家业在内的家庭内继承，它是幕府时代武士阶级家庭的继承形式。所谓家督继承，是指在数个子女当中，只能由一个人继承家长权、家业与家产的大部或全部，还要继承牌位、墓地等。虽说家督的本意是指长子，但日本的"家督"却不唯长子，有可能是次子，也有可能是养子、婿养子。参见李卓《从家到家庭：跨越三个时代的艰难历程——日本家庭关系演变对照》，《人民论坛》2013年第8期。

[②]　李卓：《从家到家庭：跨越三个时代的艰难历程——日本家庭关系演变对照》，《人民论坛》2013年第8期。

三代同居的大家庭是主要的家庭形态。始于1950年代中期的经济高速增长，加快了大家庭解体的步伐，核心家庭逐渐增多。1955年经济复兴期结束后，日本进入了以"神武景气"为开端的经济高速增长期。经济高速增长带来了产业结构的变革。1960年，池田勇人内阁制定了《国民收入倍增计划》，日本开启了以重化学工业为中心的产业化时代。在经济优先的政策下，第一产业逐渐衰退，第二产业所占比重增加，开始由农业社会向工业社会转变。从表4－1可以看出，日本的产业结构就业人口已经发生了巨变，从1955年到1975年，第一产业就业人口所占比例由41.0%锐减至13.9%，减少了近三分之一；第二产业由23.5%增加到34.1%；第三产业从35.5%增至52.0%。短短20年间，日本的产业结构中，第一产业比重迅速下降的同时，第二、第三产业所占比重快速上升，工业和服务业成为国民经济的支柱产业。

伴随着经济的高速增长和产业结构的急剧变革，日本的农业人口迅速和大量地向城市集中，以东京为首的少数超大城市以及周边地区的人口急剧增长。城市人口占总人口的比例迅速提高，从1955年的56.1%，增至1975年的75.9%。[①]特别是第二产业的迅速发展加速了年轻人的流动，以应届毕业生为主的大批年轻人，开始由农村向城市迁移（日本称为"集团性就业"[②]）。仅1968年，就有272.9万名15～24岁的年轻人离开常住地。其中，向东京圈（东京横滨都市圈）移动的比例达到了7.9%、中京圈（关中名古屋都市圈）为5.5%、阪神圈（京都大阪神户都市圈）为5.4%。[③]这些年轻人在城市扎根，结婚生子，组建了自己的小家庭，逐渐成为产业社会的工薪阶层及核心家庭的主力军。

---

① 総務庁青少年対策本部編：『青少年白書（平成元年版）』，東京：大蔵省印刷局1990年版，第85頁。
② 战后初期的1945～1954年，初中毕业生就业困难，找不到自身在社会上的立足之地。1955～1964年，伴随着经济高速增长期的到来，大批初中毕业生从农村涌入城市，开启了集团性就业时代。
③ 松原治郎：『現代の青年：変動期における意識と行動』，東京：中央公論社1971年版，第18頁。

表 4—1 不同产业就业人口的比例①

年份	第一产业（%）	第二产业（%）	第三产业（%）
1955	41.0	23.5	35.5
1965	24.6	32.0	43.4
1975	13.9	34.1	52.0

在传统家族制度下，因家督继承制的存在，未能继承家业的儿子成年后需要独立谋生，组建自己的小家庭。由此形成的核心家庭在战前已占有一定比例。1920 年，日本首次进行的人口普查的结果表明，核心家庭在亲属家庭中已占 59.1%。② 经济高速增长加速了产业化和城市化进程的同时，传统大家庭随之瓦解，核心家庭在亲属家庭中的比例不断提高，1955 年为 62%，1960 年为 63.4%，1970 年为 71.4%，1975 年为 74.1%，1980 年为 75.4%，1985 年为 75.9%，1990 年为 77.6%，2000 年为 81.2%，2005 年为 82.7%，2010 年达到 84.6%。③ 从上述数据来看，1920～1955 年的 35 年，核心家庭比例仅提高了约 3 个百分点；1955～1975 年的 20 年却上升了 12.1 个百分点，这期间正是日本经济高速增长、产业迅猛发展的时期。此后，核心家庭比例一直呈增长趋势，逐渐成为现代社会的主要家庭形态。始于 1955 年的经济高速增长对日本家庭的冲击是显而易见的。伴随着产业社会的形成和城市化的快速发展，人口的流动性增强，城市人口激增的同时，农村人口随之减少。农村中因大量年轻人进城务工，剩下的是高龄夫妇组建的小家庭。城市中由工薪阶层组建的核心家庭逐渐成为现代社会的典型家庭形态。

与传统的自营业家庭相比，工薪家庭为主体的核心家庭在青少年社会

---

① 池木清、後藤光義、河上恭雄：『現代の青少年』，東京：総合労働研究所 1978 年版，第 5 頁。
② 国立社会保障・人口問題研究所『人口統計資料集（2015 年）表・図一覧（Ⅶ. 世帯）：表 7-11 家族類型別世帯数および割合：1920～2010 年』，2015 年，http://www.ipss.go.jp/syoushika/tohkei/Popular/Popular 2015. asp?chap=7，2017 年 9 月 25 日。
③ 同上。

化中发挥的作用有所减弱。在农业和商业为主的自营业时代，孩子从小就要承担起家庭责任，帮助父母干农活或打理家业。经济高速增长以来，这种自营业家庭逐渐减少，以工薪阶层为主体的核心家庭迅速增多。从1955年到1988年，家庭从业者从53.1%降至18.6%；工薪阶层则从31.2%增长至69.4%。[①] 工薪家庭中，由于父母的职业不需要孩子做帮手，孩子的任务主要是学习，获取高学历，以求将来找到比父母更好的工作。工薪家庭中通过就业实现自立的目标十分明确。这种单一的自立途径对于那些学习能力不足，不擅长人际关系的青少年来说，自立的困难加大。如果是自营业的家庭，多少都可以为苦于人际关系，不能适应社会的孩子提供一些机会。但是工薪阶层的家庭中，这种援助失去了存在的基础。一些不登校者或者不能顺利就业的年轻人很容易蛰居在家，成为依靠父母供养的寄生族，无所事事地虚度光阴。

核心家庭化是战后民主化改革与经济发展共同作用的结果，是与现代化发展趋势相向而行的，已成为现代社会的主要家庭形态。与传统的大家庭相比，小家庭在人际关系和生活方式上更为自由，夫妇关系变得更为平等。但是核心家庭结构下"以小家庭为中心"的生活模式容易淡化人际交往，与传统大家庭中的纽带关系变得松散，地缘关系逐渐弱化，家庭也变得越来越孤立。这种小家庭主义不仅淡化了血缘亲情和邻里关系，而且容易出现父母对孩子的过度保护问题，从而影响孩子独立性和自律性的培养，甚至会出现"母子（女）分离不安"等亲子问题。

二 出生率持续走低与家庭规模的缩小

核心家庭主流化的同时，出生率的持续走低使得家庭规模不断缩小，小家庭增多，家庭关系简单化。战后改革废除传统家族制度后，核心家庭比

[①] 総務庁青少年対策本部編：『青少年白書（平成元年版）』，東京：大蔵省印刷局1990年版，第51页。

例攀升的同时，家庭规模也在不断缩小。战后以来，除了两次"婴儿潮"①之外，日本的出生率持续走低。一名女性从生四五个孩子，逐渐减少到两三个孩子，进而发展到只生一个孩子，甚至不生孩子。从新生儿数量看，两次"婴儿潮"时期，每年新生儿均超过 200 万人，特别是第一次"婴儿潮"时期，年均多达 270 万人。但是，从 1975 年开始，日本出现了少子化倾向，该年的新生儿减少到不足 200 万人。此后逐年递减，到 1984 年已跌破 150 万人。1989 年新生儿创战后以来最低值，仅有约 125 万人。泡沫经济崩溃后，每年的新生儿维持在 110 万～125 万人，总体上呈缓慢减少的趋势。进入 21 世纪后，新生儿进一步减少，2005 年仅有约 106 万人，较 2004 年又减少了约 5 万人。②从总和生育率③看，第一次"婴儿潮"时期超过 4.3。1950 年开始急剧下降，1975 年跌破 2.0。此后一路下滑，1989 年则降至 1.57，创下日本有人口统计记录以来的最低点。21 世纪以来，形势进一步恶化。2003 年低于 1.3，2005 年则跌至 1.26，创下历史新低，日本成为"超少子化国家"。④此后虽出现了缓慢增长，但 2010 年和 2011 年的总和生育率一样，仅为 1.39。⑤仍未达到能维持人口长期稳定性的 2.1 的标准。

伴随着出生率的下降，家庭规模呈现出不断缩小的发展趋势。从表 4-2 可以看出，1952～1965 年日本家庭的平均人数基本维持在 4～5 人的水平，1966～1989 年减为 3～4 人，1990 年至今则降至 2～3 人，2014 年已减少到 2.32 人。从 1955 年到 1975 年，短短 20 年时间里，日本的家庭规模就完成了从五人到三四人的演变过程。日本总务省统计局《国势调查报告》的统计结果也表明家庭规模不断缩小，1920 年日本每个家庭

---

① "婴儿潮"指一段时间内，新生儿人口激增的现象。第二次世界大战后，日本经历了两次"婴儿潮"，第一次是 1947～1949 年；第二次是 1971～1974 年。
② 内阁府编集：『少子化社会白書平成 19 年版』，東京：日経印刷 2007 年版，第 197 頁。
③ 总和生育率指 1 位女性一生所生的孩子数。联合国推算出维持人口长期稳定的合计特殊出生率应为 2.1。
④ 内阁府编集：『少子化社会白書平成 19 年版』，東京：日経印刷 2007 年版，第 2 頁。
⑤ 国立社会保障・人口問題研究所：『人口統計資料集（2019 年）表・図一覧（Ⅳ. 出生・家族計画）：表 4-5 主要国の合計特殊出生率：1950～2017 年』，2019 年，http://www.ipss.go.jp/syoushika/tohkei/Popular/Popular2019.asp?chap=4，2019 年 12 月 10 日。

的平均人数为 4.99 人，1950 年为 5.02 人，1965 年下降到 4.08 人，1975 年进一步减少到 3.48 人，1985 年减至 3.17 人，1990 年为 3.01 人，1995 年为 2.85 人，2010 年降至 2.46 人。[1] 虽然家庭规模小型化是现代社会的基本特征，也是社会发展的必然趋势。但是，家庭成员的不断减少，晚婚、不婚现象的增多，对青少年培养和社会发展造成的不利影响也是显而易见的。

表 4－2　基于居民登记册的日本家庭平均人数的变化[2]

年度	家庭平均人数（人）	年度	家庭平均人数（人）	年度	家庭平均人数（人）	年度	家庭平均人数（人）
1952	4.99	1970	3.55	1985	3.12	2000	2.66
1955	4.90	1971	3.48	1986	3.10	2001	2.63
1956	4.86	1972	3.43	1987	3.07	2002	2.60
1957	4.83	1973	3.39	1988	3.04	2003	2.57
1958	4.76	1974	3.36	1989	3.02	2004	2.54
1959	4.68	1975	3.33	1990	2.98	2005	2.52
1960	4.61	1976	3.31	1991	2.95	2006	2.49
1961	4.50	1977	3.29	1992	2.91	2007	2.46
1962	4.38	1978	3.28	1993	2.88	2008	2.43
1963	4.25	1979	3.26	1994	2.85	2009	2.40
1964	4.14	1980	3.24	1995	2.82	2010	2.38
1965	4.03	1981	3.22	1996	2.79	2011	2.36
1966	3.94	1982	3.20	1997	2.75	2012	2.34
1967	3.84	1983	3.17	1998	2.72	2013	2.32
1968	3.76	1984	3.15	1999	2.69	2014	2.32
1969	3.64						

---

[1]　国立社会保障・人口問題研究所：『人口統計資料集（2015 年）表・図一覧（Ⅶ．世帯）：表 7-4 世帯の種類別平均世帯人員：1920～2010 年』，2015 年，http://www.ipss.go.jp/syoushika/tohkei/Popular/Popular2015. asp?chap=7，2017 年 9 月 25 日。

[2]　国立社会保障・人口問題研究所：『人口統計資料集（2015 年）表・図一覧（Ⅶ．世帯）：表 7-7 住民基本台帳による世帯数および平均世帯人員：1952～2014 年』，2015 年，http://www.ipss.go.jp/Syoushika/tohkei/Popular/Popular2015.asp?chap=7，2017 年 9 月 25 日。

当今日本社会所面临的青少年蛰居问题与核心家庭化及少子化的家庭形态有着密切的联系。一是核心家庭化后，大家庭具有的教育孩子的作用逐渐减退。老一辈积累的养育经验和生活技巧难以传给下一代，孩子的教育完全由年轻父母承担，缺乏养育经验的他们在孩子的家庭教育上容易出现问题。二是大家庭在培养孩子的社会性人格中也发挥着很大的作用。兄弟姐妹间的集团型生活能够培养孩子的人际交往和集体生活能力。而核心家庭背景下，少子化的发展使孩子的成长环境缺失了兄弟姐妹共同成长的体验。家庭成员之间交流的减少，对孩子人际交往能力的培养和性格的形成都产生了不利的影响。三是孩子数量减少，家庭养育更仔细。孩子少，父母将更多的金钱、时间和精力等资源都集中于一个孩子身上，容易出现过度保护、过高期待和过度干涉等问题。父母尽其所能满足孩子的一切需求，不让孩子受任何挫折，严重影响青少年自立。

三 小家庭主义与蛰居的人际关系危机

伴随着经济高速增长、生活富裕及核心家庭的增多，日本人的家庭观念逐渐从传统的大家庭主义向小家庭主义[①]转变。"小家庭主义"这一用语出现于日本经济实现高速增长后迎来富裕生活的时代。与战前日本人崇尚为公的国家主义意识形态不同，战后民主化改革后日本人的自我意识增强。正如日本社会学家日高六郎指出的"从战前到战后，日本人的意识发生了从'灭私奉公'到'灭公逢私'"[②]的变化。特别是1970年代，伴随着美国个人主义价值观的传入，追求个人幸福成为人们的价值追求。以个人主义价值观为基础的小家庭及私人生活优先已化作日本战后一代的人生准则。[③]日本经济实现高速增长后，生活的富裕、地域共同体的解体、核心家庭化及家庭规模的缩小为小家庭主义的诞生提供了适宜的土壤，家庭生活中的

[①] 日语为"マイホーム"，是指家庭至上，享受自己小家庭生活的"主义"。
[②] 日高六郎：『戦後思想を考える』，东京：岩波书店1980年版，第81頁。
[③] 纪廷许：《现代日本社会与社会思潮》，中国社会科学出版社2007年版，第146页。

"小家庭主义"随之登场。专职主妇中形成了"我的家庭、我的丈夫、我的孩子……一切都是我的东西"①的小家庭观念。主妇的全部热情都倾注在小家庭中,出现了"我来守护家庭"的意识和行动。进入经济高速发展期后,追求小家庭的幸福生活已成为普通民众的生活目标。

然而,城市化、核心家庭化及随之形成的小家庭主义淡化了血缘亲情和邻里关系。在产业化和城市化的大潮中,传统的家庭纽带关系发生了裂变。与传统大家庭相比,以核心家庭为主的现代家庭中的人际关系趋于简单,祖辈和孙辈的关系也日益淡化。年轻人离开父母奔赴大城市,在为事业打拼的同时,组建起自己的小家庭。与祖孙三代人共同居住的大家庭存在明显区别,城市中打拼的小家庭与远在乡下的父母逐渐疏远,与农村中亲属的联系越来越少,血缘亲情逐渐淡化。而在城市中出生长大的孙辈与祖辈的关系更加淡薄。日本著名导演小津安二郎的《东京故事》(1953年)讲述了战后日本传统家庭的裂变和亲子关系的疏离。故事发生在战后1950年代初期,生活在广岛县一个名为尾道的小镇上的两位古稀老人,到东京探望子女,在儿女家小住几日后返乡,不久母亲病逝,子女们从大都市赶回奔丧后迅速回归都市生活的故事。小津安二郎导演这部影片旨在"通过父母与子女的成长,描述传统的日本家庭是如何崩溃的"。影片用朴实、平常的故事情节将战后日本家庭形态的变化和家庭纽带的裂变表现得淋漓尽致。都市中子女组建的小家庭,因老夫妇的到来而打破了原有的生活秩序,亲子、祖孙间因生活节奏和住所等问题出现了一些矛盾。亲子之情、祖孙之情的淡薄一目了然。这种由经济发展和城市化带来的传统大家庭的崩溃和血缘亲情的疏离,成为战后日本社会变迁的一个缩影和无法回避的痛楚。总之,战后日本城市化的快速发展,使家庭的流动性增强,特别是大量农村年轻人涌入城市,在城市中上学、就业、成家,由这些人组建的核心家庭成为城市家庭的主体。留在农村的父辈与都市中生活的子女的家庭纽带逐渐松散。

---

① 矢島正見:『戦後日本青少年問題考』,東京:学文社2013年改訂版,第110頁。

核心家庭本身带有封闭性和孤立性，且小家庭主义背景下形成的私生活优先价值观进一步弱化了家庭外的交流。近邻关系稀薄化，个人主义和家族中心主义凸显，地域中失去了连带感和共同体意识，家庭变成了一个个孤立存在的个体。邻里之间互不干涉，也不互相帮助。企业社会形成后，大城市周边的郊区建立了很多新兴住宅区。生活在这里的人们被称为"团地族"。1955 年，住宅公团设立后，团地的建设不断推进，到 1950 年代末，"团地族"已超过了 100 万人。团地作为近代的、新的都市生活舞台引人注目。① "团地家庭"的典型家庭形态是由工薪阶层的丈夫和专职主妇的妻子，以及 1～2 人的孩子组成的核心家庭。当然，这种核心家庭不仅限于团地家庭，而是日本城市家庭的典型代表。生活在这里的核心家庭之间保持着最低限度的人际交往。邻里之间疏于往来，孩子没有了一起玩耍的伙伴，结交朋友的机会也随之减少。孩子成为在市郊新市镇成长的孤独群体，至今仍有不少学者认为这是新生代沟通能力薄弱的主因之一。②

日本社会富裕后，个人主义的膨胀，不愿给别人添麻烦的心理及保护隐私意识的增强，使都市邻里关系日渐疏离。再加上高度城市化后，生活节奏的加快，便利店的普及和服务业的发展使以往相互帮助的必要性降低，邻里之间疏于往来，人际关系愈发淡薄。"在几乎能够用货币购买所有服务的社会里，亲戚之间的往来不是必需的，朋友之间的关系也变得疏远。"③ 核心家庭化、工薪阶层化、地域共同体的解体、业余生活的商业化，使得亲戚间和地域间都没有交集，只有小家庭的快乐生活。这种与他人孤立的小家庭生活，虽然有利于家庭成员间相互依存关系的建立，表面上看不寂寞，家庭也安定。但是，离开了地域的人际交往，家庭的安定和联系是非常脆弱的。一旦孩子出现蛰居状态，这种家庭的安定很容易被打乱。④ 此外，家庭环境

---

① 梅田直美：『戦後日本の団地論にみる「個人主義」と「家族中心主義」：「孤立」をめぐる言説史の視点から』，載中河伸俊、赤川学編：『方法としての構築主義』，東京：勁草書房 2013 年版，第 156 頁。
② 汤祯兆：《日本中毒》，中国人民大学出版社 2010 年版，第 39 页。
③ ［日］橘玲：《日本人——括号里的日本人》，周以量译，中信出版社 2013 年版，第 30 页。
④ 富田富士也：『引きこもりと登校・就職拒否 Q&A Vol.1』，東京：ハート出版 1994 年版，第 46 頁。

的改变使得传统的教养方式出现了变化，核心家庭的亲子交流逐渐减少。

这种因血缘和地缘关系弱化带来的人际关系危机是蛰居问题产生的根源之一。青少年蛰居现象萌芽于日本经济高速增长后已步入富裕社会的1970年代末。此时的日本已步入核心家庭时代，核心家庭的封闭性本就不利于儿童人际关系的培养，小家庭主义背景下日渐疏离的邻里关系更是阻碍了儿童与左邻右舍的交往，直接影响到其地缘关系的构建。儿童的社会化离不开与同龄人的交往，幼时玩伴在儿童人际关系培养方面发挥着举足轻重的作用。然而，伴随着城市化的发展、邻里关系的淡薄和少子化的加剧，日本儿童的同龄玩伴越来越少，独自玩耍的孩子增多。孩子们业余时间基本上宅在家里，日本儿童的孤独、寂寞可见一斑。由此可见，战后日本现代化发展及家庭变迁引发的人际关系危机日益凸显，已波及青少年群体。家庭的闭塞和人际关系的疏离，使青少年的家庭成长环境变得寂寞和孤独。

战后婴儿潮一代的家庭生活环境的闭塞也是蛰居问题的诱因之一。1990年前后的中学生，其父母多是战后婴儿潮一代，即"团块世代"。这一代人对于上一代人的复杂人际关系模式持否定态度。"团块世代"的价值观和生活方式与上一代人不同，在亲子关系和近邻交往方面，有着很强的追求"合理的人际关系"和"尊重个性"的倾向。这一代人不喜欢烦琐的人际交往，而是崇尚轻松的生活方式以及理智的不夹杂感情的联系。这一代人生活在核心家庭中，住在密集性的团地中，其成长环境便是与周边保持着最低限度的人际交往。父母一代人际关系的淡薄，也影响到孩子的交友观。这些孩子很自然地认为，待在房间一个人玩电脑游戏，只做自己喜欢的事情，不用勉强与伙伴玩耍也没有关系。[①] 再加上，少子化及地域关系的解体，青少年的成长环境中缺乏人际关系的锻炼和培养。

综上所述，核心家庭化是现代化发展的必然趋势，然而，核心家庭化及随之形成的小家庭主义，淡化了血缘亲情和邻里关系。家庭的闭塞和人

---

① 富田富士也：『引きこもりから旅立ち』，東京：ハート出版1992年版，第29頁。

际关系的疏离，使青少年的家庭成长环境变得寂寞和孤独。由此带来的人际关系危机使得孩子独处时间增多，人际交往减少。而不外出和拒绝与人交流正是蛰居者的典型特征。绝大多数蛰居者都处在"想与人交往却不能交往"的煎熬中。可以说，核心家庭化带来的人际关系缺失不仅弱化了家庭的社会化功能，而且成为蛰居问题产生的根源之一。

第二节 "父职缺失"与母子（女）为中心的家庭养育环境

一 "父职缺失"的养育环境

"男主外，女主内"的角色分工模式是战后日本家庭结构的另一典型特征。家庭中夫妇的关系包括四种类型：夫优位型、妻优位型、协商型及男女分工型。战后日本，伴随着经济高速增长，逐渐形成了"男主外，女主内"的家庭角色分工模式。这种角色分工在成就了日本经济辉煌，保证了家庭稳定的同时，所形成的"父职缺失"的家庭养育环境给青少年成长带来了诸多不良影响。

"二战"前，在传统的家族制度统治下，父亲权威很大。鲁思·本尼迪克特（Ruth Benedict）在《菊与刀》中指出："父亲作为一家的男性之长，用餐时他首先举箸，沐浴时也是他首先入浴，全家人向他毕恭毕敬地行礼，他则只需点头受礼。"[①] 明治以后，随着西方文化的输入，日本除了天皇制之外，旧的秩序、权威都崩溃瓦解，开始进入"父职缺失"的状态，恐怕在这种时代状况的影响下，父亲这一称呼在令人感到亲切的同时，还给人一种陈腐的印象。但直至第二次世界大战，父亲仍是受尊崇的。战后，这种尊崇迅速消失殆尽，其原因之一大概是战败使旧的道德观受到了沉重的打击，以往作为国民精神支柱的忠孝道德被全面否定了。[②] 战后经过民主化改

---

① ［美］鲁思·本尼迪克特：《菊与刀》，吕万和等译，商务印书馆1990年版，第37页。
② ［日］土居健郎：《日本人的心理结构》，阎小妹译，商务印书馆2007年版，第116－117页。

革和经济高速增长后,劳动方式的改变和家庭关系的变化,使日本自古以来在家父长制下形成的父亲权威逐渐丧失。在小家庭主义主导下,伴随着"男主外,女主内"角色分工模式的确立,"父职缺失"成为日本家庭养育环境的典型特征。

战后经济高速增长以及终身雇佣制企业雇佣体系的确立,强化了日本家庭结构中的"男主外,女主内"的角色分工模式。战后,伴随着现代家庭制度的确立,特别是经济高速增长带来的产业化和城市化进程的加快,农业劳动者减少,城市人口和工薪家庭不断增加。在快速产业化形成的企业社会中,为保证职员的稳定性,日本企业形成了终身雇佣、年功序列等企业用人制度。这就意味着只要成为企业正式员工,就能够期待定期升迁和工作到退休,也就能保证有稳定的收入。这就为"男主外,女主内"角色分工的形成提供了经济上的保证。"男主外,女主内"的角色分工模式逐渐成为社会主流,并一直持续至今,成为日本家庭结构的显著特征。这种角色分工的典型特征是,丈夫在外工作,挣钱养家;妻子则操持家务,照顾孩子。由此产生的问题是父亲脱离了家庭生活,父亲角色主要停留在家庭生活来源的支撑者,缺乏承担养育子女的责任意识。

在日本家庭中,"父职缺失"问题严重,很多青少年是在父亲角色缺失的环境中成长起来的。家庭角色分工将父亲的本职定位于挣钱养家,工作是他们的生活重心,加班、聚餐等公司事务成为父亲晚归的正当理由,没有人会加以指责。在日本,父亲绝大多数视工作比家庭重要,工作第一是他们的行事准则。被称为"工作狂"的父亲,一心埋头于工作,而无暇照顾家庭,孩子的教育问题完全由母亲负责。在调查战后日本社会比较关注的"学校恐惧症"(School phobia)时,人们发现家庭生活中父亲对孩子的影响很小或父亲几乎在外不归。[1] 而且,日本企业存在的长期加班等问题,使父亲陪伴孩子的时间非常有限。孩子的成长过程中,很少看见父亲的身

---

[1] [日]土居健郎:《日本人的心理结构》,阎小妹译,商务印书馆2007年版,第116页。

影。父亲在家庭中的存在感逐渐淡化。

绝大多数父亲认为自己在外工作挣钱养家，是自己的本职也是对家庭的最大贡献。因此，也心安理得地将养育子女和操持家务等家庭内的事情完全撒手不管，由妻子全权负责。许多父亲把工资交给妻子，把家庭的管辖权以及教育孩子的责任一并交给了妻子。因父亲居家时间少，父子（女）间的交流越来越少。1988年9～10月，日本"全国高中'伦理·现代社会'研究会"对全国的高中生进行了意识调查，旨在从家庭、学校、生活方法、社会四个视角，对成长于经济高速增长期的现代高中生的"意识与生活"，进行多角度的分析。这次调查涉及日本全国61个高中的5,892名学生。整体上看，高中生与父亲的交流少，其中44.3%的人认为交流少的理由是没有要交谈的话题，22.6%的人认为是父亲太忙，没有交谈的机会。① 在孩子的心目中，父亲的存在感淡化，仿佛是可有可无的存在。

除"男主外，女主内"的角色分工外，日本企业的"单身赴任"也加剧了"父职缺失"危机。单身赴任是日本企业文化的一部分，也是日本特有的工作方式。所谓单身赴任，就是指公司职员被调派到比较远的工作场所时，家人不与其同行的一种社会现象。在日本，单身赴任现象非常普遍（参见图4-1）。日本劳动省1987年对160家上市企业开展的调查结果显示，单身赴任者多达175,000人，涉及金融、保险、不动产、运输、通信等各个领域，每4名工作调动者中就有1人是单身赴任。② 单身赴任带来了各种各样的问题，不仅妻子得不到丈夫的帮助，而且因单身赴任带来的父子（女）分离现象十分普遍，父亲在孩子心中的存在感愈发淡化。

单身赴任现象成为日本特有的一道风景，人们已习以为常。就单身赴任的理由来说，绝大多数是因为子女的教育问题或妻子的工作因素，此外还有自有住宅的管理及老年父母的看护等家庭原因，不得已选择"单身赴

---

① 成瀬功：『現代の高校生像』，『青少年問題』1990年第37卷1号，第23頁。
② 島田裕巳：『個室：引きこもりの時代』，東京：日本評論社1997年版，第182頁。

任"。即便是专职主妇的妻子也不愿意随同丈夫一起赴任，其结果就是大量的母子（女）家庭的诞生。而且，选择"单身赴任"的多是处于40～59岁的工薪阶层（参见图4－2）。

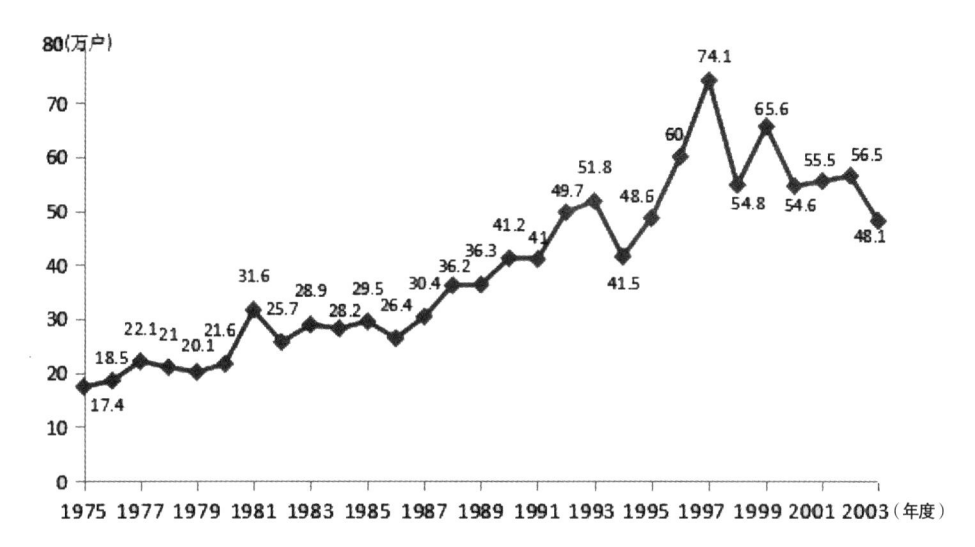

图4－1 单身赴任家庭数的变化①

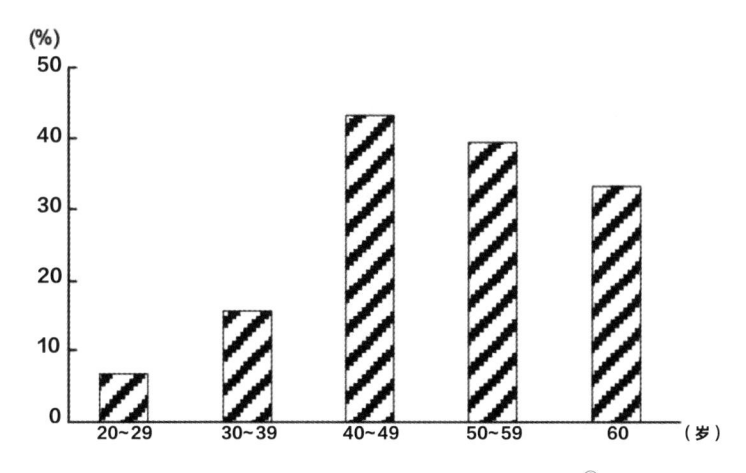

图4－2 工作调动中选择单身赴任的比例②

---

① 諏訪真美：『今日の日本社会と「ひきこもり」現象』，『医療福祉研究』2006年2号，第24页。
② 同上。

他们的子女多处于青春期阶段。这一阶段的孩子正处于叛逆期，很容易出现心理问题。父亲角色的缺失无疑会影响到子女的教育和成长，不利于其正确价值观的形成和健全人格的培养。有些青少年就是因父亲单身赴任而逐渐走上蛰居之路。

综上所述，"男主外，女主内"的角色分工本身就减少了父亲在孩子教育中所承担的责任，日本企业的长期加班、单身赴任问题，进一步弱化了父亲的家庭角色。青少年成长过程中，父亲发挥的作用之重要程度是毋庸置疑的。然而，在"男主外，女主内"的角色分工下，父亲在家庭关系中的存在逐渐被边缘化，特别是单身赴任的父亲，对于孩子的教育更是心有余而力不足。很多日本青少年是在父亲角色缺失的家庭中成长起来的，这也是很多青少年性格懦弱，抗挫折能力低的重要因素之一。因此，家庭成长环境中父亲角色的缺失是青少年蛰居的重要诱因之一。

二 母子（女）为中心的养育方式

自古以来，日本的家庭关系就是以亲子为基础的。继承"家业"的意识非常强。无论是土地，还是财产都要代代相传。因此，与夫妇关系相比，亲子关系更加受重视。战后改革废除了传统的家族制度，父子本位的家庭关系被中止，夫妻关系成为现代家庭关系的基础。特别是核心家庭居主导地位后，传统的纵式家庭关系消失，代之的是以夫妇结合为中心的横向家庭关系。但是，随着企业社会的出现以及"男主外，女主内"角色分工模式的形成，以核心家庭为主体的现代家庭中，对夫妻角色的期待分别是：丈夫赚取生活费，妻子辅导孩子学习、管教孩子、照顾父母、管理家庭开支等。与父亲的工作优先相比，妻子则把家庭放在第一位，以家务和养育孩子为主。家庭生活中"父职缺失"的同时，母亲的角色完全被置于相夫教子的地位，孩子成为母亲生活的重心，母子（女）为中心成为家庭养育环境的重要特征。

很多日本家庭，以孩子出生为分界线，家庭关系从以夫妻为中心向以母子（女）为中心转变。夫妻之间的称呼也随着孩子的降生而改为"孩子爸、孩子妈"。亲子关系被限定在母子（女）关系的范围内。孩子出生后，母亲将爱和关心都倾注于孩子身上，父亲则从亲子关系中撤离。《菊与刀》的作者本尼迪克特认为日本社会存在"母性社会"的特征，但缺乏父亲角色的介入。比如在日本，母亲是孩子的主要教育者，孩子成长的大部分时间都和母亲在一起，和母亲关系亲密。[①]父亲的角色甚至成为家庭开支的提款机，而日常的家庭生活中，绝大多数时间都是母子（女）唱主角。因日常生活和学习都由母亲照顾，母子（女）关系更为亲密。尚会鹏指出："母亲同孩子（尤其是男孩子）有更多的接触是日本式育儿方式的一个特点。在这种模式下，育儿被认为完全是母亲的事，因而妇女被认为承担着更大的育儿责任。甚至今天日本人仍认为管教孩子完全是母亲的事。"[②]日本的男孩大多是在母亲拥有较大发言权的家庭里度过幼年时期的。在和孩子的朝夕相处中，母子（女）关系十分牢固，形成了紧密的相互依存关系。这种家庭存在的一个显著问题是，作为专职主妇的母亲包揽了所有的家务，将孩子的日常生活照顾得无微不至，忽视了对孩子生活自理能力的培养。甚至孩子成年后，母亲依然对其呵护备至。这种母子（女）为中心的育儿方式是造成母子（女）分离不安问题的重要原因之一。很多母亲不想让孩子离开家是一种本能的愿望，而孩子也养成了依赖母亲的习惯。然而在母亲的过度保护和过度干涉的养育环境中成长起来的孩子，容易变得内向、脆弱、缺乏主见和自立意识。当其步入复杂的社会后，不知如何面对挫折，也缺乏应对挫折的能力。

蛰居孩子的母亲一般有两种类型，一是过度保护型母亲；二是教育妈妈型母亲。前一种母亲尽力满足孩子的各种需求，孩子容易形成以自我为中心的性格，很少主动与他人交朋友。稍不如意，如在学校遇到不顺心的

---

① 李涛：《罪与耻：日本的岛国属性》，中国友谊出版公司2007年版，第267页。
② 尚会鹏：《中国人与日本人》，北京大学出版社1998年版，第55页。

事情时，就会不登校，闭居在家中。后一种属于过分关注孩子学习的母亲。这类母亲往往对孩子的期望过高，干涉和限制过多。这种环境中成长起来的孩子，往往缺乏主见，压抑自己的欲求，为满足父母或周围人的期待而拼命努力。在过度压抑自我的成长过程中，性格很容易出现问题，变得敏感、追求完美，自尊心过强，不允许自己失败。这样的孩子在父母、邻居及老师眼中是成绩优秀的"好孩子"，但是他们的内心非常脆弱，抗挫折能力低，一旦遇到挫折，就很容易一蹶不振，走上不登校，甚至蛰居的道路。

三 父母角色失衡与蛰居的家庭养育环境

蛰居青少年自立能力和社会适应能力不足与"父职缺失"的家庭育子环境有着不可分割的联系。"男主外，女主内"的性别角色分工所形成的父母角色失衡的家庭育子环境，给青少年成长带来了诸多不良影响，成为青少年蛰居问题出现的家庭因素之一。在日本家庭中，父母角色失衡是普遍存在的现象。父亲角色的缺失对孩子性格的培养不利，容易出现胆小、不自信等性格问题，而母子（女）为中心的育儿方式引发的娇纵、溺爱及过度保护等问题助长了孩子的依赖心理，严重影响青少年自立。

随着核心家庭的增多和地域共同体的解体，养育孩子的责任和角色都集中到母亲身上。对于生活重心全在孩子身上的家庭主妇来说，孩子的一举一动都会牵涉到母亲的神经，母亲对孩子的养育态度更多地体现在过度期待、过度干涉和过度保护与溺爱（参见表4-3）。持小家庭主义观念的母亲在孩子的教育问题上往往会出现对自我能力的过于自信。母亲在对孩子进行无微不至的照顾中，很容易将自身的想法强加给孩子，把自己的理想全部寄托在孩子身上，对孩子进行过度干涉，甚至过度保护和溺爱。[①] 在自我主义支配下，母亲将孩子置于自己的保护伞下，不仅限制了孩子与朋友的玩

---

① 千石保：『いつ〈日本人〉になるか：日米母子調査にみる育児と文化』，東京：小学館1984年版，第24頁。

耍，不利于人际关系的培养，而且使孩子的依赖心理增强，独立意识减弱。父母保护孩子是无可厚非的，然而对孩子的保护必须要把握一个度。对孩子的娇生惯养、过度保护及过度干涉，不利于孩子健康性格的培养，妨碍其自主性和独立性的形成。蛰居者中长男居多，与父母对第一个孩子的过度保护有很大关系。在竞争激烈的社会环境下，父母的溺爱和过度保护更容易让青少年缺乏自立意识，失去适应社会和抗挫折的能力。

表 4—3　母亲的养育态度[①]

	过度保护溺爱（%）	过度期待（%）	过度干涉（%）	严格（%）	拒绝盲从（%）	娇纵逃避（%）	放任（%）
男	17.6	36.5	23.0	2.7	0	4.1	1.4
女	7.5	25.0	35.0	10.0	2.5	12.5	2.5

下述案例中的 A 是在母亲的过度干涉下成长起来的，人际交往能力明显不足。因不善与人交往，曾受到校园欺凌，也影响到与同事的相处，最终走上了蛰居之路。

案例 A：A，39 岁。A 从小生活在母亲的过度干涉中，没有任何自由时间。他小学五年级（11 岁）时父母离婚了。他从小不擅长人际交往，无法把握与他人交往的度，总是疲于应对人际关系，上小学和初中时曾先后两次遭受校园欺凌。A 认为这是家庭环境造成的。他从小没有得到过母亲的表扬，也没有和母亲好好交流过。A 成绩不差，复读一年后考上了大学。但是大学生活并不快乐，曾因必修科目不及格而留级。毕业后就业也不顺利。最后到亲戚开的公司工作了五年，28 岁时因工作压力大而辞职。此后，开始了近两年的蛰居生活。30 岁时到印刷公司工作，人际交往再次遇到问题，被人认为是"累赘""麻烦

[①] 稲村博：『家庭内暴力：日本型親子関係の病理』，東京：新曜社 1980 年版，第 57 頁。

的家伙，非常麻烦的存在"，两年多后被解雇。这次经历给 A 带来了沉重的打击，在母亲"滚出去！"的责骂中，他再次蛰居了。①

这种过度保护和过度干涉的育儿方式不利于孩子自立性格和人际交往能力的培养。孩子从小对父母言听计从，宛如母亲的"宠物"一样，失去了自我和独立意识，形成了性格柔弱、体贴、不反抗父母的"好孩子"形象。但是，这种"好孩子"很容易成为校园欺凌的对象。即便是成年后，一旦遇到人际关系等方面的问题，也很容易打退堂鼓，难以自立。这些不擅长人际交往、性格柔弱的青少年很容易受到伤害，缺乏参与社会的勇气，严重者就会走上依靠父母的寄生生活。2014 年，一位蛰居者的父亲——春乃良文，根据其儿子从受到校园欺凌，到不登校，最后走上蛰居之路的长达 18 年的真实经历，撰写了《不登校、蛰居的原点和解决方法》一书，指出蛰居的根源在于"不恰当的养育方法"。②春乃良文的儿子在母亲的过度干涉和过度保护下，最终走上了蛰居之路。

下述案例中的 B 和 C，都属于典型的在母亲的过度保护下成长起来的孩子。因对母亲的过度依赖走上了不登校之路。

案例 B：B，17 岁，男，高中二年级。他的母亲属于对孩子过度保护、过度期待的类型。B 是家中长子，小时候体弱多病。为此，母亲十分担心，经常带其去医院。在家里也是片刻不离左右地照顾他，稍微打下喷嚏，母亲就会立刻给其添加衣服。B 稍微有点不舒服就会引发母亲的紧张情绪。B 被小心翼翼地养育着，十分依赖母亲，自己不能决定任何事情。上幼儿园后也总是适应不了集体生活。不愿意

---

① 森本邦子：『脱ひきこもり：幼児期に種を蒔かないために』，東京：角川 SS コミュニケーションズ 2009 年版，第 116－118 頁。

② 春乃良文：『不登校、ひきこもりの原点と直し方：「自分中心」から子を思う「相手中心」へ』，東京：文芸社 2014 年版，第 10 頁。

去幼儿园，即使去了也是不停哭泣，让老师们很为难。上小学后 B 更加依赖母亲，上下学需要母亲接送。因此常被同学笑话，B 变得更加不自信。过了一年左右，B 总算是适应了学校生活。但是，预习、复习、结交朋友、读书、玩耍的场所等所有的事情都是在母亲的安排下进行的。B 遵照母亲的意愿，上了私立中学。入学后，母亲为其准备好一切。如果不与母亲商量，B 什么事情都不会做，即使做了也基本上以失败告终。周围人嘲笑他是被"过度保护"的孩子。B 也曾反抗过母亲，但是依赖母亲的生活丝毫没有改变。升入高中后，B 的学习成绩开始退步，社团活动也不顺利。经受不住打击的 B 开始不登校。①

案例 C：C，18 岁，女，高中三年级。C 在母亲的过度保护下，母女关系非常亲密。父亲工作忙，不怎么在家，对她的关心少。C 很可爱，性格和长相都与母亲很像。与姐姐的强势性格不同，她特别听母亲的话，处处得到母亲的溺爱，母女间的关系越来越亲密。这样的溺爱关系一直持续到初中。在母亲的过度保护下，C 的成绩也很好，并顺利地升入高中。但是，高中有相当严格的纪律要求，学业压力增大。C 不适应这种紧张的生活，经常以身体不舒服为由，不去上学，并逐渐陷入长期不登校状态。②

可见，母亲对孩子的过度干涉使孩子从小缺乏主见和独立意识，抗挫折能力也弱。而且，在竞争激烈的社会环境下，母亲的过度保护更容易让青少年失去适应社会的能力，甚至出现不能离开母亲的孩子。因母子（女）关系密切带来的"分离不安"问题成为很多孩子不登校的重要原因之一。

蛰居者闭居在家，不与外界进行交流。其产生的原因显然与家庭养育环境有着不可分割的联系。蛰居者的家庭有着相似的特征，绝大多数是

---

① 稲村博：『家庭内暴力：日本型親子関係の病理』，東京：新曜社 1980 年版，第 58–59 頁。
② 同上书，第 59–60 頁。

"公司职员的父亲和专职主妇的母亲"的组合方式。这是日本经济高速增长时期形成的典型的核心家庭形态。"这种核心家庭容易产生'父爱缺失，母爱过剩'的问题。"[①]蛰居者的父亲多是沉默寡言、热心于工作的工薪层，与孩子接触的时间少，更谈不上对孩子的管教，在家庭中的存在感低。专注于工作的父亲在教育孩子中发挥的作用降低。相反，母亲则多为强势性格、神经质，对孩子过度干涉、过度保护的倾向比较强。在过度保护家庭中成长起来的孩子，人际关系缺失，社会经验不足，因无法适应集体生活而受到孤立。总之，亲子关系问题是蛰居问题出现的重要背景之一。在日本独特的"父职缺失"的家庭养育环境中，在这种父亲热心于工作而忽视对孩子的管教，母亲热心于教育而对孩子过度干涉的"父亲角色缺失，母亲过度干涉"的家庭环境中成长起来的青少年，很容易出现性格柔弱、孤僻、自卑、任性、社交恐惧等心理障碍。这种家庭关系，不利于青少年健全人格的培养和孩子自立意识的形成，弱化了家庭的社会化功能，成为青少年蛰居问题出现的家庭根源之一。

第三节 "教育妈妈"与偏重智育的家庭教育

一 过高期望与"教育妈妈"的作用

战后婴儿潮过后，出生率下降，家庭人口数量随之减少。1970年代中期以来，生活的富裕、核心家庭化及少子化的家庭环境使父母对孩子的过度保护和过高期望问题凸显。孩子小的时候，父母对孩子过度保护，非常小心地养育，给予充裕的物质生活。这种过度保护的、溺爱的学龄前生活，与上学后父母对孩子的过高期望形成了鲜明的对比。在整个社会强调学历主义的氛围下，学历成为评价人的唯一标准。父母对孩子的期望值不断提

[①] 中垣内正和：『はじめてのひきこもり外来：回復のための10ステップ』，東京：ハート出版2008年版，第43頁。

升，希望孩子拥有高学历的愿望日益强烈。学习和成绩成为父母关注的重点，为了不让孩子落后于同龄人，为了让孩子取得好成绩，父母想尽一切办法，时刻关注孩子的学习生活，加重了孩子的课业负担。生活越富裕，父母对孩子的期望值越高，对学历的追求欲望越强烈。

这种学历主义风潮使考试竞争出现了低龄化和白热化的现象。特别是在一些大城市，好的幼儿园，有名的私立小学、中学成为人们争相竞争的对象。伴随着社会竞争的激烈，在高期望值下，父母对孩子的学习过于焦虑。无论是关心报考志愿的填写，还是考场外的焦急等待，都表明父母对孩子的学习成绩给予了过度关注，也为此倾注了大量的精力和财力。父母从孩子一出生就为其规划未来，为孩子的将来储蓄教育资金。为了回应父母的高期待，孩子也拼命地学习。当孩子的发展与父母的期望一致时，会得到父母的褒扬。但是，一旦不能达到父母的期望值，孩子就很容易产生自卑心理，认为自己一无是处，逐渐丧失自信心，严重者会走上不登校之路。因不登校、中途退学、无业或退职等原因蛰居的青少年，无论是求学期，还是就业期，都是不能实现父母的期待产生挫败感后开始蛰居生活。如案例中的 D 从小生活在母亲的过度期待和过度干涉中，不登校后依然得不到母亲的理解，最终爆发了针对母亲的家庭暴力。

> 案例 D：D，男，18 岁，高中三年级。D 的母亲是易焦躁的性格。从他很小的时候开始，母亲就采取典型的过度期待和过度干涉的养育态度。他很反感母亲的养育方法，但并没有反抗强势的母亲。一直到初中，D 的成绩都非常好。不过，升入高中后，D 开始不适应学校生活，成绩随之下滑，最终不登校。面对 D 的不登校，其母的不安和焦躁达到顶点，对他日夜不停地责骂和干涉。D 在忍无可忍的情况下，爆发了针对其母亲的家庭暴力。[1]

---

[1] 稲村博：『家庭内暴力：日本型親子関係の病理』，東京：新曜社 1980 年版，第 57—58 頁。

经济高速增长背景下形成的学历主义也是"教育妈妈"出现的社会背景。经济高速增长使得以往以农业、自营业等为主的"家业时代"向工薪生活的"职业时代"迈进。伴随而来的是"男主外，女主内"家庭角色分工的形成，专职主妇增多，教育孩子的责任完全落到了母亲肩上，学校的公开课和 PTA（家长教师协会）活动也基本上由母亲出席。在家庭教育和育儿方面，母亲的作用要远远大于父亲。如何培养教育孩子也基本上由母亲说了算，父亲则主要承担养家糊口的责任。特别是随着少子化、社会富裕性和服务便利性的增强，以及电气化时代的到来，电冰箱、电饭锅、洗衣机、电动吸尘器等家用电器迅速普及，家务负担减轻。母亲将主要精力放在孩子的学习上面，培养孩子成为母亲毕生的事业。在一切以孩子为中心的家庭生活中，孩子的学业无疑是家庭大事。承担着家庭教育角色的"教育妈妈"在教育孩子上过于执着，带给孩子巨大的学习压力和精神负担。因此，"教育妈妈"的诞生使家庭教育的偏智育倾向进一步增强。

　　这种过度重视智育的家庭教育，引发了很多青少年问题。而且，"教育妈妈"角色的定位，使孩子一旦出现什么问题，社会上普遍认为是母亲的失职。对于孩子出现蛰居问题，丈夫把责任都推给了妻子，责怪妻子的教育方法不正确。很多蛰居青少年自身会产生受害者意识，很容易将自己目前的处境归咎于母亲，认为是母亲导致自己出现蛰居问题。很多情况下，母亲也认为孩子蛰居都是自己的错，认为自己"对孩子的爱不够""教育方法有问题"等导致孩子走上蛰居之路。富田富士也曾收到北海道的一位蛰居者母亲的来信，这位母亲自称"所有都是我的错误造成的"。[①] 本来非常密切的母子（女）关系，因孩子蛰居，不与家人交流，变得异常紧张，甚至比父子（女）和兄弟姐妹间的关系还要紧张。

---

① 富田富士也：『引きこもりから旅立ち』，東京：ハート出版 1992 年版，第 223 頁。

二 学历社会与偏重智育的家庭教育

日本是传统上的教育大国。明治维新以后,近代化的发展不仅体现在政治和经济等领域,教育也得到了大力的发展。战后,日本重视教育的传统依然没有改变,且成为日本经济高速增长的重要原因之一。日本经济高速增长期间,传统家庭手工业逐渐衰落,代之而起的是产业社会的形成。上好学校,进大公司,努力成为工薪阶层,成为绝大多数人的理想选择。学历成为评价人的唯一标准,学历社会成为战后日本社会结构的显著特征之一。所谓"学历社会",矢仓久泰先生所著《学历社会》一书中的定义为:"在一般情况下,指某一个人的学历高或低的时候,都是要以他最终毕业的那所学校的程度而定的。而根据这个'学历'决定一个人一生当中在社会上所处的地位的社会,就是所谓的'学历社会'。"[1] 学历社会中,学校教育蓬勃发展的同时,家庭教育也受到重视,特别是受到城市中产阶级家庭的重视。田晓虹指出,高度产业化时期的"后发"及"赶超"型经济发展模式,缔造了非同寻常的"学历主义"社会,它与"以孩子为中心"的家庭价值目标相结合,表现为家庭对教育的空前热忱。[2]

在学历社会的背景下,偏重智育是战后日本家庭教育的典型特征。日本步入现代化社会后,以核心家庭为主的工薪家庭成为主要的家庭形态,且父母都是高学历的中流家庭增多。中流以上的家庭尤其重视对子女的教育。父母给孩子提供了优越的学习和生活环境,同时也给孩子施加较重的学习压力。孩子的主要任务就是学习,获取学历。父母一代对高学历的追求,也强加到孩子身上。在父母的高学历主义价值观的影响下,孩子从小便形成了"优秀的学习成绩,然后上好学校,进大公司,努力成为工薪阶层"的价值观。在偏重智育的日本家庭教育中,亲子间谈话内容主要是学习成绩、学习方法等与学习相关的话题。1983 年,神奈川县海老名市开展

---

[1] 谢昌逵:《学历社会中的日本青少年》,《青年研究》1987 年第 8 期。
[2] 田晓虹:《日本现代化进程中的家庭关系嬗变》,《日本学刊》2004 年第 1 期。

了一项针对家中有初中生的 1,000 名母亲的调查，对"最在意孩子的哪一方面"的回答中，排在第一位的是成绩和升学，高达 57.7%，其次是性格和生活状态（16.2%），最后是朋友（10.3%）。① 这种偏智育的家庭教育，忽视了对孩子健全人格及人际交往能力的培养。

学历社会中考试竞争异常激烈。为了提高孩子的学习成绩，父母给孩子报各种补习班，补习班成为孩子们课余的主要去处。然而，无休止的补习班占据了学生的大部分课外时间，使得很多学生不堪重负，形成了巨大的心理压力。因学业负担重而蛰居的事例屡见不鲜。如案例中的 E 在上小学三年级时，想踢足球的他却被父母强迫上补习班。以此为契机，E 走上了蛰居之路。

> 案例 E：在 E 小学三年级时，父母强迫他上补习班，E 想踢足球，不愿意上补习班。以此为契机，E 开始不登校，走上了长达近 20 年的蛰居之路。E 完全不和父母交流，相互间用写信的方式进行联系。吃饭也不在一起，母亲把饭送到门外，E 待母亲离开后再端进屋里吃。洗澡也是趁母亲外出时洗。其父亲为了让 E 生活得更自在一些，在 E 上 5 年级时独自回到老家生活。即便只剩下母子两人，E 依然保持以前的生活状态，不和母亲见面。后来，父亲到海外工作，母亲也一起去了海外，剩下 E 一人生活。虽然母亲在出国前曾拜托精神科医生照顾他，但是 E 一次也没有和医生联系。E 被父母带到医院就诊时，已经蛰居了近 20 年。②

案例中的 E 虽然经诊断有暂时性的精神分裂症，属于精神障碍性蛰居。但是引发蛰居的导火索却是父母逼迫其上补习班，学习压力大而不登校，

---

① 神崎恭郎：『家族崩壊：急増する離婚と少年非行』，東京：教育社 1986 年版，第 61 頁。
② 町沢静夫：『ひきこもる若者たち：「ひきこもり」の実態と処方箋』，東京：大和書房 2003 年版，第 30 - 32 頁。

最终开始蛰居生活。从这个案例来看，E 的父母违背其意愿，强迫其上补习班成为 E 走上蛰居之路的直接诱因。

此外，为了让青少年能够顺利成长为社会人，让孩子参与家务劳动是培养其自立能力的有效途径之一。然而，在偏重智育的日本家庭教育中，往往忽略了对孩子家务劳动能力的培养，青少年参与家务劳动的比例非常低。1976 年，日美两国对 13～18 岁青少年及其父母的调查结果显示，在家庭事务分担方面，日美两国青少年的回答为：帮助做家务，日本为 49%（美国为 93%）；照顾弟弟妹妹或帮助辅导功课，日本为 12%（美国为 45%）；简单的木匠活和修理机器用具，日本为 9%（美国为 33%）；帮忙家业，日本为 11%（美国为 15%）；代替父母参加街坊邻里的聚会，日本为 4%（美国为 15%）。同样调查内容中，对父母的提问也得到了大概相同的结果。[1] 可见，与美国青少年相比，日本青少年的家庭事务参与度很低。母亲认为，有做家务的时间，不如去学习。这种一味强调学习成绩的偏智育型家庭教育，不利于孩子自立能力的培养。为了实现父母追求名校的期望，很多孩子不得不强迫自己努力学习。背负着过重压力的青少年，很容易出现各种各样的问题，有的因学习压力大而自身能力不足，对学习完全失去兴趣，最终走上了不登校之路；有的则无法回应父母的期待，不愿意上学，蛰居在家，甚至会对父母施暴。

三 偏重智育与蛰居的家庭教育因素

家庭的重要功能之一就是教育孩子，完成儿童的早期社会化。家庭教育是指在家庭这个特定场所里，父母或其他监护人，为将孩子培养成为社会人而进行的教育活动的总称。即家庭教育本身是通过父母和子女的相互接触，为实现孩子身心健康成长而进行的个人教育。[2] 家庭教育既是教育的

---

[1] 田代則春：『日本の若者の特質』，『青少年問題』1979 年第 26 卷 1 号，第 14 頁。
[2] 青少年問題研究会編：『青少年問題用語小辞典』，京都：同朋舎出版 1979 年版，第 34 頁。

起点和基础，也是青少年社会化的重要组成部分，在孩子的成长过程中发挥着至关重要的作用。父母对孩子的过高期望，带给孩子巨大的学习压力和精神负担。

战后日本经济高速增长以来，伴随着生活富裕和学历社会的形成，日本家庭、学校、社会都崇尚智育优先的原则，从而忽视对孩子人际关系和人际交往能力的培养。学历主义和偏智育的家庭教育促进了日本经济的发展，而激烈的考试竞争和父母对孩子的过高期望带给孩子巨大的学习压力和精神负担。这种学业偏重型的家庭教育成为青少年走上蛰居之路的家庭诱因之一。在学历主义氛围和激烈竞争的环境下，青少年承载着过重的学业压力。早在1956年，学历社会、考试地狱、偏差值教育等问题已经初露端倪。升学考试前，因学习压力过大引发的青少年自杀事件不断发生。而且，学历社会使得青少年从小开始残酷的能力竞争，孩子放学后要去补习班学习，失去了与同龄人的玩耍时间。学历主义不仅剥夺了孩子与同龄人课后玩耍的时间，以及培养人际交往能力的机会，而且，一旦出现不登校或高中中途退学，自己就会产生挫败感，自我评价降低，甚至出现交流障碍。在激烈的考试竞争中，不能顺利升学的人很容易一蹶不振，走上蛰居生活。当蛰居一两年后，就会产生被同龄人抛弃的感觉，逐渐地出现自我否定意识。与同龄人相比，蛰居者一无所有，本该毕业、就职、恋爱、结婚的年龄，却浑浑噩噩地度过，那种焦虑和不安加重了蛰居者的精神压力。

青少年蛰居与其父母的家庭教育理念有着密切的联系。父母作为社会中坚力量的工薪阶层，他们的信念就是让孩子拥有高学历，并坚信拥有高学历将来才能过上富裕的生活。只有进入一流大学，才能进入一流企业，从而娶到优秀的配偶，建立幸福的家庭。为了得到这些，就要从小开始努力，努力进入有名的幼儿园、小学和中学，为此要请家庭教师或上有名的补习班。而且单纯学习课业知识还不够，还要学习音乐、绘画、书法等特长。"教育妈妈"每天给孩子排满日程。而作为"企业战士"的父亲则为孩子的教育提供足够的教育经费。孩子每天放学后，就要到补习班学习，很晚才能回到家里，然后吃过母亲准备的夜宵，就要继续做学校作业，这种高强度的学习任务让孩子不堪重负。父母对孩子教育的过度热心，对孩子的过高期望，很容易给孩子造成心理负担。一旦成绩下滑或厌学，父母就会激励或斥责孩子要更加努力地学习，提高成绩。当这种压力释放时，最终就会爆发家庭暴力，或者成为蛰居者。一向乖巧懂事的孩子突然间成为闭居在房间内不求上进的人，让很多望子成龙、望女成凤的父母感到无所适从。

被称为蛰居一代的"团块少年"尤为引人关注。目前的蛰居者多属于25～40岁年龄段的人，基本上是泡沫经济崩溃后，经历了15年经济低迷的一代。即蛰居的主体是"团块少年"及其后辈们。1993年前后大学或高中毕业的"团块少年"是人口众多、竞争激烈的一代。他们的父母大部分是战后婴儿潮一代，即高速经济增长时期成长起来的"团块世代"。"团块世代"的成长与经济高速增长重合，他们作为"团块少年"的父母同样经历过激烈的竞争，并通过获取高学历获得稳定工作。"团块世代"是经济主义、公司主义、学历主义、小家庭主义等支撑战后经济成长的价值观的中坚力量，而且相信努力就会有回报。他们在生活水平中流、年功序列、终身雇佣、对公司的忠诚、适龄结婚等的经济社会中过着富裕安稳的生活。以"团块世代"为主体的中产阶级最能代表时代特征，拥有学历、获取相应的职位，有可观的收入。但是，中产阶级的职业不是世袭的，如果子女没有学历或不能就职于公司，就不能维持与父母相同的生活水平。[①] 很多情况下，父母都有意或者无意地将自己的价值观强加到子女身上。他们对孩子赋予了过高的期望值，希望子女的生活水准能够超过自己。很多父母为了让孩子能进好的学校，找到稳定的职业，给孩子施加各种压力。从小对

---

① 中垣内正和：『はじめてのひきこもり外来：回復のための10ステップ』，東京：ハート出版2008年版，第26頁。

子女的要求非常严格，要求孩子不能掉队。在父母心中，拼命努力、勤勉、认真的孩子才是好孩子，只知道玩的孩子不是好孩子。这种通过努力取得好成绩的学业偏重型家庭教育，不利于青少年健康人格的培养，也严重影响青少年社会性的培养。

虽然蛰居者生活的时代与父母一辈人相差了近30年的时间，但价值观却有着一定的相似性，都视公司主义和学历主义为自我实现的基准。但是，父母一代通过努力学习能够进入更高的社会阶层，而"团块少年"的成功之路因泡沫经济崩溃受阻。日本的经济进入了不景气时代，他们毕业时遇到了"就职冰河期"。堵塞了相当一部分年轻人出人头地之路，自尊心极强的他们在挫折面前，选择了逃避。与父母"只要努力，总会有办法"的理念相反，蛰居者认为"即使努力，无论如何也办不到"。① 父母生活在"一亿总中流"时代，年轻人则生活在经济差距不断扩大的"格差社会"。生活时代的差异，以及由此出现的价值观差异是必然的。然而，价值观的转变往往滞后于社会的发展，很多年轻人走上蛰居之路的原因就在于其价值观与时代发展脱节。即自身追求的生活目标在当下生活的社会现实中难以实现。由此就出现了因无法达到预期目标而蛰居的问题。因不登校或就业失败而蛰居的案例中，蛰居者绝大多数是在父母的价值观影响下，中途受挫后，走上蛰居之路的。

此外，在"团块世代"父母偏重智育的家庭教育下，忽略了对青少年人际关系的培养。因苦于人际关系不登校或不就业的年轻人增多。而且，"团块少年"成为1990年代泡沫经济崩溃引发的就业难的牺牲品。因人际关系问题和就业受挫而蛰居的年轻人不断增多。这也是1990年代以来，日本青少年蛰居社会问题化的重要原因之一。

---

① 中垣内正和：『はじめてのひきこもり外来：回復のための10ステップ』，東京：ハート出版2008年版，第31頁。

第四节 "成年后同居主义"与富裕的家庭生活

一 "成年后同居主义"与蛰居的长期化

青少年蛰居问题与儒家文化中的亲子同居文化有一定的关联。日本家庭中，即便是孩子已经成年，和父母同居的比例也很高，这是儒家文化所推崇的孝道。西藤玉树指出："儒家文化允许成年人和他们的父母住在一起，并且鼓励他们这么做，以尽孝道。结果造成了一部分人对父母的依赖。"[①] 这种儒家孝道观下的亲子同居文化严重影响青少年的自立，使得他们有一种依赖心理和不管怎样都能生存的寄生性。在欧美国家，孩子成年后独立生活是理所当然的事情，父母不再负担孩子的生活费用。读大学的费用也要通过打工或者奖学金获取，住在家里也要向父母交纳生活费。与欧美国家孩子成年即独立不同，日本年轻人离家独立的年龄不断推迟。一方面与受教育时间的延长有关。2018 年，日本新修改的民法规定年满 18 岁为成年人。但是，现在的孩子，高中毕业后绝大多数都升入大学，18 岁基本上都是学生，经济上还不能独立。另一方面与父母的过度保护有关。日本父母对已成年但还未结婚的孩子，甚至已经结婚的孩子，无论在经济上，还是日常生活上，仍然一如既往地给予关照。

在日本人的观念中，父母从经济上帮助没有固定收入的成年子女是理所应当的事情。如内阁府开展的以 20 岁以上男女为调查对象的"国民生活选好度调查（2005）"中，针对"你认为从经济上帮助孩子到什么时候为止"的提问中，回答"到成年"的比例，从 1992 年的 42.8% 大幅减少至 2005 年的 29.2%；回答"到大学毕业或有固定工作"的比例，从 1992 年的 49.6% 增长至 2005 年的 60.6%。[②] 由此可见，有半数以上的人认可父母对

---

① 《日本数百万年轻人遁世 官方正探究遁世现象之谜》，《参考消息》2003 年 9 月 16 日社会文教版。
② 浅田（梶原）彩子：『ひきこもりの家族の実態と対処支援の研究』，博士学位論文，奈良女子大学，2010 年，第 155 頁。

已经成年但无固定收入的子女进行经济上的支援。在父母心中，"为了孩子什么都可以做""为了孩子什么都可以忍耐"。即便孩子已经成年，依然可以享受父母的疼爱和照顾，与父母同居也是应该的。特别是泡沫经济崩溃后，很多20多岁的失业或未婚年轻人选择与父母同居，甚至有些已到"而立""不惑"之年的青年人也赖在父母身边，过着衣来伸手、饭来张口的生活，不负担任何生活费用。

在日本历史上的大家庭时代，亲子同居是最自然不过的事情。战后传统的大家庭逐渐解体，核心家庭成为主流。在西方社会，核心家庭中子女成年后要与父母分居独立生活。然而，日本的核心家庭并非以成年子女分居为原则。父母仍存在着期待与子女同居的"大家族愿望"。调查显示，日本的成年子女与父母同居的比例非常高，从全国的平均值来看，20~39岁的未婚子女中，有三分之二（68%）的人与父母同居。[①] 20~29岁的未婚者和父母同居的比例达到了64%，与未婚子女同居的50~59岁年龄段的人高达97%，和父母同居的20~29岁年轻人中，90%都有自己的独立房间，日常生活开销完全依赖父母。[②] 特别是被称为失去一代的"团块少年"与父母的同居率更高。"团块少年"在泡沫经济崩溃后遭遇了"就业冰河期"，在终身雇佣制解体的背景下，整个社会的雇佣状况不断恶化，新毕业的年轻人就业难，失业率不断上升。企业为了保护中老年就业者的利益，对年轻人采取了非正式雇佣政策，"飞特族"、打工者、派遣劳动者的比例激增。对于年轻人来说，在外独立生活十分艰难，没有稳定收入的他们只能与父母同居。对此，父母也给予了极大的宽容，让孩子留在身边，照顾其生活起居。

核心家庭的父母赞成与成年子女同居的"成年后同居主义"，是大家族主义思想的残余，也是战后日本核心家庭存在的局限性。伴随着与成年子

[①] 諏訪真美：『今日の日本社会と「ひきこもり」現象』，『医療福祉研究』2006年2号，第27頁。

[②] 浅田（梶原）彩子：『ひきこもりの家族の実態と対処支援の研究』，博士学位論文，奈良女子大学，2010年，第152頁。

女同居家庭的增多，孩子自身也养成了依赖父母的习惯。即便是已经就业，也不离开家，期待着父母给予更多的关照。不结婚，一直在父母身边生活的"啃老族"现象增多了。山田昌宏将这些即便有收入，生活费等也依赖父母而且与父母同居的年轻未婚者称为"单身寄生族"。孩子依赖父母，同时父母也允许孩子成年后不离家，且在生活起居和经济上给孩子必要的支持。上述情况使这种无论是经济上还是精神上都不自立的年轻人增多了。

现代日本家庭中存在的"成年后同居主义"影响了青少年的自立。中垣内正和指出："这种不让孩子离开家的'成年后同居主义'，导致了蛰居问题的出现及其长期化。"[1] 相关调查显示，90%左右的蛰居者与父母同居。[2] 被称为蛰居一代的"团块少年"，他们的父母基本上都是支撑战后日本经济高速增长的"团块世代"。一方面他们自身经历过贫困生活，对于没有艰苦生活经验的子女比较宽容。另一方面这一代人赶上了经济高速增长，即便是到了退休年龄，依然有丰厚的退休金和储蓄。正是因为有父母的照顾，基本生活能够得到保障，导致蛰居者没有回归社会的迫切感，很容易陷入长期蛰居的境地。

年轻人自立问题本是发达国家共同存在的问题。但是，欧美各国，年轻人的自立问题多以流浪、滥用药物、犯罪等方式表现出来。在日本，正是因为与欧美存在着不同的亲子同居文化，在父母的保护下，不能自立的年轻人没有成为显性的流浪者或犯罪分子，而是通过"单身寄生族""飞特族""蛰居者"等潜在于家庭内的问题出现。[3] 这种父母对孩子的宠爱和放任，使得日本年轻人的自立意识不断减弱，迟迟不愿意独立。特别是随着就业

---

[1] 中垣内正和：『はじめてのひきこもり外来：回復のための 10 ステップ』，東京：ハート出版 2008 年版，第 34 頁。

[2] 境泉洋、川原一紗、NPO 法人全国引きこもり KHJ 親の会（家族会連合会）：『「引きこもり」の実態に関する調査報告書⑤—NPO 法人全国引きこもり KHJ 親の会における実態—』，徳島大学総合科学部境研究室，2008 年。

[3] 境泉洋：『ひきこもり概念の形成史』，載齊藤万比古編著：『ひきこもりに出会ったら—こころの医療と支援—』，東京：中外医学社 2012 年版，第 14 – 15 頁。

环境的恶化，失业率的攀升，从事自由职业的年轻人增多。在父母的经济援助下，一些"飞特族"很可能发展为"啃老族"，进而走上蛰居之路。

二 富裕的家庭生活成为蛰居的温床

蛰居的出现与社会生活水平提高，即使不工作不与他人交往也能够生存的家庭生活条件有着一定的联系。在传统的大家庭时代，一家人为了生计而拼命努力劳动，生活的贫困使得蛰居没有存在的环境。而战后日本经济高速发展，富裕的日本家庭为蛰居青少年提供了基本的物质条件和空间环境。早在青少年蛰居现象萌芽之初的1970年代末，日本已经完成了经济高速增长，步入富裕社会。伴随着生活水平的提升，青少年的生活条件发生了翻天覆地的变化。衣食无忧的生活，亲子关系的物质化、金钱化倾向的增强及"独立房间"的居住环境为青少年创造了能够长久蛰居的条件，使家庭沦为青少年蛰居的温床。

日本社会富裕后，亲子关系的物质化、金钱化倾向逐渐增强。正如日本社会学家山田昌弘指出的，欧美国家对子女的爱体现在从小培养其独立意识，为其自立创造条件，如与孩子平等地交流、谈心、做游戏等。而日本父母对孩子的爱多表现在物质和金钱的给予，为孩子包办一切。1994年总务厅青少年对策本部以0～15岁孩子的父母为对象，开展了"关于孩子和家庭的国际比较调查"。结果显示，美国亲子一起玩耍（室外为60%，家里为66%）及共同做家务（57%）的比例比较高。与此相比，日本亲子一起玩耍的比例（室外为29%，家里为22%）仅占四分之一左右，共同做家务的比例更低，仅有16%。从平均值来看，美国的亲子关系更注重相互间的交流，而日本的亲子交流非常淡薄，亲子关系更多地体现在物质和金钱的供给。[①]然而，精神层面的交流比物质的影响更为深远，富裕的生活，物质化、金钱化的亲子关系，容易让孩子产生满足于现状、不思进取的颓废心态。在衣

---

① 山田昌弘：『考えてみたいこと「ひきこもりが日本に多い理由……」』,『旅立ち』19号，2004年3月7日。

食无忧的生活环境下，他们不愿意再努力学习，像父母一样认真工作。"不管怎样，也能生活"成为很多年轻人得过且过的消极生活状态。衣食无忧的生活，不仅不利于孩子独立意识的形成和抗挫折能力的培养，而且为青少年蛰居提供了物质条件。因为富裕的生活能够充分满足青少年的物质需求。当他们在学习、工作以及人际交往方面遇到挫折的时候，往往容易以逃避的心态来应对，蛰居在家，无条件地享受着父母的庇护和家庭的温暖。

富裕的家庭生活不仅为孩子提供了衣食无忧的物质生活，而且为孩子创造了"独立房间"的居住环境。日本社会富裕后，家庭生活水平的提高使得为孩子设立独立房间的居住环境成为现实。战后初期连基本的住房都难以保障的情况下，儿童房间还无从谈起。经济高速增长期，经济条件的好转，住房条件的改善，再加上战后婴儿潮一代进入了激烈的考试竞争期。这些因素促成了儿童房间的诞生和普及。父母为了给孩子创造良好的学习环境，尽一切努力为孩子设立独立房间。日本进入了"独立房间"时代。

到了1980年代，孩子拥有独立房间的比例激增。1985年，NHK舆论调查部开展了名为"日本的年轻人"的调查[①]，在有关自己专有物品的调查中，车、电话、电脑等20个选项中，比例最高的是"住所或独立房间"（包括公寓和寄宿），高达51%，即半数以上的年轻人拥有独立房间。其中初中生的独立房间拥有率接近40%，高中生拥有率为55%，大学三四年级学生拥有率超过了80%。[②]而且，儿童房设立的时间越来越早。小学低年级就有独立房间的占27.9%，上小学之前就有儿童房的占24.4%，小学高年级独立房间拥有率为16.1%，也就是说一半以上的孩子在小学高年级之前就已经有了独立房间。[③]1986年厚生省儿童家庭局的"儿童环境调查"结果显示，小学生（高年级）和中学生中，83.5%的孩子拥有自己的房间（包

[①] 1985年10月，在日本全国300个地方对13～29岁的3,600人进行了调查。
[②] NHK取材班、岩间芳树：『ザ・ディ7（若者はどう変わる）』，東京：日本放送出版協会1986年版，第51－52頁。
[③] 島田裕巳：『個室：引きこもりの時代』，東京：日本評論社1997年版，第133頁。

括兄弟姐妹共同使用的情况，其中自己专用的房间为 45.8%）。① 在现代社会中，伴随着核心家庭化及家庭规模的缩小，给孩子设立独立房间，已成常识。

生活在 1990 年代的青少年一代，他们的父母从小就享有自己的房间，自然而然地也给自己的孩子创造私人空间。对于此时的青少年来说，拥有独立的房间，享受舒适的生活，已经是必不可少的条件之一，他们被称为"单间一代"。NHK 舆论调查部 1992 年开展的"第三次初中生、高中生的生活和意识"的调查结果显示，与 1987 年相比，拥有自己专用的住所、房间（包括公寓和寄宿）的比例，初中生从 42% 增至 47%，高中生从 57% 增至 60%。② 此后，孩子拥有独立房间的比例不断增长，独立房间成为时代发展的趋势。1994 年，日本青少年研究所开展的高中生生活方式调查结果显示：日本高中生中有自己独立房间的高达 72.9%；拥有专用电视的为 36.1%；专用电话和内线的比例也达到了 20.8%。③ 孩子可以很惬意地在自己房间内看录像、玩游戏，享受私人空间。

日本是一个处处注重保护私人空间的国家。在日本人的意识中，"独立房间"是日常生活中不可或缺的。而且，随着社会的发展，隐私和人权的保护也得到了进一步的加强，家庭生活中，孩子的隐私权也得到父母的尊重。为孩子提供"个室"也是理所应当的。对于日本青少年来说，与他人同住一室，是非常痛苦的事情。日本大学学生宿舍是单人宿舍。日本大学生在外面租房，也基本上是一个人住。不像中国大学生绝大部分住在多人合住的学生宿舍中，即便是到外面租房，多数也采取合租的方式。据说日本年轻人不愿意参加自卫队，原因之一便是必须多人住在一起。这对于从小习惯了"单间"生活的日本青少年来说，是难以习惯的事情。因大家要住一起，一些学生很害怕参加修学旅行。

---

① 総務庁青少年対策本部編：『青少年白書（平成元年版）』，東京：大蔵省印刷局 1990 年版，第 38 頁。
② 島田裕巳：『個室：引きこもりの時代』，東京：日本評論社 1997 年版，第 133 頁。
③ 千石保：『マサツ回避の世代：若者のホンネと主張』，東京：PHP 研究所 1994 年版，第 109 頁。

然而，日本的"单间"文化，为蛰居生活提供了空间条件。过于独立和私人的生活空间，容易导致亲子之间的沟通受阻，家庭交流减少。上野千鹤子指出："小学高年级以上有个人房间的孩子，具有待在自己房间比在起居室和饭厅时间长的倾向。"[①] 课余时间完全闭居在房间内，不仅与家人交流少，而且与他人在外面玩耍的时间也缩短了。很容易形成孤僻的性格，或者沉迷游戏、电脑，得不到父母的监督，对于缺乏自制力的孩子来讲，很容易荒废学业，从而失去自信。从某种意义上来说，独立房间也是蛰居文化的一部分。因为这个私人空间的存在，使得蛰居等行为能够持续。蛰居、"御宅族"以及 1989 年的宫崎勤事件，存在的一个共同点，即发生的场所都是自己的房间。可以说，单间的生活环境带来安心感和舒适感的同时，也为青少年提供了蛰居的空间环境。在人际关系淡薄、竞争激烈的社会环境下，以不登校、中途退学为契机，一些青少年长时间闭居在自己房间内，看电视、玩游戏、上网，久而久之很容易走上蛰居之路。

---

① [日] 上野千鹤子：《近代家庭的形成和终结》，吴咏梅译，商务印书馆 2004 年版，第 173 页。

第五章　校园问题频发与蛰居的学校因素

　　学校是学习知识和结交友情的重要场所，在青少年社会化过程中发挥着举足轻重的作用。战后日本教育改革，确立了民主化的现代教育体制。然而，为了迎合经济发展目标，日本各个领域都以服务于经济发展为宗旨。学校教育也被纳入培养适合经济发展人才的轨道。战后日本学校教育中存在的管理主义、学历主义、考试竞争及单一的偏差值评价标准等教育病理，不仅压抑了青少年的个性，而且单一的智育目标带给青少年巨大的心理压力，一些学生因此产生学习焦虑、考试焦虑、厌学情绪以及"学校恐惧症"。蛰居的产生与日本学校教育病理及由此引发的校园问题有着密切的联系。管理主义、学历主义等教育病理弱化了学缘关系，不利于青少年人际关系的培养。校园欺凌、不登校等校园问题成为青少年走上蛰居之路的重要诱因之一。本章着重从管理主义体制、学历主义、考试竞争、偏差值教育以及由此引发的校园欺凌、不登校等校园问题的视角，来分析蛰居的学校因素。

第一节　学校教育病理与学缘关系的弱化

一　战后教育改革与管理主义体制的确立

　　日本是崇尚教育为本的教育大国。第二次世界大战后，日本之所以能从萧条颓废的战败国很快发展成为世界经济强国，学校教育发挥着至关重要的作用。战后日本政府在占领当局的主导下，通过一系列立法，确立了民主的、平等的、和平的现代教育体制。《日本国宪法》规定了"学问自由""平等受教育权""普通义务教育"等教育基本原则。《教育基本法》（1947年3月31日公布实施）确立了教育目的、方针等几乎所有教育领域的基本原则。《学校教育法》（1947年3月31日公布实施）确立了单轨制的学校教育体系，并对各级各类学校作出了具体规定。上述一系列的改革立法，确立了"六三三四"学制，延长了义务教育的年限，构建了战后学校教育的基本框架。

通过战后教育改革，日本很快确立了民主化的现代教育体制。国民的受教育水平实现了飞跃式的发展。经济高速增长期间，升学率也在不断提高。1954年3月和1966年3月的全国初中平均升学率相比，男生从49.2%提升至69.9%，女生从44.2%提升至68.4%。[1]高中和大学的升学率也不断提高，1955年、1965年、1970年的高中升学率分别为51.5%、70.0%、82.1%；大学升学率分别为7.9%、12.8%、17.1%。[2]升学率的提高延长了青少年接受教育的时间，很多人求学远远超过了18岁成年[3]的年龄界限。有利于青少年知识积累的同时，也大大推迟了年轻人自立的年龄。

战后日本教育改革虽然废除了"皇国"教育，确立了"完善人格"和"尊重个人价值"的民主化教育理念，但是，现代日本教育制度依然崇尚秩序、服从和忍耐，管理主义教育并未完全销声匿迹。在经济优先政策下，战后日本学校教育的集团化、划一化和均质化倾向增强，形成了国家主导下的管理主义体制。在这样的教育环境下，培养了无数的"企业战士"。日本的工薪阶层对公司的忠诚、信任及任劳任怨的精神，堪称世界之最。然而，战后日本教育在为经济高速增长提供了优秀人力资源的同时，也存在着压抑学生个性的管理主义等诸多病理。战后初期，日本中小学教育方针的宗旨是为加速经济复兴服务。同其他社会基础部门一样，教育的主要

---

[1] 加瀬和俊：『集団就職時代（昭和三〇年代）の少年たち』，『青少年問題』2007年第54卷秋季号，第15页。

[2] 山本耕平：『ひきこもりつつ育つ』，京都：かもがわ出版2009年版，第35页。

[3] 2018年3月13日，日本政府内阁会议通过民法修正案，将法定成年年龄从20岁下调至18岁。

目标是快速获得发展。日本教科书全部经过文部省的审定,内容是标准化的。在日本统一的教育体系下,全国各地一个年龄段的孩子都在同一天,几乎用相同的方法来学习相同的内容。课程实现了全国范围内的标准化,以获得更高的效率,强调死记硬背,高分成为成功的唯一标准,课堂变成了竞争激烈的竞技场。①"划一""僵化""封闭"等教育体制的弊端,在一定程度上压抑了学生个性的发展,也是很多校园问题产生的根源。

日本社会富裕后,学校教育制度依然盛行整齐划一的管理主义教育,学生被各种校规束缚着。学校中,每一个学生都不是作为个体生活的,而是作为群体中的一员被统一指导。认为"丢三落四的孩子是无法自我管理的孩子""不与大家穿统一校服的孩子是不能遵守规则的孩子",这些不服从管理的孩子被老师视为"眼中钉"。②日本兵库县神户高冢高中发生的"石田惨案"③就是该校长期实行管理主义教育带来的悲剧。神户高冢高中在学生守则中,对学生的上学、放学及校内生活等详细设定了 30 多条规则。如"学生之间禁止借钱""须经任课老师允许才可脱上衣"等。为了使学生遵守"上午八点半前进校"的规定,学校实行了由教师轮流负责的"校门指导"制度。具体内容包括:检查学生的服装、发型、所携物品,以及在规定的时间关闭校门,以惩罚迟到者。对迟到者,不仅要没收其学生手册,还罚其在一定时间内绕操场跑两圈等。如果有人一个月内迟到三次以上,就罚他打扫一个半小时的校园。④实际上,管理主义教育并非仅限于神户高

---

① [美]约翰·内森:《无约束的日本》,周小进译,华东师范大学出版社 2005 年版,第 31 页。
② NHK「ひきこもりサポートキャンペーン」プロジェクト編:『hikikomori@NHK ひきこもり』,斎藤環監修,東京:日本放送出版協会 2004 年版,第 60 頁。
③ 1990 年 7 月 6 日早晨 8 点半,该校高一女生石田僚子急匆匆赶到学校门口的时候,几名教师按照学校为整顿学生迟到而作出的规定,正在动手关闭校门。为了不被马上快要关闭的校门关在校外,石田和另外一些学生拼命向校门里跑。在同一时刻,负责值勤的该校教师细井敏彦,在未确认安全与否的情况下就站在校门内侧用力关闭那扇高 1.5 米、长 6 米、重 230 公斤的滑轨式大铁门,于是一场悲剧发生了。石田被铁门一下子冲撞出 2 米多,头被夹在了铁门和水泥柱门框之间,当其他学生惊呼着把铁门推开时,石田摔倒在地,口耳流血,昏厥过去。由于颅骨骨折严重,经抢救无效,石田在两小时后死亡。参见高峡《管理主义教育下的悲剧——一起日本学生死亡事故引出的思考》,《外国教育动态》1991 年第 5 期。
④ 高峡:《管理主义教育下的悲剧——一起日本学生死亡事故引出的思考》,《外国教育动态》1991 年第 5 期。

冢高中，而是贯穿于日本整个教育体制的一项制度。

从孩子上幼儿园起，还处于牙牙学语阶段的他们，就被要求步调一致行动。在幼儿园不仅要有统一的行动，连吃什么也要统一，孩子往往被灌输了与众不同是不好的观念。上幼儿园时，老师要求所有的孩子都要带白米饭。问为什么，老师回答是因为如果带寿司和三明治来，其他的孩子就会想吃。孩子们想要不同的东西不好，必须与他人一样的观念，就被灌输到了对任何事物都处于懵懂状态的儿童脑子里，这还仅仅是教育的第一步。[1]幼儿园毕业后，进入义务教育阶段的孩子所受到的管理主义教育更为严格。

日本中学生的着装、生活等几乎所有领域都被包罗万象的校规规范着。就拿衣着来说，中学生从头到脚几乎都必须按校规办理。以男学生为例，除了不允许携带杂志、漫画、玩具、手表、现金、零食、梳子、刷子等物品外，还有诸种烦琐的规定，如同学朋友之间互称"某君"或"某某同学"；学生帽需要黑色嵌白线；穿学生服衣服纽扣要系上；头发在1.5厘米以内，不允许吹风、烫发，不得使用整发料、香水；衣袖不得卷起；皮带须为黑色，宽度为2.3厘米；胸前须佩戴用正楷书写的校名、姓名卡片；不能穿体育用裤；裤子为直筒型，身高为115～145厘米的学生裤脚管为21～22厘米，身高为155～165厘米的为21～23厘米；鞋子只能穿白色运动鞋，而且必须用正楷写上姓名；等等。[2]日本青少年研究所1988年开展的"高中中途退学的日美比较调查"显示，日本学校中严格进行服装检查的高中占41.0%，禁止学生出入咖啡厅的高中占32.9%。[3]此外，要求学生放假也要穿校服，禁止学生在放学路上吃东西，要求天生茶色头发的学生以及外国学生必须染成黑发等各种各样的奇怪校规不一而足。这些校规规范了校园秩序，却也成为学生发挥"个性"的枷锁。

---

[1] 李涛：《罪与耻：日本的岛国属性》，中国友谊出版公司2007年版，第176页。
[2] 朱永新、许庆豫：《当代日本中学生与教育》，苏州大学出版社1999年版，第102页。
[3] 総務庁青少年対策本部編：『青少年白書（平成元年版）』，東京：大蔵省印刷局1990年版，第82页。

不可否认的是管理主义是维护学校正常教学秩序的重要手段之一，有利于培养青少年的规范意识和集体观念。但许多强制性的制度、管理措施给学生的健康发展带来了潜在的危害。青少年本是思维活跃、行动力强的群体。然而，在整齐划一、僵硬、封闭等管理主义教育的约束下，青少年的自主性、个性及自立性受到压抑，妨碍到孩子人格的形成。实际上，每个人都有自己的想法和认知，也有自己的判断和行动能力。作为一个独立的个体都希望能够按照自己的意志去行动。特别是进入青春期的学生，叛逆性强，不希望被严格的学校管理主义制度所束缚。但是日本社会和学校教育体制没有给青少年提供宽松的成长环境，相反是严格的、集团性的、整齐划一的管理主义体制。这种管理主义教育剥夺了孩子的自我，压抑了青少年的个性。青少年的活力丧失，"无气力"现象增多，孩子们养成了随遇而安的惰性。他们只要按部就班地生活就可以了，没有冒险，没有活力，没有什么事情可以让其拼尽全力地努力，然后收获成功的喜悦。青少年失去了追寻理想的目标感，也没有了勇敢挑战的冒险精神。

1980年代，在考试竞争过热、校园欺凌、不登校等教育病理现象和校园问题日益凸显的背景下，日本管理主义学校教育饱受批评，出现了关于学校教育理念和基本方针的论争。一种观点主张延续传统的教育，即以基础知识的技能教育为理念的、全国性的划一式管理化教育。另一种观点主张站在孩子的视角开展教育，即发挥孩子的个性，激发想象力和创造性的宽松教育。1984年中曾根内阁设立的"临时教育审议会"认为，划一的教育和指导是日本教育问题产生的根源。为改变管理主义教育和偏重智育的现状，日本学校教育进行了大改革，导入了一周五日制，个性的、宽松的教育替代了管理的、划一的教育。但是，宽松教育并未达到减轻学生压力的效果。虽然授课时间缩短，但需要教授的内容却没有减少，这无疑给老师和学生都带来了极大的压力。为了在短时间内完成教学内容，学校只能压缩课外活动时间，比如取消修学旅行等一些活动。这样就减少了孩子们一起交流的机会。町沢静夫指出"虽说是宽松教育，却剥夺了孩子们快乐的活动时间，更会降低孩子们的人际交往能力"。[①] 结果导致"宽松教育"逐渐变成了"填鸭式教育"。而且，日本宽松教育的出台本是为了减轻学生的负担，但是因公立学校学力低下，很多家长努力将孩子送入私立学校。私立学校的竞争异常激烈，为进入私立学校，父母纷纷将孩子送去补习班，这无疑又加重了孩子的负担。到了1990年代，为应对日益严重的校园欺凌、校园暴力等校园问题，学校不得不加强对学生的控制和管理，管理主义教育再次被强化。

二 学历主义与考试竞争的加剧

日本学校教育中，学历主义是受到批评最多的问题，这也是导致青少年不登校，进而蛰居的不可避开的因素。日本是典型的学历社会，学历代表的是社会地位和个人品性，个人的社会地位由其学历的高低甚至毕业于哪所学校决定。一个人学历的高低，决定着这个人的就业、升迁，甚至结婚等人生各个重要时期的前途和命运。因此，日本人对学历有着特别强的执着性，对教育的关心也集中于对学历的追求。

战后以来，伴随着日本经济高速增长，偏重知识的应试教育成为学校教育的核心。日本经济高速增长期间，传统的家庭手工业从业者逐渐减少，代之而起的是工薪阶层不断增多。传统家庭手工业，学历不是必要的。但近代产业社会形成后，学历逐渐成为入职的硬性条件。生活富裕后，父母都想让自己的孩子接受更好的教育，拥有高学历。1960年代，日本高中升学率急剧提升。1955年，高中升学率已经超过了50%，1961年、1965年、1970年和1974年，分别突破了60%、70%、80%和90%的大关。[②] 也就是说经济高速增长以来，接受高中教育已然成为绝大多数人的选择。而且上大学和短期大学的比例也发生了较大的变化。战后至1960年，同龄人

---

① 町沢静夫：『ひきこもる若者たち：「ひきこもり」の実態と処方箋』，東京：大和書房2003年版，第123頁。

② 池木清、後藤光義、河上恭雄：『現代の青少年』，東京：総合労働研究所1978年版，第15頁。

中仅有 10% 的人能接受大学教育。此后，大学升学率稳步增长，1965 年已达到了 19.9%。除去战后婴儿潮一代因青少年人口增多，大学升学率降低的两年之外，其一直呈上升趋势。1969 年和 1973 年分别超过了 20% 和 30%。[①] 在整个社会强调学历主义的氛围下，学历成为教育界的唯一价值判断标准。对于青少年来说，上好的学校，进好的公司，努力成为工薪阶层，成为绝大多数人的唯一选择。到了 1980 年代，日本的学历主义色彩越发浓厚。1985 年，日本总理府广报室开展的"关于教育问题（学历）的舆论调查"显示，调查对象中重视学历或毕业院校的比例为 89.1%，而不重视的比例仅占 6.0%。[②] 由此可见，日本社会对学历的重视程度之高。

当今的日本社会，学历主义依然严重。究其原因，一是学历社会中成长起来的父母对孩子学历的期望值更高。二是学校教育的竞争性质，偏差值评定标准依然存在。在不能让孩子输在起跑线的观念下，为让孩子报考私立学校，很多父母不得不让子女加入应试教育的行列。三是重视学历的企业雇佣体系没有改变。学历和毕业院校是就业的敲门砖。而且，日常生活中，无论是工作、收入，还是社会地位，学历都是绕不开的标准。

学历社会中考试竞争异常激烈且低龄化。战后日本制定了《日本国宪法》，即"和平宪法"，放弃了交战权，走上了和平发展之路。但是孩子却被卷入了另一场"战争"，即"考试战争"。这一方面与战后日本的两次婴儿潮引发的激烈考试竞争有关，特别是第二次婴儿潮出生的孩子到了上学年龄时，日本进入了狂热的考试竞争时代。另一方面与经济高速增长后学历主义的盛行密切相关。日本社会富裕后，在中产阶层占主体的背景下，孩子的教育受到空前的重视，他们从小就被灌输以一流大学为目标的高学历价值观。以往的考试竞争多从高中二三年级开始，为考大学拼命学习。但是，现在的升学竞争从小学就已经白热化。特别是在大学间差距不断扩

[①] 池木清、後藤光義、河上恭雄：『現代の青少年』，東京：総合労働研究所 1978 年版，第 15 頁。
[②] 総務庁青少年対策本部編：『青少年白書（平成元年版）』，東京：大蔵省印刷局 1990 年版，第 74 頁。

大的背景下，为了考入名牌大学，实现进入大公司或成为公务员跻身社会上层的目的，很多孩子从小学阶段就开始了激烈的考试竞争。他们机械性地上学，升学，以获取高学历为目标。特别是在有名的私立中学里，竞争异常激烈。很多小学高年级学生为上私立初中而加班加点上补习班。这种激烈的考试竞争使得同学成为应试教育的竞争对手，知心朋友越来越少，严重影响到学生间友情的建立和学缘关系的培养。有的孩子因没有时间看电视，利用早餐时间让母亲简单复述昨晚电视剧剧情，以便到学校后能和同学谈论，给人一种一直在看电视的印象，让同学安心。①

在一味强调高学历的教育背景下，伴随着考试竞争的愈演愈烈，学力偏差值的评价标准受到空前重视，成为日本学校评价学生的唯一标尺。所有的高中、大学，都以偏差值来判定年轻人的智力。千石保指出，日本社会处在一个唯学力偏差值决定人生前途的现实体制中。这是一个错误的体制，它使青年人内心萌生了难以抹去的自卑感，这是多么地让人痛心。可以说，在这种自卑意识中受着折磨的二流大学或二流高中的学生，成了这个不合理体制的牺牲品。②对于青少年来说，偏差值是极其重要的标签。他们在很小的时候就被偏差值的价值标准所禁锢，为进入偏差值高的学校而努力学习。在偏差值体制下，"落后"一词成为 1980 年代的流行语。根据偏差值的高低，年轻人被分成了"人生赢家"和"失败者"。正如千石保所说，学力偏差值的痕迹深深地留在青年人的意识中。它竟然那么明显而过分地决定着一个人的等级，这不能不使人震惊。青年人因此把考试竞争看得非常严重。高中的升学率达到 94%，这是否就可以说青年人的受教育机会已扩大化和均衡化了呢？不能这么认为，而应该说，这里出现了青年一代的等级分化，它在青年人的心灵深处，播下了耻辱和败北的种子。③高中教育对所有的学生来说都应该是平等的。但事实上高中被等级化了。等级

---

① 石田幸平：『子ども空間の変化と非行問題』，『青少年問題』1987 年第 34 卷 11 号，第 17 頁。
② 千石保：『現代若者論：ポスト・モラトリアムへの摸索』，東京：弘文堂 1985 年版，第 174－175 頁。
③ 千石保：『現代若者論：ポスト・モラトリアムへの摸索』，東京：弘文堂 1985 年版，第 183 頁。

化首先表现在普通高中和职业高中之间，其次是毕业后不同去向的三类高中之间，学生们好比乘上了开往不同目的地的列车。普通高中和职业高中的学生，去向显然是不同的，前者是升学，后者是就业。即使是同样的普通高中，也有升学目的和就业目的之分。同是升学，根据高等教育机构的等级，也有专业学校、短期大学、四年制私立大学、四年制国立或公立大学等的明显区分。① 一个人在初中二年级的成绩基本上就决定了他毕业以后将能进哪一级的高中，从而他也就明白了自己的前程将会如何。

激烈的考试竞争和偏差值评价标准催生了补习班热。孩子们拼命学习，各种与正规学校教育完全不同的补习班不断增多，甚至成为第二学校。新闻媒体将这种情况称作"乱塾时代"。各种补习班成为青少年课余的主要去处。1977年3月，日本文部省公布的调查结果显示，上补习班的中小学生约有350万人，约占中小学生总数的20.2%，而城市中学生上补习班的比例高达49.4%。② 另据东京都儿童基本调查，上补习班的孩子由1977年的78.3%增长到1983年的84.0%（参见表5-1）。孩子们在家学习的时间在减少，去补习班学习的时间在增多，如1981～1983年，初中二年级学生每天去补习班的时间分别为21分钟、29分钟和40分钟。③ 即便是义务教育阶段，毕业班学生上补习班的比例也有增无减。文部省的调查结果显示：1976～1993年的17年间，小学六年级学生上补习班的比例从26.6%上升至41.7%；初中三年级学生上补习班的比例则从37.4%升至67.1%。④

形成于经济高速增长期间的考试竞争，已一代代延续至今。1990年代的日本，依然是"乱塾时代"。90%的孩子都上补习班或兴趣班。小学低年级上各种兴趣班的孩子居多，随着年级的增长，绝大多数孩子都会逐渐

---

① 千石保：『現代若者論：ポスト・モラトリアムへの摸索』，東京：弘文堂1985年版，第183-184頁。
② ［日］大田尧：《战后日本教育史》，王智新译，教育科学出版社1993年版，第288页。
③ 望月重信：『大都市のなかの「子どもの生活世界」：東京都子ども基本調査より』，『青少年問題』1985年第32巻3号，第14頁。
④ 内田由紀子：『ひきこもりと日本社会のこころ』，載河合俊雄、内田由紀子編：『「ひきこもり」考』，大阪：創元社2013年版，第47頁。

减少上兴趣班的时间,集中上补习班。①1992 年以来,虽然所有公立学校实施一周五日制。但是因私立学校选拔生源依然看偏差值,这样就使得补习班热度不减反增。日本青少年研究所对高中生的调查结果显示,同 1980 年相比,2002 年日本高中生利用补习班或补习学校的比例显著增加,从 34.7% 增至 60.0%。② 很多青少年被各种各样的补习班和兴趣班束缚住,没有娱乐玩耍时间,没有朋友和人际交往,烦恼也无处倾诉。

表 5—1 参加补习班的比例 ③

	1977 年（%）	1980 年（%）	1983 年（%）
全体	78.3	81.3	84.0
小学三年级	86.3	84.7	86.6
小学五年级	84.3	89.8	90.0
初中二年级	64.9	70.3	75.8

综上所述,战后日本经济高速增长后,学历主义的盛行、考试竞争的加剧以及单一的偏差值评价标准,使得学校原有的培养德智体美劳全面发展的目标,转变成了单一的智育目标。学校教育由一种价值观支配,很容易出现问题。孩子们在激烈的考试竞争和偏差值教育支配下,不断加速前行,疲惫不堪。这种典型的应试教育片面强调学生的考试技能,忽视了学生身心的全面发展。1998 年,联合国儿童权力委员会就劝告日本政府,要注意过度竞争的教育制度会给儿童的身心带来负面影响。当今日本青少年普遍存在自我评价过低的问题。2010 年 6～11 月,日本青少年研究所对日、美、中、韩四国的高中生进行的问卷调查结果显示,认为"自己是有价值的人"的比例,美国为 57.2%,中国为 42.2%,韩国为 20.2%,而日

---

① 武内清:『大都市の児童・生徒の生活と価値観』,『青少年問題』1991 年第 38 卷 3 号,第 35 页。
② ［中］胡霞编著:『国際比較からみた日本の高校生:80 年代からの変遷』,千石保監修,東京:日本児童教育振興財団 2014 年版,第 18 页。
③ 望月重信:『大都市のなかの「子どもの生活世界」:東京都子ども基本調査より』,『青少年問題』1985 年第 32 卷 3 号,第 15 页。

本仅为 7.5%，即便是加上"基本上认为是有价值的人"，日本的比例也只有 36.1%，与高达 70%～80% 的美中韩相比，日本高中生的自我评价之低是非常明显的。[①] 而且激烈的考试竞争和高淘汰率，必然有一部分学生因不能实现其理想而产生巨大的心理压力。学习成绩优秀者就是老师、家长心中的好孩子和成功者。那些在考试竞争中落后的学生就会表现出极度的自卑感，认为自己是对社会没用的人，甚至会走上不登校之路。

三 学缘关系弱化加剧了蛰居的人际关系危机

战后日本教育改革，确立了民主化的现代教育体制，学校教育取得了令人瞩目的成绩。然而，教育的发展在为社会经济发展创造条件的同时，长期以来形成的管理主义、学历主义、考试竞争及偏差值教育的弊端也随之显现。管理主义强调同质性和集团性，忽视了差异，使得张扬个性的学生受到排挤和欺凌。学历主义为日本经济的高速发展立下了汗马功劳，却也是引发青少年问题的因素之一。偏差值教育培养了社会精英，却忽略了人际关系的培养。很多偏差值高的人都不擅长人际交往，在人际关系方面成为"落后生"。一些以日本中学生为题材的电视剧中，受欢迎的主人公往往是那些沉默寡言，不与人交流且偏差值高的男孩，他们给人的印象就是成绩好，不与人交流，有一种高高在上的优越感。而且，学力偏差值的评定标准将学生分成了三六九等，同学之间难以建立平等的同窗友情，学缘关系随之弱化。学力偏差值竞争造成了人与人之间的疏远，使友情变成了"易碎品"。越是偏差值高的学校，人际关系就越是冷漠化、表面化。[②] 下述案例中的 A 在偏差值竞争中，心理出现了问题。即便是上了大学，偏差值竞争留下的阴影依然存在，最后不得不休学。

---

① ［中］胡霞编著：『国際比較からみた日本の高校生：80 年代からの変遷』，千石保監修，東京：日本児童教育振興財団 2014 年版，第 280 頁。

② 千石保：『現代若者論：ポスト・モラトリアムへの摸索』，東京：弘文堂 1985 年版，第 203 頁。

案例A：A，男，25岁，广岛县人。A进入青春期后，身体虽然没有蛰居，但"心理处于蛰居状态"已经10多年了。从上初中开始，在强调偏差值的氛围下，A很难与周围人建立深厚友情。而且，只有提高偏差值，在实力考试或模拟考中取得好成绩，他才能得到父母的认可。老师和同龄人也整天围着分数转。上高中后，因要备战大学入学考试，同学之间只谈学习，即便是吃饭时也是如此，这种气氛让A感到非常压抑。A与同学的关系逐渐疏远，不再和同学一起行动，吃饭时间自己在图书馆睡觉。在学习方面，同学之间不互相鼓励，也不互相帮助。A感觉没有能说知心话的人，只能像机器人一样执行父母和老师的命令。A虽然考上了大学的医学系，但并没有当医生的志愿，仅仅是因为父母和老师都希望其进入偏差值高的大学。大学生活不再有偏差值竞争，同时能证明自身存在价值的标准也没有了。A变得不想学习，只要拿到学分即可，考完试就完全忘记了所学的内容。A不与同龄人交往，独自一人打工或在体育馆锻炼身体。A非常孤独，感觉没有人能理解自己，自己的烦恼无处诉说。到大学四年级时，A休学了。①

学校教育环境对于青少年人际关系的培养发挥着重要的作用。学龄期接受学校教育，结交朋友是青少年社会化的起点。然而，日本的管理主义、学历主义及偏差值教育等学校教育病理不利于青少年人际关系的培养，弱化了青少年的学缘关系，成为蛰居问题产生的重要原因之一。学习好的孩子，即使能让父母感到自豪，但在同学们中间却得不到友情的满足。那些应考的学生，或是一心只为升学的高中生，他们没有亲密的朋友，因此产生一种强烈的不满足感。确实，学习好的孩子，他们有毅力和自信心，对

---

① NHK「ひきこもりサポートキャンペーン」プロジェクト編：『hikikomori@NHKひきこもり』，斎藤環監修，東京：日本放送出版協会2004年版，第25－26頁。

学校生活、对理想中的自我感到满足。而正是这一切，使他们同时感到精神上的疲劳和强烈的孤独感。[①] 很多青少年学习能力很强，但因人际交往能力不足，难以适应社会，从而走上蛰居之路。

此外，管理主义、学历主义和偏差值教育等学校教育病理也是不登校、校园欺凌等校园问题增多的重要原因之一。1970 年代，在升学竞争愈演愈烈的背景下，日本校园问题日益凸显。不登校人数呈滚雪球式增长，作为连锁反应的蛰居现象随之萌芽。1980 年代，不但不登校问题严重化，而且校园欺凌、校园暴力等校园问题频发，学校成为竞争和欺凌人的温床，青少年蛰居现象也随之增多。泡沫经济破灭后，日本社会矛盾加剧，以不登校为首的校园问题愈演愈烈。校园问题的频发使得部分学生失去了同窗友情，进一步弱化了学缘关系。在学校文化独占度非常高的日本，丧失学缘就意味着被孤立，没有了朋友，也很难在社会上立足。他们中的大部分对参与社会和发展人际关系存在抵触情绪。即使成年后，靠打工维持生活者不在少数，严重者则会走上"啃老"或蛰居之路，完全依靠父母生活，成为社会的落伍者。

第二节　校园欺凌与蛰居

一　校园欺凌的发生与发展

迄今为止，日本对校园欺凌的官方界定主要有三种。首先是日本文部科学省对校园欺凌的两次界定。以 2006 年为界，此前的定义为"单方面地对比自己弱的人，持续进行身体或心理上的攻击，让对方感到非常痛苦的行为"。此后的界定为"该学生受到与其有一定人际关系的人，从心理上或物理上的攻击，由此感到精神痛苦的行为"。两次界定都指出行为的发生地不分校园内外，并强调站在被欺凌学生的立场，来判断某种行为是否为欺

[①] 千石保：『現代若者論：ポスト・モラトリアムへの摸索』，東京：弘文堂 1985 年版，第 135－136 頁。

凌。① 其次是2013年6月，日本国会通过的《欺凌防止对策推进法》的定义："在校学生受到来自同一学校，且与其有一定人际关系的其他学生施加的心理的或物理的影响（包括利用互联网进行的欺凌行为），并因此感到身心痛苦的行为。"② 从上述概念的演变来看，校园欺凌的判定标准越来越宽泛，不仅取消了"强对弱""持续攻击"的限定，而且将网络欺凌纳入校园欺凌的范畴中。

日本的校园欺凌萌芽于1960年代，到了1980年代中期，已成为非常严重的社会问题之一。从日本校园欺凌的演变过程来看，整体上呈现出不断恶化的趋势。从图5－1来看，1985年、1996年、2006年和2015年前后出现过四次高峰。1985年，日本青少年研究所开展的日美初中生调查显示，日本初中生中，38.7%的人被朋友欺凌过，45.7%的人欺凌过朋友。这表明校园欺凌现象并不是少数现象，近半数的人被欺凌过或欺凌过别人。这些学生不是身体上或精神上有问题的孩子，而是普通的孩子。③ 1986年，东京都中野区一名年仅13岁的初中二年级学生鹿川裕史因受欺凌而自杀，成为轰动一时的"鹿川裕史事件"。以此为契机，隐蔽性强的校园欺凌问题受到重视。在学校、家庭和社会共同应对下，校园欺凌事件大幅度减少。1996年前后，伴随着青少年问题的愈演愈烈，校园欺凌事件数量激增。以文部省为首的日本政府出台了增加预算、向学校派遣个人生活指导员等应对措施，校园欺凌问题得到一定程度的缓解。21世纪初，校园欺凌问题整体比较平稳，基本维持在2万件左右。但2006年，因校园欺凌范畴及调查范围的扩大，欺凌件数猛增至124,898件。此后开始下降，2011年降至70,231件。不过，从2012年开始又出现了倍增之势，从2011年的7万多件增至2012年的198,109件。2015年再创历史新高，激增至225,132

---

① 森田洋司：『いじめとは何か：教室の問題、社会の問題』，东京：中央公論新社2010年版，第109頁。
② 『いじめ防止対策推進法（平成25年法律第71号）総則第2条定義』，2013年6月28日，http://www.mext.go.jp/a_menu/shotou/seitoshidou/1337278.htm，2017年12月5日。
③ 千石保：『現代若者論：ポスト・モラトリアムへの摸索』，东京：弘文堂1985年版，第150頁。

件。①2018 年高达 543,933 件，再创历史新高。②

而且，随着互联网在日本中小学生中普及率的逐年增高，网络匿名留言板、博客、个人网页、电子邮件等网络交流方式的普及，日本的校园欺凌已由校园延伸至互联网。日本中小学生遭受网络欺凌的现象不断增多。2004 年 6 月，日本长崎县佐世保市一名小学六年级女生用裁纸刀将同班女同学刺死。经警方调查，网络欺凌是血案发生的主因。该案件的发生引起日本社会的震惊，各大媒体纷纷对此案件进行报道，网络欺凌问题由此进入人们的视野。特别是 2006 年秋季，日本中小学网络欺凌事件接连不断地发生，很多受害学生不得不退学或转学。网络欺凌迅速成为日本各大电视台、报纸、网络等新闻媒体争相报道的话题，引起日本社会各界的广泛关注。

此外，京都大学学者在 2006 年 9 月对公立中学的 6,400 名学生进行调查时发现，56% 的男生和 63% 的女生在小学时就曾受到过欺凌。③2006 年 10 月的一项调查显示，16% 的日本学生做过欺凌别人的事，35% 的人被欺凌过，既欺凌过别人又被别人欺凌的占 38%，两者都没有的仅占 12%。④2006 年，朝日新闻社的舆论调查显示，有 62% 的人回答上学时存在欺凌现象，其中 20～30 岁年龄段的年轻人中，有近 85% 的人回答"存在欺凌现象"。对于眼下欺凌现象是否变得严重这一问题，79% 的人持肯定回答，远远超过 14% 持否定回答的比例。⑤从上述的各种调查数据来看，21 世纪初，校园欺凌问题已成为日本比较严重的社会问题之一。

"校园欺凌"主要表现为言词威胁、取笑、藏匿物品、躲避、无视、敲诈勒索、暴力等欺凌类型。其特征主要表现在以下几个方面。

---

① 『平成 28 年度文部科学白書：第 4 章初等中等教育の充実』，2017 年 1 月，http://www.mext.go.jp/b_menu/hakusho/html/hpab201701/1389013_011.pdf，2017 年 12 月 5 日。

② 『平成 30 年度児童生徒の問題行動力・不登校等生徒指導上の諸課題に関する調査結果について』，2019 年 10 月 17 日，https://www.mext.go.jp/content/1410392.pdf，2020 年 10 月 16 日。

③ 《社会应对校园欺凌"零容忍"》，《参考消息》2006 年 12 月 1 日。

④ 文雨来：《揭开日本校园内的残酷真相》，《中华网世界新闻报》2006 年 11 月 24 日。

⑤ 《受欺负学生连锁自杀震惊日本》，《参考消息》2006 年 11 月 15 日。

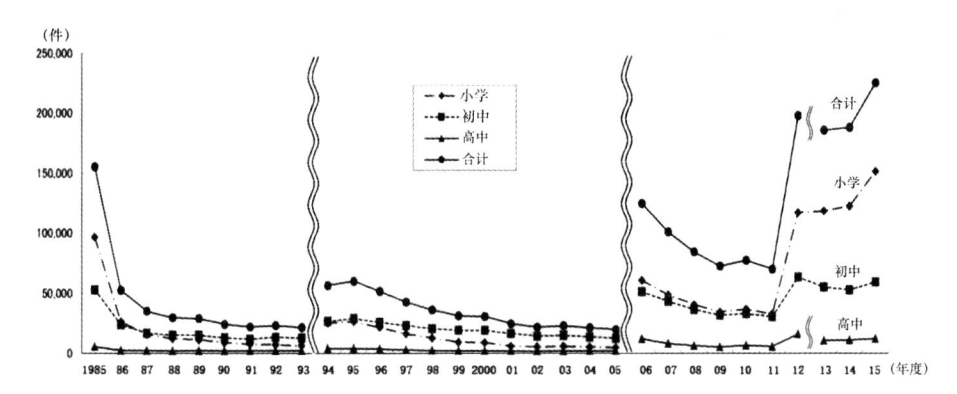

注1：截至1993年，以公立小学、初中和高中为调查对象。从1994年开始新增特殊教育各学校。从2006年开始，国立和私立学校、中等教育学校也包含在内。

注2：1994年和2006年，改变了调查方法。

注3：2005年之前是发生件数，2006年之后是认知件数。

注4：从2013年开始高中函授课程也成为调查对象。

图5—1 校园欺凌的认知（发生）件数的变化[①]

第一，与小学、高中、聋哑等残疾学校相比，初中发生欺凌事件的比例较高。例如2002年的欺凌事件中，小学的发生率为11.4%，高中的发生率为24.9%，聋哑等残疾学校为4.6%。而初中的欺凌事件发生率高达37.4%，达到14,562件，占一半以上。2002年，平均一所学校发生0.6起欺凌事件，而平均一所初中则发生1.4起欺凌事件。[②] 因此，初中的"校园欺凌"问题尤其严重。

第二，欺凌事件的多少、欺凌类型与年级的高低有关。小学阶段，欺凌事件的发生率随着年级的增长而增加。而初中阶段随着年级的增长欺凌事件逐渐减少。欺凌事件多以取笑、威胁、戏弄的方式进行。例如，2002年，

[①] 文部科学省初等中等教育局児童生徒課：『平成27年度「児童生徒の問題行動等生徒指導上の諸問題に関する調査」（確定値）について』，2017年2月28日，https://www.mext.go.jp/b_menu/houdou/29/02/__icsFiles/afieldfile/2017/02/28/1382696_001_1.pdf，2017年12月9日。

[②] 内閣府編集：『青少年白書（平成16年版）』，東京：国立印刷局2004年版，第49頁。

小学、初中、高中、聋哑等残疾学校发生的欺凌事件中，以取笑、威胁、戏弄方式进行的比例分别为 30.1%、32.8%、28.4%、31.4%。[①] 但是随着小学、初中、高中各阶段年级的增长，采用勒索、暴力方式的欺凌事件增多。

第三，校园欺凌包括显性欺凌和隐性欺凌。显性欺凌容易被发现，比如使用暴力；而孤立、轻视、取笑等隐性欺凌是精神上的虐待，更加残酷。

第四，欺凌现象存在地域和学校差别。比如，东京中央区的学校就没有偏远的足立区严重；私立学校比公立学校欺凌现象少。欺凌人的学生分为三类：曾经被欺凌者、发泄压力者和从众者。被欺凌的学生多出身于低收入家庭。另外，刚转学的学生容易被欺凌，这与日本的公司里新员工总是低人一等、被人指使的现象很相似。

第五，欺凌的集团性和对欺凌的漠视态度。海归学生或转学生都很容易成为欺凌的对象。且一旦受到欺凌，就会受到全班同学的排斥和孤立，没有人会伸出援手。日本人和日本孩子，面对欺凌，基本上是视而不见，避而远之。即便是好朋友受到欺凌，为了自保，也很少会有人出面制止。正如町沢静夫所说："不想制止校园欺凌是日本的特征，美国的数据显示，如发生欺凌，会有 80% 的朋友出面制止，但是日本只有 20% 的人会出手制止，不利于欺凌问题的解决。"[②] 有些人不但不会制止，反而还会加入欺凌者的行列中。这也是日本的校园欺凌无法根除的重要原因之一。

二 因校园欺凌而蛰居的案例

校园欺凌的后果十分严重。在日本，受欺凌的孩子无处可逃，而欺凌行为会逐步升级。今天的欺凌受害者有可能成为明天的欺凌加害者。日本校园欺凌使受欺凌的学生身心受到极大的伤害，变得自闭、厌学、孤僻，严重者走上了自杀或蛰居之路。1994 年，爱知县西尾市一名初中二年级学

[①] 内閣府編集：『青少年白書（平成 16 年版）』，東京：国立印刷局 2004 年版，第 49 頁。
[②] 町沢静夫：『ひきこもる若者たち：「ひきこもり」の実態と処方箋』，東京：大和書房 2003 年版，第 46 頁。

生大河内清辉因受欺凌而自杀。2006年8月至10月，日本爱媛、北海道、福冈和歧阜县相继发生了学生在学校因不堪受欺凌而自杀的事件。2006年11月，多名中小学生因被欺凌而自杀，震惊了日本社会。11月6日，日本文部科学省大臣伊吹文明收到一封"自杀匿名信"，引起了日本社会的恐慌。匿名者称，由于不堪忍受同学的欺凌，如果到8日遭受欺凌的状况还未改善，将于11日在学校自杀。虽然文部科学省采取了各种应对措施，但是12日，还是发生了两名中学生因校园欺凌自杀死亡的惨剧。此后的两天，又接连发生了两起因校园欺凌自杀身亡的事件。短短一个月内，就有多名学生因校园欺凌走上自杀之路，其严重性已不容忽视。

校园欺凌既是日本中小学生自杀的诱因之一，也是引发青少年蛰居的重要因素之一。虽然校园欺凌并非蛰居问题产生的直接原因，但是其相关性是毋庸置疑的。蛰居者中有不登校经历的人居多，而校园欺凌又是不登校的主要诱因之一。很多蛰居者在中小学阶段都曾有过受欺凌的经历。他们因受欺凌而不登校，进而一步步走上蛰居之路。蛰居者中，特别是从中学开始蛰居的人，大多与学业压力、同学关系等学校问题有着一定的关联性。其中，因校园欺凌走上蛰居之路的案例比比皆是。

案例B：B，18岁，男，关西人。B蛰居的契机是受到学校前辈的勒索。B是家中的第三个孩子，与父母的关系比较淡薄。因此，即使在学校受到欺凌也没有告诉父母，而是向祖母要钱。性格柔弱的他被前辈多次恐吓勒索后，因无法忍受而常常旷课。一提到"上学"两个字，他的身体就会出现不适感。从初中三年级开始，B长期休学在家，成为不登校者。不登校期间，B沉迷于弹珠游戏长达一年左右。16岁时，B开始迷恋摩托车，加入了不良团体。在不良团体中，B经常被随意使唤。暴力活动中也是他冲在最前面。为了摆脱不良团体，B开始闭居在家，过起了昼夜颠倒的蛰居生活。B不去理发店，一整天都待在房间里。和祖母以外的家人没有交流，总是锁着房门，不允许任何人进入。两年多来,母亲都不曾进入他的房间。①

案例C：C,女,23岁,曾经成绩优秀,父母都毕业于著名国立大学,其弟弟和妹妹也是非常优秀的孩子。初中二年级的暑假,C受到同学欺凌。从新学期开始不登校。为此,其母拜托她的班主任来家访,以劝导孩子去上学。但是她的班主任对于她的不登校行为非常气愤,不但拒绝了其母亲的请求,甚至加入欺凌C的队伍中。班主任告诉平时和C关系要好的几名女生,不让她们与C交往。当C知道了班主任的行为后,非常孤独和不安,对学校的憎恨之情与日俱增。不登校一年多后,C没有考入理想的高中,而是上了其他的高中。高二时,她再次不登校,闭居在家。②

案例D：小学国语音读课上,D有些口吃。此后,同学们经常半开玩笑地模仿其口吃的样子。D非常担心因口吃被嘲笑。升入初中后,开始有不登校迹象。高中时中途退学,最终走上了蛰居之路。③

上述案例中的B、C和D,受到校园欺凌后,因害怕而不登校,甚至走上了蛰居之路。

案例E：E小学在大阪度过,整个小学阶段都是非常快乐的。但是,六年级学期末,父亲因工作调动要到东京工作。虽不情愿,E也不得不随着家人一起转学到东京。对于父母来说,能够调回东京本部工作是一种荣耀,也就没有过多地顾及孩子的情绪。E因父亲转职而离开了朋友,因此心中充满了对父亲的怨恨。而且,更让E耿耿于怀的是父亲平时很少关心自己,除了成绩之外,对其他的事情一点也不关心,一点也不了解自己的想法和心情。转职的事情,也没有早一点告

---

① 富田富士也：『引きこもりから旅立ち』,東京：ハート出版1992年版,第25－27頁。
② 同上书,第92－103页。
③ 家庭問題情報センター編著：『若者たちの社会的ひきこもり：そのとき親や家族はどうすればよいか』,山田博監修,東京：日本加除出版2001年版,第86頁。

诉 E，而是突然间宣布的。这些都让 E 充满了对父亲不顾及自己想法的不满。东京的生活，对于没有朋友的 E 来说，是非常无聊的。升入初中后，依然没有交到朋友。即便是参加了网球社团，学习成绩也不错，但 E 丝毫感觉不到成就感，对什么都提不起兴趣。此时的父亲比在大阪时还要忙碌，每晚深夜才回到家里。初中二年级，E 开始被高年级的学生勒索钱财。两周后再次受到其他高年级学生勒索。此时的 E 开始变得沉默寡言。虽然其母感觉到了 E 的变化，但认为是成长过程中必经的阶段，没有给予过多的关注。在高年级同学无休止的勒索中，E 开始偷母亲的钱，对父母施加家庭内暴力，如向母亲身上投掷书本等。E 感到自己的生活变得一团糟，一个朋友也没有，父母也不理解自己，对未来的生活充满了焦虑。不久，E 就完全将自己与外界隔绝起来，不与父母说话，吃饭也尽量避开家人自己吃，绝大多数时间都待在自己房间内，班主任来家访也闭门不见，与父亲的关系进一步恶化。过着昼夜颠倒不与家人交流的生活。[①]

案例 E，蛰居的诱因是因父亲调动工作，E 离开了原来的朋友，无法融入新的学校。初中时，因遭遇校园欺凌开始对父母实施家庭内暴力。此后，没有朋友，得不到父母理解，看不到任何希望的 E，开始了与世隔绝的蛰居生活。

三 校园欺凌频发的原因分析

近年来，日本校园甚至幼儿园内的欺凌事件都在增加。中小学生因受欺凌而自杀的事件接二连三地发生。日本校园欺凌频发的原因主要体现在家庭、学校和社会三个方面。

---

① 富田富士也：『父のひと言が僕を変えた：引きこもりからの旅立ち 続』，東京：ハート出版 1993 年版，第 21－34 頁。

第一，家庭原因。家庭对于孩子来说是最重要的地方，孩子性格的培养、道德品质的形成都与家庭环境有着密切的关系。战后日本在向现代化发展的急剧转型中，核心家庭的增加、家庭内部交流的减少和家庭教育的偏颇对青少年道德、人格的形成产生了负面的影响。日本传统的家庭结构是三代同堂的大家庭，孩子多，家教严格。随着社会发展，核心家庭逐渐取代了大家庭，孩子变少，导致父母对孩子过分溺爱，家教松懈。孩子拥有独立的房间，大部分时间喜欢待在自己的房间里玩游戏、看电视、听音乐，与家人的交流减少，逐渐形成以自我为中心的性格。自己得不到别人的关心，因而也不懂得去关心他人。当这种孤独的、郁闷的情绪无处发泄的时候，很容易向比自己弱小的人发泄不满，欺凌他人。

现在的日本家庭，父母往往忙于工作，无暇顾及孩子，家庭内部交流逐渐减少，很多父母认为只要充分满足孩子的物质需求就尽到了做父母的责任，从而忽视了与孩子的心灵沟通。处在青春期的青少年往往存在着大量的心理问题需要解决，家庭本应是孩子最好的倾诉地，然而，由于家长与孩子之间的沟通受阻，致使很多孩子变得孤僻、焦躁、缺乏爱心，很容易成为校园欺凌的实施者或受害者。

同时，1990年代以来，日本的离婚率不断攀升、家庭暴力增多、家庭关系不融洽等频频凸显的家庭问题都给孩子的成长带来了消极影响。此外，在学历社会的背景下，偏重智育是战后日本家庭教育的典型特征，父母没有将孩子的人际交往、道德品质、性格培养及心理健康作为家庭教育的主要内容。日本的家庭教育越来越差，一些年轻父母对孩子漠不关心。当孩子因受欺凌不愿去学校时，家长往往不替孩子考虑，而是逼迫孩子去学校。因此，孩子大部分时间都是在学校度过的，一旦受到校园欺凌，连逃避的地方也没有，非常悲惨。

第二，学校原因。学校教育对学生的成长起着至关重要的作用。然而，日本学校教育体制中存在的激烈考试竞争、管理主义教育及僵硬的师生关系，使得校园欺凌成为学生释放压力的途径之一。日本是典型的学历社会，为进入名牌大学，学生从初等教育阶段就开始了激烈的考试竞争，孩子们拼命学习，整天围着成绩、考试、补习班转。这种过度竞争的应试教育，片面强调学生的考试技能，忽视了学生身心的全面发展。日本法政大学教育专家小木认为，日本的教育体制强调竞争和学习成绩，使得学生总是处于紧张状态，这或许是造成校园欺凌现象的部分原因。学习时间过长，课业负担过重，学生心理压力增大。当紧张和压力达到一定程度时，就以校园欺凌的形式反映出来了。千石保指出，欺凌人的孩子在实施欺凌行为后，他们感受到的是"痛快""有趣"。这里的"痛快"证实了孩子的心理曾受到了压抑和挫伤。这无疑是考试竞争所带来的心理压迫，而欺凌行为正是学力偏差值竞争白热化的产物。不管怎样欺凌别人，只要学力偏差值高，照样能升入一流高中和一流大学。相反，即使你能挺身而出，阻止了欺凌行为，也是得不到任何好评的。应该说，教育荒废的元凶就在这里。[①]而且学校教育过于强调考试、成绩，学生之间缺乏交流，难以结交可信赖的朋友，容易形成孤僻性格，成为受欺凌的对象。

除学历主义外，管理主义教育也是日本学校教育体制的一项"特色"。日本学校盛行管理主义教育，学生没有自我，个性被压制，而在富裕社会中成长起来的一代青少年却向往自由自在的生活，崇尚个性和自我表现。因此，管理主义教育在造就划一性、刻板性和封闭性的同时，也造成了不少中小学生的逆反心理，欺凌弱小同学就成为他们发泄不满、释放压力的方式之一。

教师对校园欺凌的认识不足，也是造成校园欺凌愈演愈烈的原因之一。很多教师虽然知道存在欺凌问题，但对实施欺凌行为的学生不进行任何教导，却试图掩盖欺凌的真相，这无疑助长了欺凌者的气焰。而且，老师的言行对学生的身心会产生很大的影响。老师采取不当的教育惩罚，如讽刺、挖苦、责骂学生，对学生进行心理惩罚、语言侮辱，泄露学生的隐私、取笑学

---

① 千石保：『現代若者論：ポスト・モラトリアムへの摸索』，東京：弘文堂1985年版，第153－154頁。

生的私人问题（家庭背景、父母职业、个人缺陷或日常行为习惯等），往往成为该生被欺凌的导火索。同时，日本的师生关系也很僵硬，缺少思想上的沟通。在日本的学校教育中，教师具有绝对权威，学生对于教师的指示只能无条件服从。有的教师缺乏师德和敬业精神，以及必要的教育学知识，对学生冷漠，缺乏感情；有的教师脾气急躁，方法简单，对有缺点或有错误的学生不能耐心地教导；甚至有不少教师直接参与或助长了校园欺凌行为。

第三，社会原因。战后日本确立了以经济发展为中心的国家发展目标，一直奉行经济优先的价值取向。1970年代，日本实现了经济高速增长，到1980年代，已经处于世界经济的支配地位。随着物质生活的日益丰富、人际关系的日渐淡薄，日本青少年变得傲慢、自私，"以自我为中心"的思想迅速膨胀。富足的生活并没有成为他们成长的有利条件，反而使得他们的内心世界特别空虚，他们常常不明缘由地发脾气，感到焦躁不安。特别是对生于1980年代的孩子来说，富裕的生活使他们从小就养成了享乐主义和消费主义的生活习惯，抛弃了奋斗精神。他们不再努力读书，学习好不再是榜样，却成为嘲笑的对象。在日本泡沫经济崩溃、就业形势严峻的背景下，青少年思想上的迷茫、精神上的空虚，导致1990年代以后校园欺凌激增。

日本社会对欺凌行为的"纵容"也是造成校园欺凌频发的原因之一。日本前首相森喜朗曾以自己大学时代的经历，证明"欺凌"对于磨励意志的好处。东京都知事石原慎太郎也现身说法："我转学时，也受过别人的欺凌，但是只要自己斗争就可以克服。没有斗志的话，到哪里都会受欺凌。"日本人普遍认为欺凌人不是坏事。一项针对日本8所小学、23所初中、5所高中的1.3万名学生进行的调查显示，大部分人认为欺凌人不是坏事，因为武士道精神要求人人自强，被欺凌的人才有问题。[①] 而且欺凌人的现象不仅仅存在于孩子中间，大人之间存在着更为严重的欺凌现象。日本文化中的前辈、后辈文化就是很好的体现。大人世界存在的欺凌现象对孩子的影响也是潜移默化的。

---

① 郭隽:《日本小心防备自杀日》,《环球时报》2006年11月10日。

此外，漫画、游戏、互联网、电视、电影等大众媒体宣扬的暴力文化也直接影响到青少年的身心健康，很多中小学生成为这种暴力文化的牺牲品。

第三节 "不登校"与蛰居

一 "不登校"的演变和人数

不登校是应试教育和学历社会的产物。从狭义上来说，不登校是专指小学生和初中生拒绝上学（疾病或经济原因除外）的现象。高中生不登校现象的用语是"中途退学"。日本的不登校问题由来已久。不登校问题的前身曾有"学校恐惧症"、"母子分离不安症"、"自闭症"、"情绪障碍"、"登校拒否"（School refusal）等多种不同的表述。[①] 早在1950年代中期，被称为"学校恐惧症"[②]的不登校现象已经出现。对于"学校恐惧症"出现的原因，有人认为是小孩子心理发展不健全，如果母亲不在身边会产生不安情绪，即"分离不安"产生的身体无意识反应。1960年代，伴随着中小学生中"学校恐惧症"学生人数的增多，"登校拒否"一词被广泛使用。所谓"登校拒否"是指没有客观合理的理由，而是因某种心理的、情绪上的原因，不上学，或者不能上学的状态。[③] 到了1970年代，民间援助机构开始援助"登校拒否"学生。1980年代以后，因校园欺凌或者学校内人际关系问题等不能上学、长期缺课的学生增多，成为学校和社会问题。此时，开始使用"不登校"这一用语。不登校问题研究专家森田洋司认为，"登校拒否"是基于情绪障碍而产生的概念。"不登校"一词则是单纯表示不去学校的状态。对于描述因多种原因和存在各种各样状态的现象，"不登校"一

---

① 1941年，约翰逊（Johnson, A.M.）在报告中将"因强烈的不安，神经质性缺课的孩子们"称为"学校恐惧症"（School phobia）。1956年，约翰逊进一步指出"孩子们害怕上学主要是与母亲分离而不安造成的"。不久后，因出现了很多用"恐惧症"和"分离不安"不能解释的案例，于是出现了包括"学校恐惧症"在内的"登校拒否"的称呼。参见花轮敏男『「不登校像」はどう変化したか』，『児童心理』臨時増刊 2011 年第 65 卷 9 号，第 33 頁。

② "学校恐惧症"多发于小学生中，其典型症状是早晨起来出现头痛和腹痛等症状，无法上学。到了放学时间，这些疼痛症状就好了，又能和朋友一起玩耍了。但是，到了第二天早晨，同样的头痛或腹痛症状又出现了。

③ 総務庁青少年対策本部編：『青少年白書（平成元年版）』，東京：大蔵省印刷局 1990 年版，第 261 頁。

词的表达更为恰当。①1990年，山形县教育委员会将"登校拒否"正式改为"不登校"。1990年代，在文部省的概念界定中，也使用了"不登校"一词。自此，"不登校"的说法逐渐普及。

那么，日本存在多少不登校学生呢？1966年，文部省开始统计除了生病等明确理由之外，因"讨厌学校"，一年缺课50天以上的不登校人数②。1975年以来，不登校人数呈现出不断增多的趋势。1980年代，不登校人数激增。1990年，小学不登校人数约有8,000人，初中约有4万人，合计约为48,000人，与1980年相比，1990年的长期缺课人数，小学生增长了2倍，初中生增长了4倍。③1991年以来，不登校人数持续增长。从图5-2来看，2001年约有14万名不登校学生，达到了历史最高值。此后，因少子化的影响，不登校人数开始缓慢减少。但从2012年又开始回升。2015年，每35名初中生中就有1名不登校学生，问题依然严重。

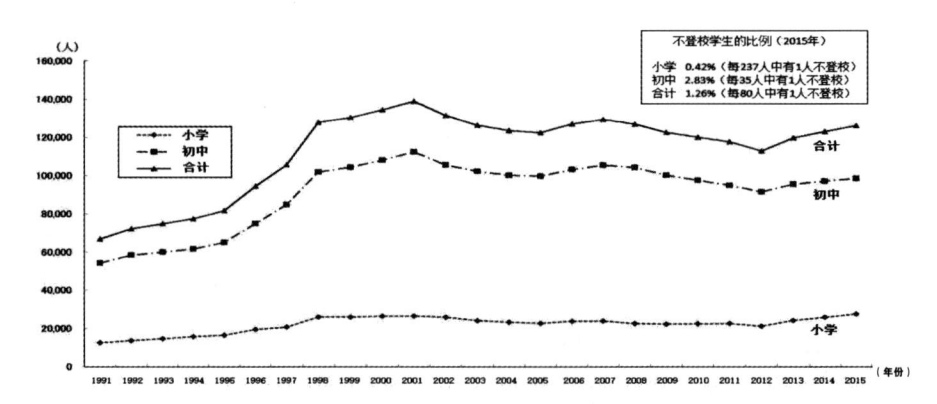

注：调查对象为国立、公立和私立小学及初中（从2006年开始，初中包含中等教育学校前期课程）。

图5-2　1991年以来不登校人数的变化④

---

① 森田洋司：『不登校をどう理解するか』，『青少年問題』1991年第38卷3号，第5頁。
② 从1991年开始，文部省的统计除了年间缺课50天以上的，还包括年间缺课30天以上的。从1998年开始，改为只统计年间缺课30天以上的不登校学生。同年，名称也由"讨厌学校"变更为"不登校"。
③ 阪内宏一：『登校拒否（不登校）問題について』，『青少年問題』1992年第39卷7号，第48頁。
④ 文部科学省初等中等教育局児童生徒課：『平成27年度「児童生徒の問題行動等生徒指導上の諸問題に関する調査」（確定値）について』，2017年2月28日，http://www.mext.go.jp/b_menu/houdou/29/02/__icsFiles/afieldfile/2017/02/28/1382696_001_1.pdf，2017年12月9日。

图 5-2 仅显示了一年缺课 50 天以上的学生，如果加上缺课不到 50 天的，数字更加惊人。1988 年，森田洋司所在的大阪市立大学开展的调查[①]显示，1 年间缺课 50 天以上的和不足 50 天的不登校学生，在全体学生中所占比例高达 17.1%。[②] 这仅仅是从缺课学生来理解的不登校比例，如若加上因讨厌上学而迟到早退的学生，不登校比例增至 25.1%；再加上虽讨厌上学，但仍坚持上学的潜在不登校者的话，不登校的比例将高达 67.1%，涉及三分之二的学生。这表明"不登校现象不是一小部分特定孩子出现的现象，而是现代社会中大部分孩子都有可能出现的广泛存在的问题，而以往因情绪障碍引发的不登校，只是其中的一部分"。[③] 可以说，无论是长期缺课，还是短期的不上学，或者偶尔的缺课、迟到早退，都表明孩子们不喜欢学校，讨厌去学校。不登校的学生或者高中中途退学的学生，有的自闭在家，断绝和外界的联系，有的则加入不良社会集团，成为不良少年。前者容易走上蛰居之路，后者则有可能走上犯罪之路。

二 "不登校"的根源

战后初期，对于儿童来说，去学校比在家里要快乐，因为在家要帮助大人做很多又脏又累的家务劳动。20 世纪五六十年代的不登校绝大多数是经济困难或疾病等原因造成的。但是，随着生活富裕时代的到来，家里的生活变得轻松愉快。相反，因学业压力增大，去学校的快乐度却不断降低。由此出现了很多因不适应学校生活或家庭问题等引发的不登校问题。不登校问题的出现及严重化，与日本管理主义和应试教育背景下形成的学历社会，以及由此产生的考试竞争有着密切联系。经济的发展，竞争的激烈，以及应试教育和学历主义的增强，使得青少年的学业压力激增。在一切都倡导"竞争"的社会背景下，孩子们也被卷入了竞争的教育环境中。在学

---

① 该调查对象为全国的政令指定城市和东京都，共 12 个城市的公立初中二年级的约 6,000 名学生。
② 森田洋司：『不登校をどう理解するか』，『青少年問題』1991 年第 38 卷 3 号，第 5 页。
③ 森田洋司：『不登校をどう理解するか』，『青少年問題』1991 年第 38 卷 3 号，第 5-6 页。

业的重压下部分学生对学校存在着恐惧心理，每当要上学的时候，就会出现头痛、腹痛、呕吐等各种各样的症状。正如千石保所说，从日本的教育来看，现在的学生需要付出的努力确实是超负荷的，这是不正常的社会现状和家庭压力所导致的。正因为这样，学生们便试图逃避这一切。于是出现了种种病理现象，他们拒绝上学，一到打算去学校的时候，就会浑身冒汗，或剧烈腹痛，或身体痉挛不能动弹。学生的逃避与社会、家庭的压力，两者之间形成了一种严重的矛盾纠葛。①

以往的研究将不登校视为特定性格孩子容易发生的问题，强调不登校是学生自身存在的发展不成熟、缺乏自立性、遇到事情喜欢逃避等性格因素造成的。或者将不登校问题的根源归结为特定家庭环境。1989 年 7 月，文部省成立了"不适应学校对策研究合作会议"。1990 年 12 月公布的中间报告中，认为不仅家庭，学校、社会等都存在着诱发不登校的因素。② 1992 年公布的最终报告中，指出"不登校是任何孩子都可能发生的现象，主要原因不在于个人，而是社会"。③ 该调查改变了以往单纯从性格因素和家庭环境中寻找原因的观点。

实际上，不登校的类型多种多样。如工藤定次将不登校分为四种类型：游玩型（也有人称为非行型）；"无气力"型（只是不想去）；闭居型（在意别人的目光，想外出却不能出去）；特定问题型（因校园欺凌、友人关系、与教师的关系等特定的问题导致的不能去上学）。④ 而且，不登校的原因也千差万别。包括校园欺凌、朋友关系不好、学业烦恼、社团活动、严格的校规等学校问题；亲子关系、家庭不和、生活环境的突变等家庭问题；

---

① 千石保：『現代若者論：ポスト・モラトリアムへの摸索』，東京：弘文堂 1985 年版，第 123 頁。
② 森田洋司：『不登校をどう理解するか』，『青少年問題』1991 年第 38 卷第 3 号，第 4 頁。
③ 石井守：『社会的ひきこもりと登校拒否・不登校：支援者のこころで 25 年』，東京：教育史料出版社 2014 年版，第 3 頁。
④ 工藤定次、スタジオ・ポット：『おーいひきこもり そろそろ外へ出てみようぜ：タメ塾の本』，東京：ポット出版 1997 年版，第 16 頁。

贪玩、不良行为、无朝气、情绪混乱等个人问题。① 其中，因学校人际关系问题，转学受到排挤或者考试失败等学校因素不登校者居多。

不登校的根源在于传统价值观的改变及社会私性化趋势的增强。现代社会中，以往支撑日本社会的各种各样的价值观出现了动摇，特别是在年轻人中尤为明显。如"新人类现象""自我中心主义""尊重私生活""寻找自我"等，这些变化，用一句话来表示就是"传统的集团关系和人际关系纽带出现了松懈"。② 1970 年代中期以来，日益严重的不登校问题出现的背景就是社会的私性化。森田洋司在《不登校现象的社会学》（学文社 2000 年版）一书中用"私性化"一词刻画了存在人际关系障碍和不登校的孩子们。以往，去学校上学被认为是理所当然的事情，谁也没有疑问。但是伴随着社会的私性化，青少年对"私事"的兴趣增强，不再认为去学校是必须做的事情。他们对于未来的考虑不是很多，更多的是重视当下，"悠闲地度过每一天""按照自己的兴趣生活"成为他们的生活理念。学校生活对青少年失去了吸引力，这也是导致不登校现象增多的原因。

此外，人际关系危机既是不登校问题出现的原因，也是长期不登校带来的后果。在日本，学校文化独占度非常高，如果不登校，就会被孤立。因为日本人的出人头地方式单一，基本上是上好学校，进大公司。每天接触的人除了公司的同事（大部分是自己学生时代的同学）和家人外，几乎很少与他人接触。不登校的孩子将自己封闭在自我的世界中，师生关系、同学关系以及社会关系都将难以建立。

三 "不登校"与蛰居的关系密切

不登校问题与传统意义上的逃学不同，逃学早在"二战"前就已出现，是为了到外面玩耍而翘课，具有一定的目的性，而且不会闭居在家里。而

---

① 山下耕平：『迷子の時代を生き抜くために：不登校・ひきこもりから見えてくる地平』，京都：北大路書房 2009 年版，第 90 页。
② 森田洋司：『不登校をどう理解するか』，『青少年問題』1991 年第 38 卷 3 号，第 6－7 页。

不登校是因不适应学校生活而闭居在家。他们虽有去学校的意向，但是却无法上学。一般情况下，不登校孩子的家庭经济条件属于中上等水平，父母拥有高学历，对孩子的教育比较热心。大部分不登校的孩子自身没有疾病，智力水平普通或者偏高，学习成绩在不登校之前也属于中等偏上。也就是说，无论是经济条件、家庭环境、孩子自身性格等都不存在不登校的理由。孩子自身也觉得应该去上学，父母也督促其按时上学。学生自身及其父母潜意识中存在的"必须去上学"的义务感，给不登校孩子带来很大的精神压力。如果父母等家人过度刺激其上学，往往出现相反的效果。这些孩子往往喜欢待在家里，甚至闭居在自己房间内，与家人接触的时间少，不外出，也不与他人联系，过着昼夜颠倒的生活。

不登校是日本较为严重的校园问题之一，也是蛰居问题产生的重要诱因之一。不登校经历者居多是蛰居问题的显著特征之一。很多青少年就是以不登校为契机开始蛰居生活的。1970年代以来，日本的不登校现象增多。对于这些不登校的孩子来说，出路只有两条：一是重新回到学校；二是出去工作。实际上，这两条出路都是难以实现的。因为一旦不登校，再重新回归学校面临着很大的困难。而且，在人们的潜意识里，认为上学，获取学历，谋求好工作，是正常的生活轨迹。那些因学业成绩、同学关系差而不登校的学生，存在着极大的挫败感，不登校就意味着人生的终结，没有了其他的出路。2001年，文部科学省发布了"不登校学生追踪调查报告书"[①]。调查报告指出，有23%的人没有上学，也没有就业。因该调查存在着约7%的误差，且这个调查数字也仅限于能回答追踪调查的人（如果调查对象正处于蛰居状态，那么就无法回答通过邮寄或电话开展的调查问卷），所以40%~50%的不登校者既未回归学校，也没有参加工作。虽然为了解决不登校问题，日本开设了很多"自由空间"或"自由学校"，但是仍有

---

① 该调查由大阪市立大学研究生院教授森田洋司为代表的"现代教育研究会"实施，以1993年度初中毕业的不登校学生为对象，对其5年后的现状进行跟踪调查。

约三分之一的人不能参与社会生活。① 这表明约三成不登校者成为既不上学，也不就业的寄生族。

在学历主义背景下，不登校孩子被视为社会的落伍者和包袱。2004年10月15日，福井县副知事山本雅俊作为知事代表出席了在福井市召开的"第60届东海北陆区域PTA研究大会"，他在大会致辞中讲述自己的企业经验时，将东海北路六县120万名学生中的14,000名不登校学生比喻为残次品。② 不登校的孩子名声不佳，邻居们因担心自己的孩子受到不好影响，都不愿意自己的孩子与其交往。于是待在家里的不登校学生越来越孤立。他们不仅会受到周围人的讽刺和否定，而且也被家人视为耻辱。很多不登校孩子为了躲避周围人的目光，不让他人知道自己的存在，长期闭居在家。有的孩子把自己关在房间里，白天也拉着窗帘，不发出任何声音，一个人静静地度过。

其实，不登校孩子自身对学业和学历也是非常在意的，他们自身对不能上学也非常自责，担心影响到毕业升学。不登校孩子是在焦虑和不安中度过的。其自尊心受到严重的伤害，自我评价非常低，认为自己是社会上的落伍者，对未来失去了希望，丧失了生活下去的信心，甚至认为自己只有死路一条。那些由不登校发展到蛰居的青少年，大多数是因为不能够积极参与学校生活，对自己的存在有很强的自卑感，认为"自己是失败的人，是在社会上没有任何价值的人"。而且，长期不登校生活，使得这些孩子失去了升学的机会，以往同学间的联系也随之消失。他们中的大部分人对参与社会和发展人际关系存在抵触情绪。在学历主义和竞争异常激烈的社会环境下，不登校的孩子很难在社会上立足。即使成年后，也只能靠打短工维持生活。不就业的不登校者，越来越脱离社会，甚至长期闭居在家，完全依靠父母生活，过着与世隔绝的生活，长此以往很容易走上蛰居之路。

---

① 工藤定次、YSCスタッフ、永富奈津恵：『脱！ひきこもり：YSC（NPO法人青少年自立援助センター）の本』，東京：ポット出版2004年版，第40頁。
② 斎藤環：『ひきこもりから見た未来』，東京：毎日新聞社2010年版，第13頁。

由此可知，不登校是蛰居的重要诱因之一，蛰居成为一些不登校者逃避学业和社会竞争的生活方式。

很多蛰居者是从不登校走上蛰居之路的。在日本，6周岁上小学，13岁开始升入初中，伴随着学业压力和人际关系问题等校园问题的出现，初中开始不登校现象迅速增多，考虑到蛰居与不登校的密切相关性，可以说从13岁开始蛰居现象增多。KHJ父母会（家庭会）对332名蛰居者家人的调查结果显示，135人回答蛰居者当事人曾有不登校经历，在全体被调查者中所占比例为40.1%。而且，有不登校经历的蛰居者，开始蛰居时的平均年龄为15.87岁，没有不登校经历的人开始蛰居时的平均年龄为22.80岁。这表明从不登校发展到蛰居的事例非常多，且很多蛰居者是从不登校直接走向蛰居的。特别是小学、初中阶段不登校的人，开始蛰居的年龄非常小，平均为11.94岁。[①]据称，目前6～30岁的日本青少年约有2,500万人，其中蛰居或不登校的人数高达160万人以上。如果有160万名蛰居者或不登校者的话，就意味着每100人的青少年中，有6～7人处于蛰居或不登校状态。如果按照一个班级计算的话，每个班级中，约有2人不登校或蛰居。[②]1980年代，面对不登校人数的激增，各领域专家认为不要强迫不登校的孩子去上学，而是主张静静等待其回归学校。结果导致家长及不登校孩子自身都放松了警惕。1990年代以后，一部分不登校孩子逐渐发展成为蛰居者，成为一个严重的社会问题。

[①] 境泉洋、堀川寛、野中俊介他：『「引きこもり」の実態に関する調査報告書⑧—NPO法人全国引きこもりKHJ親の会における実態—』，徳島大学総合科学部境研究室，2011年。

[②] 池上敬：『不登校・ひきこもりから立ち直るための29のメソッド』，東京：パレード2014年版，第13－14頁。

第六章　日本青少年蛰居的心理文化因素

任何一个社会，在其现代化进程中，都不可避免地会出现急剧的社会变迁，生活在其中的青少年群体很容易出现社会越轨行为。欧美发达国家中也存在与蛰居相似的现象，但目前仅日本存在数以十万计的蛰居者，这与日本独特的心理文化有着不可分割的联系。本章着重从依赖心理、耻感文化下"不给别人添麻烦"的行事准则、集团主义下自我的缺失等视角，来挖掘日本青少年蛰居的心理文化因素。

第一节　依赖心理与蛰居青少年的"无缘化"

一　依赖心理与战后依赖关系的建立

依赖心理源于日语词语"甘え"（Amae），中文译法有"依赖心理"和"娇宠心理"等。日本精神医生土居健郎在《日本人的心理结构》（弘文堂1971年版）一书中探索了构成日本社会结构、人际关系核心的依赖心理。依赖本是人类共有的心理现象，起源于婴儿依恋母亲的感情，其本质特征常见于构成社会关系核心的母子（女）关系中。土居健郎指出："依赖是要否定人与人本应分离的事实，企图减轻分离痛苦的心理活动。一般情况下，依赖心理占优势时，分离的纠葛、不安情绪便会暂时消失。"①"在日本，依赖心理并不随其年龄的增长而减弱，反而自始至终都得到社会的承认。在

---

① ［日］土居健郎：《日本人的心理结构》，阎小妹译，商务印书馆2007年版，第51页。

传统的日本社会里人们彼此相互依赖，沉浸在由此带来的平和、安稳的感情之中。"①

这种依赖心理在日本人身上体现得更为明显。土居健郎认为："依赖本来是人类普遍存在的一种心理现象，而日语里的'依赖'具有特殊的意义，它在日本人的日常生活中显得格外重要，为日本社会所认可。换言之，依赖不仅是理解日本人的精神结构也是理解日本社会结构的一个至关重要的概念。"② 并指出"依赖的心理是调节人际关系不可缺少的润滑剂"。③ 实际上，土居健郎对日本文化中的依赖心理持肯定态度，认为依赖心理的存在使得日本社会能够在相互依赖中获得安心感和发展，对于岛国日本来说，这种彼此间关系密切的依赖心理是日本社会结构和人际关系的核心，也正是有了这种依赖心理才使得日本人具有他民族所不具备的凝聚力和向心力。

日本历史上村落共同体和"村八分"④ 等的存在，都表明日本人的传统生活方式和社会结构的核心，均是这种依赖心理在维系着。第二次世界大战后，美国的占领，西方思想、价值观与行动规范的输入，以及战败带给日本人精神上的伤害，导致日本国民对本国文化中传统的东西加以否定，而接受西方的自由、民主思想。即便如此，土居健郎认为虽然战后西方的民主、自由理念渗透到日本社会的各个角落中，但是日本文化中的依赖心理依然根深蒂固。土居健郎对战后日本的精神状况做了如下的描述："战败后，日本虽然解除了天皇制和家族制度在思想上的禁锢，但它并不意味着日本人建立起西方的个人主义思想。思想的解放丝毫未减弱人们相互依赖的心理，反而造成日本精神和社会的极度混乱。"⑤

依赖心理是日本社会结构中依赖关系建立的基础。日本社会向来重视

---

① ［日］土居健郎：《日本人的心理结构》，阎小妹译，商务印书馆2007年版，导读V。
② 同上书，第16页。
③ 同上书，第19页。
④ 所谓"村八分"，意思是村民在"冠、婚、丧、盖房、火灾、疾病、水灾、旅行、生育、忌辰"10项活动中，如果有8项准则不能遵守并难与其他村民合作，村内所有人家都会与其绝交。
⑤ ［日］土居健郎：《日本人的心理结构》，阎小妹译，商务印书馆2007年版，第9页。

集团主义，强调人与人之间的依赖关系。战后日本经济高速增长带来了产业结构的变革，完成了由农业社会向企业社会的转变，城市化和核心家庭化进程加快。虽然传统的村落共同体价值观衰落，但依赖心理依然影响着日本人的生活方式。与国际社会相比，日本人对家庭和企业的归属意识非常强，战后经济高速增长期所形成的雇佣体系就是在这样的感情基础上建立起来的。日本人忠于企业，为企业献身，企业为了满足日本人对家庭应尽到的责任，制定了将妻子作为被扶养人的相关纳税政策，这样就形成了丈夫为企业效力，妻子为家庭奉献和教育孩子的角色分工。

良好的家庭关系、企业关系是社会结构有效运转的保障。战后日本社会结构中的依赖关系突出体现在以下两个方面：一是"终身雇佣"和"年功序列"的企业用人制度；二是"男主外，女主内"的家庭角色分工模式。职员和企业之间结成了唇齿相依的利益共同体关系，职员视企业为家，效忠于企业，企业也保障职员有稳定的收入和定期升迁的机会。夫妻之间也是一种相互依赖的角色分工模式，丈夫挣钱养家，妻子则相夫教子，专事家务。由此形成的家庭关系、企业关系是社会结构有效运转的保障，一度成为日本社会结构和人际关系的核心。在日本，"家和家人""公司和员工"之间的关系，从本质上来看是类似的。正如无法分割的亲子关系一样，终身雇佣制构建的是一种家庭关系。[①]公司像家庭一样，员工对企业抱有的一体感和忠诚心，是日本企业不断发展的原动力。这种日本式依赖关系下结成的血缘和社缘，不仅维护了家庭稳定，成就了日本经济的辉煌，而且在保障青少年成长方面也发挥着积极作用。

二 依赖关系的解体

依赖心理是支撑日本社会集团主义的精神支柱。追求"一体感"的依赖心理，如日本人寻求与自然的一体感、与所属集团的一体感等，使得日

---

① 千石保：『いつく日本人〉になるか：日米母子調査にみる育児と文化』，東京：小学館 1984 年版，第 21 頁。

本人都努力将自己融入某个集团中，这样有了集团可依赖，自己才觉得安心，才能够有自信和感觉到自我价值的存在。然而，这种处处以"依赖心理"为准绳的人际关系准则，也使得日本社会在发生转型时，出现一些新的问题。

20 世纪 90 年代初，泡沫经济崩溃使得传统的依赖关系逐渐走向解体。经历了高速增长、富裕社会、消费社会的日本，在西方思想、价值观与行为规范长达约半个世纪的影响下，以泡沫经济的崩溃为导火索，传统的依赖关系失去了存在的经济基础，其弊端也暴露出来。原来隐藏在稳定依赖关系背后的问题也逐渐显现出来，社会矛盾加剧。经济不景气使得不少企业倒闭或裁员，失业率提高，"终身雇佣制"和"年功序列制"逐渐瓦解。终身雇佣制度的瓦解，使得原有的职员对企业的依赖关系难以顺利形成。在就业形势严峻的背景下，面对竞争日益激烈的社会环境，年轻人中出现了不适应的抗拒反应。因就职受挫而蛰居的案例不在少数，很多中高年蛰居者因为失业后无法再就业，从而走上蛰居之路。"男主外，女主内"的家庭模式也受到冲击，为补贴家用和实现自我价值，越来越多的女性开始摆脱传统性别分工的束缚，积极就业，从而走向社会。

伴随着依赖心理支配下依赖关系的解体，家庭模式、就业形态等都呈现出多元化的发展趋势。单身家庭、丁克家庭等不婚不育家庭的增多弱化了血缘关系；钟点工、派遣员工、合同工等非正式雇佣率的不断提升不利于稳定社缘关系的形成。总之，伴随着家庭模式和就业形态的多元化，生活方式和社会关系也呈现出多样化的发展趋势。日本由人与人之间充满依赖关系的有缘社会，逐渐走向了人际关系疏离的"无缘社会"，这也是 1990 年代以来蛰居问题凸显的重要背景之一。

三 无缘社会与蛰居青少年的"无缘化"

日本文化中存在的依赖心理使得战后日本社会结构中形成了相互依赖的人际关系，促进了日本社会的繁荣和稳定。但是，泡沫经济崩溃后，依赖关系的解体，带来了价值观的多元化，出现了无缘社会和青少年的"无缘化"，而蛰居便是青少年"无缘化"的代表。

"缘"是联结个体与个体关系的纽带。同中国一样，日本社会本是以"血缘、地缘、学缘和社缘"为生活基础，人人具有强烈的互助精神和共同体意识的"有缘社会"，现如今却迈入了各种"缘"不断弱化的"无缘社会"。[①] 所谓"无缘社会"，泛指人际关系的疏离，"无缘社会"的出现是源于"无缘死"现象。源于因血缘、地缘、社缘等各种"缘"的解体而引发的"无缘死（一个人孤独死去无人认领遗体）"现象。2010年1月31日，日本广播协会NHK纪录片《无缘社会——32,000人"无缘死"的冲击》的播出，震惊了日本社会。一些孤独死去的独居者沦落到只能葬入"无缘墓"（没有亲人祭祀的坟墓）的悲惨境地。"无缘死"成为社会关注的焦点，由此引发对"无缘社会"的热议。"无缘社会"一词成为当年日本十大流行语之一。

"无缘死"现象引起了日本年轻人的广泛关注，有关"无缘死"的网络评论异常火爆，体现出年轻人对自己老后可能加入"无缘死"行列的担忧和恐惧。可以说，日本社会"无缘化"问题既是"无缘死"引发的养老危机，更是战后日本社会变迁中，伴随着城市化、现代化而出现的人际关系危机，且已波及青少年群体。在当今日本社会急剧变迁的背景下，伴随着家庭纽带的松散、邻里关系的淡薄、校园问题的频发、职场关系的疏离，血缘、地缘、学缘和社缘等人际关系不断弱化，青少年"无缘化"现象凸显。

血缘关系弱化，家庭纽带松散。战后以来，在"男主外，女主内"的家庭观念主导下，日本家庭"父职缺失"严重。对于生活在父亲角色缺失家庭中的青少年来说，他们在家庭观念和人际交往方面存在着或多或少的问题。泡沫经济破灭后，经济不景气导致失业率提高，家庭生活压力增大，传统的家庭生活模式受到冲击，家庭矛盾频发，离婚率攀升、家庭暴力、

---

① 橘木俊詔：『無縁社会の正体：血縁・地縁・社縁はいかに崩壊したか』，東京:PHP研究所2011年版，第1頁。

儿童虐待等问题的增多进一步弱化了血缘关系，夫妻、亲子等血缘亲情逐渐淡化，甚至走向解体的边缘。此外，战后日本家庭模式不仅实现了核心家庭化，还出现了单身家庭、丁克家庭等多元化倾向，不婚不育家庭的增多也使得血缘亲情的形成愈发困难。

地缘关系弱化，邻里关系淡薄。日本原本是邻里关系紧密、地域共同体意识极强的社会。战后日本经济高速增长带来了产业结构的变革，大量农村劳动力涌入城市，原有的村落共同体逐渐解体。而且伴随着城市化进程的推进、生活节奏的加快及核心家庭的增多，都市邻里关系也逐渐淡薄。特别是日本社会富裕后，生活的便利、不愿给别人添麻烦的心理以及保护隐私意识的增强，都使得邻里关系日渐疏离。家庭规模的缩小、邻里关系的淡薄、室外玩耍空间的缩小及日本人对儿童喧闹声容忍度的降低，使得孩子独处的时间增多，地缘关系弱化。正如日本记者石川结贵所说："即便是没有贫困和虐待问题困扰的普通家庭中，孩子们的'无缘化'也在不知不觉中到来了。"[①] 孤独寂寞的童年生活成为越来越多的日本青少年的共同记忆。青少年无缘化，与现代社会中人际关系的疏离有着密切的关系。邻里、地域中的人际交往减少，孩子们一起玩耍空间的缩小，孩子们玩耍方式的变革，独自玩耍的常态化等使得青少年从小失去了人际交往的锻炼。

学缘关系弱化，校园问题频发。战后以来，日本教育取得了令人瞩目的成绩。然而，教育的发展在为社会经济发展创造条件的同时，长期以来形成的偏重知识、学历主义及教育同质化的弊端也随之显现。早在1970年代，日本的不登校现象已显现，且人数呈滚雪球式增长。1980年代以来，不但不登校问题愈加严重，而且校园欺凌、校园暴力等校园问题凸显，青少年蛰居现象也随之增多。泡沫经济破灭后，日本社会矛盾加剧，整个社会陷入了悲观失望的谷底，年轻人也一蹶不振，以不登校为首的校园问题愈演愈烈，丧失学缘的学生不断增多。学龄期接受学校教育、结交朋友是

---

① 石川結貴：『ルポ子どもの無縁社会』，東京：中央公論新社2011年版，第237頁。

青少年社会化的起点。然而，日本校园问题频发使得部分学生失去了同窗友情，弱化了学缘关系。

社缘关系弱化，职场人际关系疏离。年轻人社缘关系淡化与经济衰退和雇佣制度的变革有着密切的联系。泡沫经济破灭后，日本经济不景气导致雇佣环境恶化、失业率攀升、就业困难，传统的终身雇佣制度逐渐瓦解，非正式雇佣不断增多。一些人在经历了不断就业和失业的恶性循环后沦为流浪者。21世纪以来，日本进入了"不完全雇佣"时代，其典型特征就是减少正式雇佣。临时工、派遣员工、合同工等非正式雇佣者的增多，使得日本新一代工薪阶层难以通过公司建立稳定职场关系。在随时有可能被解雇的公司内，人际关系也非常淡薄，作为日本社会关系支柱的社缘关系濒于崩溃。

在长期不景气的经济环境下，传统的雇佣体系的瓦解，再加上高等教育的大众化，使得年轻人的生存竞争异常激烈，生理的、心理的压力也与日俱增。但是，在无缘社会的背景下，家庭、学校和社会都失去了可以倾诉的场所和环境。所有的烦恼都深藏于内心，而无法释放。蛰居就成了青少年面对人际关系困境而采取的自我保护的极端措施之一。蛰居者脱离了社会，切断了自我与他者之间的联系，丧失了与社会的互动和人际交往，与家庭和社会出现了背离，变得越来越孤立和封闭。蛰居者并非不愿意与外界交流，而是"想与人交往却不能交往"。这种人际关系危机几乎是所有蛰居者面临的共同问题。

2010年"无缘死"曝光后，在年轻人群体中引起的共鸣，也说明日本年轻人的"无缘化"问题已导致当今日本青少年面临严重的人际关系危机。从孩童时期缺少玩伴、学生时代同窗友情的缺失，到成年后找不到稳定工作，进而影响到结婚成家。近年来，一些青少年已陷入无缘社会的困境中。"啃老族"、蛰居者及年轻流浪者的增多，表明日本青少年"无缘化"问题已十分严重。以蛰居者为代表的"无缘化"青少年没有任何经济来源，不能自立，其生存现状和未来发展令人担忧。这些难以自立的年轻人逐渐沦为社会弱势群体。当这些人步入老年人行列时，将面临怎样的生活困境？到 2030 年，日本将进入每 3 人中就有 1 名 65 岁以上老人的超高龄社会，而此时第一代蛰居者[①]也将步入 65 岁以上老年人行列，这些不能自立且丧失人际关系的蛰居者很有可能成为"无缘死预备军"队伍中的"急先锋"。如何解决他们的生存和发展问题已成为日本社会面临的重要课题之一。

第二节　耻感文化与蛰居青少年的人际关系危机

一　耻感文化与蛰居青少年的耻感意识

"耻感文化"是美国文化人类学家鲁思·本尼迪克特提出的有关日本民族性格的理论。她指出："真正的耻感文化依靠外部的强制力来做善行。真正的罪感文化则依靠罪恶感在内心的反映来做善行。羞耻是对别人批判的反应。一个人感到羞耻，是因为他或者被公开讥笑、排斥，或者他自己感觉被讥笑，不管是哪一种，羞耻感都是一种有效的强制力。羞耻感要求有外人在场，至少要感觉到有外人在场。"[②]也就是说，"耻感文化"是以耻为主要的强制力，这种强制力在于外部社会而不在于人的内心。作者还指出："耻感在日本人生活中的重要性，恰如一切看中耻辱的部落或民族一样，其意义在于，任何人都十分注意社会对自己行动的评价。"[③]

耻感文化约束着日本人的言行。日本人十分在意别人的看法，喜欢将自己融入集体中，与大家保持一致。董存梅指出："日本人的自我是依存于他人的，总是倾向于与他人保持一致，在与人交往中常常保持被动的接受姿态，对于突然的破绽、突然的自我暴露感到非常害羞，对出丑、丢脸

[①] 井出草平提出了一个假设来模拟蛰居的高龄化。1960 年出生的人，1970 年不登校，1975 年蛰居，到 2011 年就 51 岁了，2021 年前后，第一代蛰居者将面临父母逝去、失去生活来源的问题。
[②] ［美］鲁思·本尼迪克特：《菊与刀》，吕万和等译，商务印书馆 1990 年版，第 154 页。
[③] 同上书，第 155 页。

感到非常恐惧。"① 在耻感文化影响下，日本人的人际交往过于敏感和注意细节。为了将自己融入大多数人中不被注意，日本人处处小心翼翼，处处留意别人的看法，尽量避免特立独行。从语言、举止行为，甚至着装等各个方面都非常在意自己的言行举止是不是会给他人带来麻烦，会不会引起他人注意。日本人认真工作，是因为绝大多数人都在认真工作，自己不能例外。别人加班，自己即便已经完成了工作量，也要随大家一起加班。别人怎样打扮，那么自己也要按照大众的审美标准来穿着。察言观色，说话轻声细语，小心翼翼的日本人，总是面带微笑很有礼貌地与人交谈。耻感文化已经深入骨髓，成为日本国民性的重要组成部分。

有研究者认为，日本"耻感文化"源于对人恐惧。所谓对人恐惧是1920年代，因森田疗法著名的森田正马提出的"赤面恐惧症"。② 顾名思义就是在人前容易脸红和害羞，害怕社交。比如去上学或上班时，从站着聊天的邻居阿姨身边走过时，总觉得她们在盯着自己看，说自己的闲话。对人恐惧是日本人存在的非常典型的心理障碍，与日本人的敏感性格有着很大的关联。其典型症状就是在意别人的目光，怕被别人笑话，严重者会闭门不出。此外，日本人的"耻感文化"与他们的生活环境狭小有一定的关系。如果不努力融入周围环境中去，就很容易被孤立。

对于蛰居者本人及其家庭来说，蛰居并非光彩之事，他们极力隐瞒自己或家人的真实情况。蛰居者本人对于处于"蛰居"状态的自己，存在耻辱感。自尊心极强的他们不想让外人知道自己的颓废之态，一旦蛰居，他们不仅会降低外出频率，还会自我断绝与他人的联系，包括曾经很要好的同学和朋友。严重者会尽量避开家人，不与家人一起用餐，避免与家人接触和交流。万不得已需要父母帮助时，也是用便签留言等方式避开面对面的交流。蛰居者害怕与人见面，非常在意他人的言行，过度回避他人的目

---

① 董存梅：《日本青少年隐蔽性人格的社会文化根源》，《中国社会科学报》2013年5月6日第8版。
② 河合俊雄：『日本における若者の病理の変化—ひきこもりと行動化』，載河合俊雄、内田由紀子編『「ひきこもり」考』，大阪：創元社2013年版，第114頁。

光。据 KHJ 父母会（家庭会）的调查，约有 60%～80% 的蛰居者存在"在意别人目光""不让别人进自己房间"等问题；约半数的人"对声音敏感""害怕他人"。[①] 蛰居者表现出的"在意别人目光"、"害怕外出和与人交往"、"自信心缺失"及"找不到自身存在的社会价值"等，都与根植于日本人内心的"耻感文化"密切相关。

不仅蛰居者本人，其家人也认为蛰居是件很"丢人"的事情，是"家庭的耻辱"。孩子蛰居后，很多家庭为了隐瞒孩子蛰居的事实，过着与世隔绝的生活。为了不让周围的人知道而极力隐瞒于亲戚朋友和左邻右舍，减少与亲友和邻里的交往。深夜出去倒垃圾，以避免被邻居询问"孩子的情况"。这种耻感意识，使得蛰居者及其家人不能从"家庭的耻辱"中解脱，也不会主动寻求他人的帮助。很多蛰居者家庭在社会上处于被孤立的境地，充满罪恶感和无力感。他们很难找到可以倾诉的对象。即便是寻求帮助，也选择离家比较远的、没有熟人的咨询机构。可以说，"耻感文化"使得蛰居者及其家人都无法摆脱"蛰居是耻辱"的观念，从而延误了寻求帮助的最佳时机，并最终导致蛰居问题出现了长期化和高龄化的趋势。

二 "不给别人添麻烦"的行事准则

耻感文化对日本人的性格和行为方式都产生了很大的影响。其中，"不给别人添麻烦"的行事准则就是其重要影响之一。所谓"不给别人添麻烦"，就是要做好自己分内之事。学生要努力学习，不给父母和老师添麻烦；家庭主妇也要做好持家育儿的工作，不给丈夫和周边邻居添麻烦；职场人就要做好本职工作，不给领导和其他同事带来麻烦；等等。对个体而言，做好自己的本分和本职工作就是"不给别人添麻烦"的最好诠释。在日本人的观念中，让别人不快、让别人担心、不劳而获等给周围人添麻烦的行为都是让自身感到耻辱的事情。

[①] 境泉洋、植田健太、中村光他：『「ひきこもり」の実態に関する調査報告書―NPO 法人全国引きこもり KHJ 親の会における実態―』，志學館大学人間関係学部境泉洋研究室，2004 年。

日本社会到处都是一种安静祥和的气氛。地铁里、电梯里，大家都遵循着一定的规则，不大声说话，不接听电话，不会直视他人，也不会因为某个人有残疾等与众不同的地方而去注意他。虽然是在拥挤的车厢，人与人之间仿佛形成了一种互不干涉和打扰的默契。日本人在地铁里总是自己看书报、闭目养神、用手机上网或是学习，从来不高声说话，即使接到手机来电，也会将手机关掉，非常自觉。在地铁里，日本人看报总是将报纸折成只有A4纸那样的一小块来阅读。① 这种安静有序的氛围非常舒适，令人愉悦。然而，这种秩序背后也带有一种冷漠。比如有人突然身体不舒服甚至晕倒时，路人往往都采取回避的观望态度，甚至会当作什么也没有发生一样走过。

日本人从小接受"不给别人添麻烦"的教育。"不给别人添麻烦"已经渗透到青少年生活的各个方面，成为一种基本的生活准则。战后日本青少年的思想意识和价值观发生了较大的改变，他们更为崇尚自我、追求个人价值的实现。即便如此，他们对社会规范意识依然遵从，这也是扎根于日本人内心深处对规范意识的绝对服从。早在1970年11月，日本总理府青少年对策本部对全国15～24岁年龄段的161,700人开展了"青少年的人生观和生活意识"的调查，在针对"当你身处街上或者电车中等人员众多的地方，会采取什么样的态度"的提问中，60%的人选择"首先不给他人添麻烦"，还有28.4%的人选择自己的行动是建立在不给他人添麻烦的前提下，只有1%的人选择"不怎么在意他人"。② 另外，1987年日本NHK广播文化调查研究所舆论调查部开展的"初中生、高中生的生活和意识"的调查结果显示，绝大多数中学生认可"不给他人添麻烦"的生活方式，其中初中生的赞成率为60.6%，高中生为49.9%。③ 可见，日本青少年在为人处事中，尽力

---

① 林桦：《刹那樱花——一个中国白领的日本印象》，中信出版社2007年版，第23页。
② 総理府青少年対策本部：『青少年の連帯感などに関する調査から（4）人生観と生活の意識』，『青少年問題』1971年第18卷10号，第60-61頁。
③ 総務庁青少年対策本部編：『青少年白書（平成元年版）』，東京：大蔵省印刷局1990年版，第42頁。

使自己的欲求服从于社会的规范意识，而不是超越规范来满足自我的欲求。

日本人无论内心如何不愿意做某件事情，但如果是社会规范使然或是工作要求，也会面带微笑，去认真完成。这也是日本人隐忍性格的一个方面，同时也能很好地解释为何战场中的日本人凶残可怕，而我们接触到的日本人大多和蔼可亲。因为社会规范变了，日本人也会随之改变。第二次世界大战时的规范就是要求军人无条件服从天皇，为天皇卖命，集体服从军国主义。因此，至今日本人也不觉得哪一个个人有罪，要是有罪的话，也是集体性的罪过。战后，日本走上了和平发展道路，日本人很快就接受国家制定的规范，认真勤恳地进行经济建设，迅速成就了日本的经济腾飞。日本人的礼仪和规范意识、有序的社会秩序、彬彬有礼的服务观念等，也成就了日本优秀的国家形象。

耻感文化虽然成就了日本人高度自律的国民性格，但是却不利于现代人际关系的形成。现代社会与自给自足的小农经济时代不同，是一个相互依赖、互有所求的社会。这种"不给别人添麻烦"、自我约束性强的国民性格，使得相互间交往变得简单的同时，也缺乏深层交流。"不给别人添麻烦"也就意味着不会与他人有过多的交集。在礼仪和客气中，掩盖着冷漠和自私，缺少人情味。很多日本社会学家指责日本人冷漠时常用的一句话是"只关注自己周围一米内"。"不给别人添麻烦"成为人际交往的基本准则。然而，这种行事准则背后是人际关系的淡薄和疏远。

早在 20 世纪 70 年代末，蛰居现象萌芽之时，日本青少年的人际关系已出现了疏远的迹象。现在，10～29 岁年轻人的人际关系，普遍存在以下特征：讨厌亲密关系，过于在意是不是会给对方添麻烦，相互间不谈心，也不过于依赖。他们之间会尽力回避涉及内心的、有纠葛的话题，对此经常用"沉重"一词来敷衍处理。① 大阪市 NPO 法人"年轻人国际支援协会"

---

① 近藤直司、長谷川俊雄編著，蔵本信比古、川上正己著：『引きこもりの理解と援助』，東京：萌文社 1999 年版，第 50 頁。

理事、曾经有过蛰居经历的横山泰三指出:"日语中的'麻烦'一词本身就具有排外感。说起日本人,如果想找人商量,或者面临困难,即便是家人,也不能添麻烦。这已经根植于日本独特的文化和美德中。但是也成为阻碍交流的最主要原因。"① 当今日本青少年奉行礼仪主义,遵守社会规范。但是在谦和礼貌、举止得体、遵守社会秩序和规范的背后隐藏的是孤独和寂寞。这种行事准则也使得很多蛰居者在不能实现自我独立的情况下,出于"不能给别人添麻烦"的心理,而不得不放弃回归社会的努力,蜷缩在自我的世界中。

三 蛰居青少年的人际关系危机

日本青少年的人际关系危机与日本的耻感文化关系密切。在耻感文化的熏染下,青少年在人际关系方面表现得谨小慎微。他们坚持"不给别人添麻烦"的行事准则,回避与对方的亲密交往,避免过于关注对方的事情。同学、朋友,甚至家人之间都尽量避免冲突和争论,以此来回避意见分歧,相互间只维持表面的人际交往。由此带来的人际关系危机成为诱发蛰居问题的文化根源之一。

日本社会富裕后,青少年价值观念的改变突出表现在个人主义的滋生。许多人奉行个人主义,他们强调自我,一切以自我为中心,要忠实于自我地生活。缺乏社会责任感,不喜欢社交,抛弃了奋斗精神,没有了朝气,丧失了目标。泡沫经济破灭后,社会矛盾的加剧使得青少年个人主义倾向日益严重。青少年之间的交往保持界限和距离,不谈论自己的苦恼、担忧等个人问题,他们认为相互间"维持良好人际关系的秘诀,是只限于在爱好和兴趣上同人交往,其余一概不接触"。② 这种表层化的人际关系是非常脆弱的,无法建立真正的友情,也交不到知心朋友。年轻人很擅长表面的、

---

① 池上正樹:『大人のひきこもり:本当は「外に出る理由」を探している人たち』,東京:講談社 2014 年版,第 90 頁。

② [日]千石保:《"认真"的崩溃:新日本人论》,何培忠译,商务印书馆 1999 年版,第 84 页。

肤浅的人际交往。同学之间可以"直言不讳地聊天""大声说话",但都不是亲密的朋友。而且,大家之间的交谈尽力回避隐私的、有分歧的话题。每个人最在意的是"不想伤害对方,也不想让自己受伤"。青少年变得不愿意与人交往,人际关系逐渐淡化。同学间的集体活动减少,喜欢独自一人听音乐、看录像、打游戏的人增多。也就是说同与人交往相比,更多的人选择独处。依靠新媒体来打发时间的青少年,没有远大的抱负,满足于衣食无忧的生活现状,越来越孤僻。

社会交往是青少年社会化不可缺少的条件之一。无论是在学校,还是在公司,都有可能受到人际关系的困扰,也有可能受到伤害。但是,人是群居者,需要在社会中,在群体中接受挫折训练,从而获得成长。蛰居问题的出现与战后日本城市化、信息化过程中的人际关系危机有着密切的联系。无论是不登校、高中退学、校园欺凌,还是不能适应职场环境,都与人际关系有着密切的联系。青少年的人际交往危机日益严重。很多人为了自我保护,而拒绝与人过密交往,逐渐被社会"孤立"。甚至与家人也不交流,长期封闭在自我世界中。日本人回避冲突、回避矛盾的文化习惯,带给青少年的影响是潜移默化的。很多青少年之间也尽量回避冲突,相互间不深交,这样的人际关系是表层的,没有深入的交往,也就不会建立深厚的友谊。虽然表面上看,日本孩子也在一起有说有笑,但是他们的交往仅限于在一起开玩笑、玩耍。至于烦恼等会给对方带来麻烦的交流基本上是不会涉及的。另外,很多大学生的生活也是没有朋友、孤独寂寞的大学生活。交不到朋友的原因一是专注于考试,学习压力大,没时间和朋友一起玩;二是因遭受过欺凌,对人际关系有一种畏惧心理。因现实生活中无法建立人际交往,而沉迷于电脑游戏,来麻痹自己,这种用电脑游戏来弥补现实生活中人际关系缺失的孩子,有可能走向蛰居。

总之,青少年人际关系发生了由"对人恐惧"到"接触恐惧"的变化,突出表现在不登校和蛰居问题的严重化。蛰居问题是紧随不登校问题出现的青少年问题。蛰居者自身没有出人头地的愿望,即便是有此愿望,实现的可能性也非常低，他们不工作，衣食住完全依赖父母。进而发展到厌烦人际交往，害怕与人接触，直至不能外出，闭居在房间内，脱离社会关系。长期蛰居，就会带来严重的人际关系危机。因为长期蛰居的话，朋友越来越少，和以前的朋友逐渐失去联系，即便朋友打来电话也不接。蛰居者对自己的生活状态感到羞耻而不愿意让他人知晓，以至于越来越孤立和封闭，失去自信心。

第三节 集团主义文化与蛰居青少年的孤立性

一 集团主义教育与自我的缺失

集团主义是日本文化的典型特征之一。这种集团主义不仅在第二次世界大战中对天皇的崇拜和绝对服从中体现得淋漓尽致，而且，战后以来，日本的家庭、学校及企业等社会生活的各个方面，都被集团主义意识包围着。在日本，群体是超越一切而永久存在的；而个人只是暂时的，并且不能独立于群体而存在。当然人们并不否定个人的贡献和作用，但个人应置于群体之下。实现自我就是要找到自己在集体中的位置。一个集体的成功就意味着它的成员的成功。[1]正如李卓所说，在思维方式上，日本人具有强烈的集团归属意识，人们时时意识到自己属于集团的一员，"自我"是以社会群体方式体现的。个人应该属于某一集团，集团成员由一种共同命运和共同利益联系在一起。这种集团的概念，对于现代日本人来说，最重要的是自己所供职、求学的企业、机关、学校。[2]现代日本社会中，潜在的集团意识是根深蒂固的，日本的社会结构按照集团单位被划分，如果不将自己融入其中，就无法生活下去。正因为不想离开学校、公司，学生受欺凌到想自杀的程度也会去学校上学，员工宁肯工作到过劳而死也不愿意辞职，

---

[1] ［德］马勒茨克：《跨文化交流：不同文化的人与人之间的交往》，潘亚玲译，北京大学出版社2001年版，第105页。
[2] 李卓：《日本国民性的几点特征》，《日语学习与研究》2007年第5期。

这些悲剧的产生都是源于人们内心深处存在的不安。① 不上学、不工作就会产生不安，所以日本人为了掩饰这种不安，就要拼命地工作，努力将自己融入某个集体中，从而获得一种心理上的安心感。

日本社会奉行集团主义，如何融入集团、成为集团中的一员是日本人的必修课。日本很重视集体意识与协作精神的培养。集团主义教育就是以培养集团主义的人为目标的教育。所谓集团主义的人，是指具有将自身作为集团一部分的自觉和集团感情，视集团利益优先于个人利益的人。集团主义教育从小就渗透到青少年的日常生活中，这一点从日本的家庭教育中可以窥见一斑。日本父母总是教育孩子要学会察言观色，注重培养孩子的集体主义意识。日本母亲一开始就引导儿童学会如何与集团成员和睦相处，不做出格的事情。教育孩子只有通过集团的协调一致，个人才能得到他人的热情关照，个人的愿望才能自然而然地变成现实。学校教育也强调平等一致性，注意培养集体观念。日本从幼儿园时期就开始注重培养孩子的集体观念，教育孩子要与大家保持一致，不能搞特殊，穿衣吃饭都要和大家保持一致，否则就会给别人带来不安感。企业中同样要讲究集团主义。公司和职员之间本是相互间负有权利和义务的契约关系。但是，对于日本人来说，日本的公司和职员的关系，就像母子关系一样。公司的领导像母亲一样为职员考虑各种各样的事情。当公司效益不景气时，公司领导首先减薪。职员也依赖公司，双方之间形成了相互依存的关系。②

集团主义强调个人首先是群体的一部分，个人与集体融合为一体，始终要和谐共存。正如土居健郎指出的："日本人喜欢团体活动，不善于独自行动，因为独来独往很容易被误解为叛离集团的行为，所以他们不愿搞个人行动。"③ 在日本，个性、搞特殊就意味着脱离了集体，会被集体排斥。因

---

① 山下耕平：『迷子の時代を生き抜くために：不登校・ひきこもりから見えてくる地平』，京都：北大路書房 2009 年版，第 87 页。
② 千石保：『いつく日本人〉になるか：日米母子調査にみる育児と文化』，東京：小学館 1984 年版，第 20 - 21 页。
③ ［日］土居健郎：《日本人的心理结构》，阎小妹译，商务印书馆 2007 年版，第 35 页。

此从学校到企业都努力维持着集团主义，自己不搞特殊，即便有想法也不随意提出来，待人接物都笑脸相迎，大家穿统一的衣服，这样就避免了服装差异带来的不同。学生穿统一的制服，企业员工穿统一的正装，然后大家都使用一张相似的笑脸，说话都温柔和气，尽量回避正面交锋，遇事协商解决等这些生活细节中都体现着集团主义。"凡事随大流""和大家一样"就成为大多数日本人的行为判断标准。很多孩子为了不被集团排斥而拼命地迎合，即便是自己不愿意的事情也表现出和大家有一样的兴趣爱好。迷你裙的流行也是由于大家不愿意与众不同，即便不喜欢穿迷你裙，因为周边的同学或朋友都在穿，自己也必须和大家保持一致。特别极端的事例是有些中学女生从事援助交际等不良行为，仅仅是为了与朋友保持一致。在她们的心目中，能融入朋友圈，不被集体排斥，比什么都重要。

然而，这种集团主义教育与当今日本青少年追求个性化的生活方式出现了价值观冲突。早在1970年代，日本社会富裕后，伴随着西方个人主义价值观的传入，日本社会意识开始由集体主义向个人主义转化。青少年的个人主义滋生，他们强调自我，一切以自我为中心，忠实于自我地生活。到了1990年代，日本社会进入泡沫经济崩溃后面临全面转型的多元化时代。在全球化、国际化迅速发展的背景下，青少年个人主义意识进一步增强，集团主义文化受到质疑，"学历社会"和"划一式"的集团主义教育体制也受到批判。与强调"集团性"和"一体化"的集团主义教育不同，承认个性化，注重个性培养已成为当今社会发展的必然趋势。

二 集团主义文化下蛰居青少年孤立性凸显

集团主义是一把双刃剑，一方面为日本的近代化和战后经济腾飞发挥了积极的推动作用。另一方面也存在着"压抑自我意识"的弊端。集团主义教育下对个性的压抑成为青少年蛰居问题产生的重要文化根源之一。

在集团主义文化影响下，日本社会崇尚团体型的人际关系，集团成员之间相互依存。日本人的人际关系在自己工作的单位、自己所属的团体中体现出来。人是社会性动物，当人失去集体时，就无法生存下去，因此，所谓身份就是对集体（共同体）的归属意识。①当人们失去所属团体时，通常会有一种孤立感和丧失自我的感觉。在集团主义文化的影响下，绝大多数日本人都能够很好地适应日本文化中的"空気を読む"（Kuuki wo Yomu），即能够读懂氛围，察言观色，理解对方的言外之意，保持恰当的言行举止。

不过，这种集团主义文化抹杀了青少年的个性，使得与众不同、有个性的孩子受到孤立，不被大家认可，甚至成为受欺凌的对象。日本中小学发生的集体排斥某一个学生的校园欺凌问题与日本人的集团主义文化有着一定的联系。集团主义的特点是否定自我，强调绝对的统一。这导致日本人文化心理、思维方式高度的同质和对集团内部异质存在的排斥。不管你的水平高还是低，只要存在与其他大多数人不同的地方，就很容易成为被大家孤立的对象。心理专家丸田认为，欺凌现象是"寻找投射对象"的一种形式。这位专家说："'寻找投射对象'加强了一个组织的团结。这种现象在各地都是如此。通过袭击或排斥一个人，这个组织的其他成员获得了心理和精神上的稳定感。"②在某个团体中，言行举止、性格比较特别的成员，常常成为众人欺凌的对象。动作迟钝、脏、转校生、外国人或混血儿等常常成为欺凌的借口，有时甚至是优等生、长得漂亮也容易成为被嫉妒的对象而受欺凌。冷剑指出很多"都市隐者"说他们不堪忍受学校里的遭遇，或由于太胖或太腼腆，有时甚至是在体育和音乐方面过于突出，就经常受到他人的欺凌。按照日本的说法是，伸出来的手指会挨打。其他国家的年轻人可以有不同的选择，如果无法适应主流，他们或可以加入某种团伙，或成为某种亚文化群体的一员。但是在日本，社会的一致性受到鼓励，名声和外表是极为重要的，叛逆的形象遭到压抑。③

蛰居问题的产生与集团主义有关。在处处以集团主义为准则的日本

---

① ［日］橘玲：《日本人——括号里的日本人》，周以量译，中信出版社2013年版，第66页。
② 《社会应对校园欺凌"零容忍"》，《参考消息》2006年12月1日。
③ 冷剑：《令人忧虑的日本"都市隐者"》，《科学与文化》2006年第6期。

社会中，很容易让那些遭受校园欺凌、不登校及无法适应职场生活的青少年失去容身之所。学校不能去，单位也不能去，街坊邻居也会投以异样眼光。孤独、自卑的他们逐渐封闭自己，自暴自弃，断绝与他者的联系，走上消极避世的蛰居之路。由蛰居者创建的兵库县 NPO 法人团体负责人森下彻指出："无论是在家里、学校，还是社会，想说的话不能说。如果和别人不同，或者说反对的意见，就会出现一种立即被否定并被排斥的气氛。这种适合强者生存，对弱者来说很难立足的社会，也是精神障碍和蛰居的原因之一。"[①] 此外，日本精神科医生中垣内正和指出："蛰居的本质是孤立。蛰居者本人被社会孤立的同时，也被父母和家人孤立。"[②] 总之，在人际关系危机日益加剧的当今日本社会，寂寞、孤独成为蛰居青少年的常态化精神状态。

[①] 池上正樹:『大人のひきこもり：本当は「外に出る理由」を探している人たち』，東京：講談社 2014 年版，第 91 頁。

[②] 中垣内正和:『はじめてのひきこもり外来 ：回復のための 10 ステップ』，東京：ハート出版 2008 年版，第 64 頁。

第七章　日本应对蛰居问题的对策

通过前文对蛰居问题现状及其社会文化因素的分析，可知蛰居是日本社会发展的产物，规模高达数十万人，已成为不容忽视的青少年问题和社会问题之一。日本出现蛰居现象之初，人们都抱着静静等待蛰居者回归社会的想法。然而，事实证明长期置之不理的后果十分严重，蛰居的迁延性特征日益明显。这不仅给蛰居者本人带来巨大的精神压力，而且也加重了蛰居者家庭及社会的负担。鉴于此，日本政府、NPO 法人等民间团体积极开展针对蛰居者及其家人的援助活动，旨在帮助蛰居青少年回归学校或社会。本章首先分析了蛰居问题的迁延性及其后果，概述了主要援助机构及应对举措。然后，在解读日本政府有关青少年蛰居问题的政策、法令等资料的基础上，通过具体案例，着重研究日本政府及 NPO 法人等民间团体在解决青少年蛰居问题时从政策上做出的选择及其经验教训。

第一节　蛰居迁延性的成因及其严重后果

一　蛰居迁延性的成因

蛰居是一种丧失社会行为、自我封闭的消极生活状态。青少年一旦蛰居，回归社会就会变得非常困难，很多蛰居者由此走上长期蛰居之路。21 世纪以来，迁延性已成为蛰居问题的主要特征之一。目前，中老年蛰居者已多达数十万人，根据日本内阁府 2019 年 3 月公布的最新调查结果，

40～64岁的中老年"蛰居族"已多达61.3万人。[①]

　　蛰居的迁延性与蛰居者的问题行为有关。蛰居者具有一个共同特征，就是拒绝参加社会活动和人际交往，甚至与家人也不接触。他们整天待在自己房间里，睡觉、看书、上网、打游戏，甚至不理发，不洗澡，不换洗衣服，过着颓废的、昼夜颠倒的生活。具体来讲，蛰居者的问题行为主要包括：1.不参与社会，不工作，没有朋友，欠缺参与社会活动的能力；2.对别人的言行有些神经质，特别在意他人的目光，对他人感到恐惧或不安；3.回避家人，不和家人一起吃饭，尽量避免与家人接触；4.考虑的事情让人捉摸不透，也从不谈论未来；5.昼夜颠倒，运动不足，日常生活不规律；6.攻击行为，对家人实施暴力，使用粗暴的语言等；7.强迫行为，如洗手时间过长，频繁地洗手等；8.抑郁，有"绝望感""想自杀"等抑郁情绪；9.日常生活能力不足，不守时，不换衣服等；10.无法理解的不适应行为，如缠着父母，撒娇行为，无缘无故地笑等；[②]蛰居者的这些问题行为中，不参与社会活动的比例高达87.0%，行动力低下的占69.8%，生活不规律的占65.0%，对人恐惧和不安的占61.2%，回避家人的占41.4%，有抑郁情绪的占39.5%，生活能力不足的占37.5%，有攻击行为的占35.8%，有强迫行为的占28.3%，存在无法理解的不适应行为的占16.3%。[③]可见，绝大多数蛰居者不能参与社会活动。半数以上的蛰居者拒绝与他人建立联系，生活不规律。约40%的蛰居者生活能力不足，存在自我封闭和抑郁情绪。还有约三分之一的蛰居者出现了强迫症等精神症状和暴力行为。蛰居者本身具有的自我封闭、精神颓废、自信心缺失、社会经验和生活经验匮乏等特征，成为造成蛰居问题迁延性的主要原因之一。

　　[①]　内閣府政策統括官（共生社会政策担当）：『生活状況に関する調査報告書』，2019年3月，https://www8.cao.go.jp/youth/kenkyu/life/h30/pdf-index.html，2019年12月9日。
　　[②]　早稲田大学臨床心理学研究会ひきこもり班：『ひきこもりに関する調査報告』，『旅立ち』15号，2003年7月5日。
　　[③]　境泉洋、植田健太、中村光他：『「ひきこもり」の実態に関する調査報告書——NPO法人全国引きこもりKHJ親の会における実態—』，志學館大学人間関係学部境泉洋研究室，2004年。

蛰居的迁延性除了与蛰居问题自身的特性有关外，与蛰居者的家庭关系紧张也有着密切的联系。一个健康的、正值青春年华的年轻人，整天无所事事地闭居在房间里，脱离了正常的生活轨道，其父母的焦虑心情可想而知。因蛰居者与父母的交流出现了障碍，很多父母不理解蛰居孩子的心情和想法。对于"孩子为什么会蛰居""现在的心情如何""正在想什么""是否满足现在的生活状态"等均不了解。很多母亲因孩子蛰居而自责，认为是自己的养育方法出现了问题。父亲也会理直气壮地指责母亲。蛰居孩子在父母的争吵中愈发变得沉默寡言、敏感而脆弱。孩子的蛰居和母亲的自责，让整个家庭背负极大的精神负担。在蛰居者家庭中，家人有很强的抑郁、不安等精神压力的比例为 22.7%，精神压力比较大的占 42.3%。总体上看，约 70% 的蛰居者家人感到抑郁和不安。[1]家人很容易将这种焦虑情绪转嫁到蛰居孩子身上，斥责其"懒惰"、"任性"及"不思进取"。父母对待蛰居孩子，更多的是"为什么不去上学""为什么不找工作""为什么不外出"等叱咤和质疑，甚至强迫其去上学或工作。然而，父母的愤怒和责骂只能起到负作用，进一步加重蛰居者的自责感、不安感、焦躁感。蛰居者自我评价的降低以及自我否定感情的不断强化，无疑会加剧蛰居程度，形成恶性循环（参见图 7 - 1）。

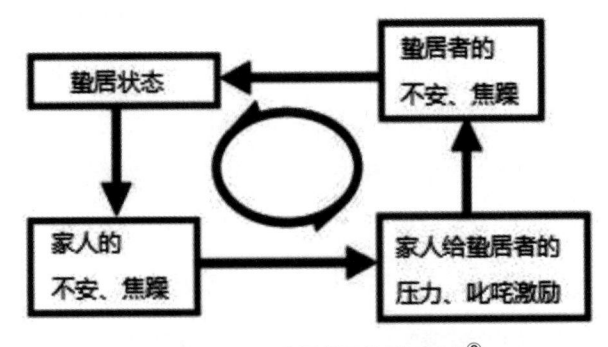

图 7 - 1 蛰居的恶性循环模式[2]

---

[1] 境泉洋、植田健太、中村光他：『「ひきこもり」の実態に関する調査報告書—NPO 法人全国引きこもり KHJ 親の会における実態—』，志學館大学人間関係学部境泉洋研究室，2004 年。

[2] 斎藤環：『社会的ひきこもり—終わらない思春期』，東京:PHP 研究所 1998 年版，第 106 頁。

在蛰居者与家人关系不断恶化的背景下，蛰居者很容易把"自己的房间"作为自我保护的场所，不允许别人进入，孤独地闭居在房间内，完全断绝与家人及外界的接触和交流。亲子间无交流以及焦躁、不安情绪的相互影响，不仅不利于蛰居者的恢复，而且会加重蛰居状态，使得蛰居问题的迁延性愈发严重。因此，援助蛰居者首先要缓解蛰居者和家人之间的紧张关系，让父母改变训斥态度，理解孩子的处境，努力接受孩子蛰居的事实。

二 蛰居迁延性的严重后果

长期的蛰居生活不仅使蛰居者出现高龄化现象，而且蛰居者会丧失自信心，变得自闭、孤僻，举止粗暴、易怒，自控力差，甚至会对家人实施暴力，严重时还会诱发精神疾病。21世纪以来，在蛰居者平均年龄超过30岁的情况下，蛰居的迁延性已经严重影响到青少年的精神状态及其父母的晚年生活，给蛰居者本人、家庭及社会带来了一系列的严重后果。

第一，蛰居者本人承受着巨大的精神压力，严重者会诱发精神疾病。蛰居是暗淡的、没有生机和活力的生活状态。长期的蛰居生活不仅使蛰居者完全脱离社会，失去了接受学校教育和参与社会生活的机会，而且会出现悲观、绝望、不安、孤独等情绪低落的抑郁症状。他们是非常孤独和被边缘化的一类人，"即使自己死了，也不会有人悲伤""任何人都不知道自己的事情，自己与他人没有任何联系""没有自己容身之地""自己是失败的人，在社会上没有生存价值"等成为蛰居者苦闷孤寂心境的写照。

日本精神科医生斋藤环指出："青少年一旦陷入蛰居状态，就会长时间几乎不出门地过着昼夜颠倒的生活，或者为回避家人而持续闭居在自己房间内。对于蛰居者来说，自尊心、面子及家庭关系的恶化等烦恼和纠葛相伴而生且不断加剧，甚至还会出现家庭暴力或自杀事件，也有可能出现强迫症、对人恐惧症等精神疾病症状。这无疑会进一步加重蛰居程度，形成恶性循环，使得很多蛰居者陷入长期蛰居状态而无法自拔。"[①]KHJ父母会（家

---

① 斋藤環：『社会的ひきこもり―終わらない思春期』，東京:PHP研究所1998年版，第23页。

庭会）2004 年发布的调查报告显示，约有 31.1% 的蛰居者患有精神疾病。①

第二，蛰居者容易出现暴力倾向，杀亲惨案频发。随着蛰居时间的延长，蛰居者的自责感也与日俱增。他们因无法回应父母的期望而痛苦不堪，特别是与同龄人相比，自己的失败和颓废，导致前途和未来一片迷茫。一些蛰居者会将自身的颓废归咎于父母，对父母的愧疚之情也随之转变成怨恨情绪。如在 KHJ 父母会（家庭会）收到的咨询信件中，有 5 名已 50 岁左右的长期蛰居者，其中一人在来信中写道："我已经蛰居了 25 年，我憎恨支持我蛰居的父母，甚至有杀害他们的想法。我已经 50 多岁了，到底该怎么办才好……"② 他们很容易将不安和怨气发泄到母亲等家人身上，出现大声喊叫、打砸家具、殴打母亲等暴力行为。

蛰居者及其家庭仿佛坠入了黑暗的深渊，蛰居者杀害亲人的案件接连不断地发生。2004 年 10 月 18 日，东大阪市 36 岁蛰居男子伊东健一，用领带勒死了父亲满幸（66 岁）和母亲良子（61 岁）。伊东已经蛰居了约 20 年，其母卧床不起，一家人的生活开支靠父亲的养老金支撑，生活非常困难，连电费也支付不起。案发前几天，满幸和朋友商量过伊东的就业问题，他说"因为儿子不能与人交往，所以希望其先从一个人工作的夜班开始，慢慢再习惯和人相处"，也谈到了"超过 35 岁，不好找工作"的烦恼。案发当天，满幸曾对朋友说"生活很辛苦，无论如何今天也要和儿子谈谈工作问题"。就业问题本是伊东不愿触及的伤痛，父亲与其谈论找工作的事情成为惨案发生的导火索。③ 2004 年 11 月 25 日，茨城县土浦市 28 岁无业男子用菜刀将父母和姐姐杀害，其供述的杀人动机是："一直以来和父母的关系不好，感觉总有一天会被家人杀害，所以在那之前先杀了家人。"该男子

---

① 境泉洋、植田健太、中村光他：『「ひきこもり」の実態に関する調査報告書—NPO法人全国引きこもりKHJ親の会における実態—』，志學館大学人間関係学部境泉洋研究室，2004 年。
② 奥山雅久：『引きこもりの後はどうなるの？五十才前後の引きこもり本人達からの問合せ』，『旅立ち』12 号，2003 年 1 月 12 日。
③ 藤田文亮、高橋一隆：『東大阪・両親殺害：就職問題が引き金か 伊東容疑者「自分も死ぬつもり」』，『毎日新聞（大阪夕刊）』2004 年 10 月 20 日社会版。

高中毕业后没有工作，一直蛰居在家。①2006年5月30日，东京都杉并区33岁男子将父母杀害后，在家里放火将自己烧死。紧接着31日，千叶县习志野市22岁男子杀害父母后，自杀而死。这些事件的加害者都是接近或处于蛰居状态的青年。

近年来，年迈父母杀害蛰居孩子的案例也屡见不鲜。2013年11月29日，在广岛县福山市，70岁的老父亲将已经蛰居20多年的长子杀害。这个孩子从小身体不好，高中退学后蛰居在家。后来上了大学，但又中途退学再次蛰居。其蛰居生活在亲戚和左邻右舍中都是一个秘密，住在附近的人也20多年没有见过他。父母10年前与其分居后，母亲每天到他的住处照顾其饮食生活。②上述惨案的发生令人震惊，引人深思。究其根源在于蛰居的迁延性使得蛰居者本人及其家人都承载着过重的精神压力，相互之间的怨恨也与日俱增，最终酿成了杀亲悲剧。

第三，长期蛰居者家庭承载着过重的经济负担。对于长期蛰居者家庭来说，不仅蛰居者自身饱受着身心的双重折磨，其家人也面临着比较严重的生存困境。蛰居问题高发的年龄段正是求学、就业的黄金期。一旦错过，在社会上自立就面临着极大的困难。蛰居者没有任何经济收入，不能自立。绝大多数蛰居者与父母同居，成为依靠父母供养的寄生族。在蛰居者平均年龄不断增长的同时，其父母也随之衰老。从图7－2来看，蛰居者父母的平均年龄基本上在60岁以上。父母用退休金和积蓄来抚养已经成年却不能自立的蛰居者，其经济压力不言而喻。

相关调查显示，蛰居者家庭的平均年收入低于全国的平均水平。KHJ父母会（家庭会）2005年调查报告书显示，蛰居者家庭的平均年收入为538万日元，比同年日本总务省统计局统计的全国家庭平均年收入（636万

---

① 髙野聡、中田純平、土屋渓：『殺人：両親と姉を殺害 容疑の28歳長男逮捕—茨城・土浦の自宅』,『毎日新聞（東京夕刊）』2004年11月25日社会版。

② 池上正樹：『大人のひきこもり：本当は「外に出る理由」を探している人たち』,東京：講談社2014年版，第118－119頁。

日元）少约 100 万日元。在被调查的蛰居者家庭中，78% 的家庭年收入低于日本家庭平均年收入。而蛰居者月平均花费约为 4.5 万日元，年平均花费合计 54 万日元，占其家庭年收入的 10%。而且，58% 的蛰居者家庭认为 5 年后家庭平均年收入会减少到 369 万日元；55% 的蛰居者家庭认为 10 年后家庭的平均年收入会减少至 335 万日元。① 对于年收入低于全国平均水平的蛰居者家庭来说，供养蛰居者是一笔不小的开支，经济压力巨大。

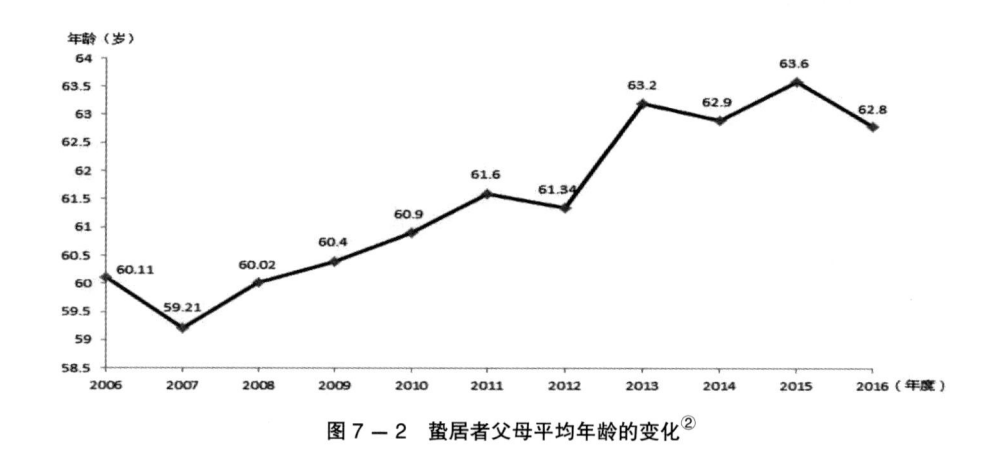

图 7-2 蛰居者父母平均年龄的变化②

父母不仅要为蛰居孩子提供日常生活开支，一半以上（60%）的蛰居者需要父母为其支付养老保险，还有超过 10% 的蛰居者没有缴纳养老保险，这意味着这些人老后不能领取养老金。③ 一些逐渐衰老的蛰居者父母出现了"我死后这个孩子如何生存"的担忧。如 43 岁的山本和也高中时经常不登校，没能考上大学。不用说正规就业，连临时工也没有做过。25 岁以后蛰居在房间里的时间越来越长，外出时间逐渐减少。和也的生活费完全靠其父亲山本一郎的退休金和积蓄维持。已经 72 岁高龄的山本一郎一旦去世，

---

① 境泉洋、中村光、ひきこもり家族調査委員会編：『ひきこもりの実態に関する調査報告書』，2006 年。
② 特定非営利活動法人 KHJ 全国ひきこもり家族会連合会：『ひきこもりの実態に関するアンケート調査報告書』，2016 年，第 103 頁。
③ 境泉洋、中村光、ひきこもり家族調査委員会編：『ひきこもりの実態に関する調査報告書』，2006 年。

山本和也的生活就会陷入困境。① 伴随着老龄化社会的加剧，蛰居者父母年龄的增长，长期蛰居者的生存问题引发关注。一旦年迈的父母逝去，蛰居者的生存将面临危机。如何解决蛰居者的生存问题成为日本社会和家庭无法回避的现实问题。

第四，蛰居是社会人力资源的极大损失。在日本少子老龄化问题加剧的情况下，蛰居人数的增多使日本面临更为严重的劳动力短缺问题。1975年以来，伴随着少子化问题的加剧，日本青少年（未满 30 岁）人口不断减少。青少年人口在总人口中所占比例已从 1975 年的 49.2% 下降到 2014 年的 27.6%（3,512 万人）。② 在不断减少的青少年人口中，不工作的人占有相当大的比例。特别是 1990 年代中期以来，在经济低迷、就业形势日益严峻的背景下，不能顺利就业的日本年轻人数量激增。对于不能正常社交、长时间与外界断绝联系的蛰居者来说，就业更是难上加难，他们往往陷入"想回归社会却又不能回归"的两难困境。因此蛰居使得日本劳动力短缺问题愈发严重，一定程度上阻碍了日本经济的发展。

此外，蛰居的迁延性，使得蛰居成为从学龄期持续到中年期的社会问题。有一些蛰居者从中学阶段开始，数十年过着蛰居生活不能自拔，40岁、50 岁以上的蛰居者不断增多。"8050 问题"（蛰居者父母超过了 80 岁，蛰居者 50 多岁）凸显。当年迈父母逝去后，失去经济来源的中老年蛰居者将陷入生存困境。中年蛰居者的增多给日本的社会保障制度和福利制度带来极大的挑战。当蛰居者的父母老去无法照顾蛰居者时，日本的社会保障和福利制度将难以支撑起越来越多需要救助的人，这些蛰居者将成为社会福利制度的负担。今后，随着蛰居人数的增多、蛰居时间的延长及蛰居者年龄的增长，针对"长期、年长蛰居者"③ 的援助迫在眉睫。如何援助蛰居

---

① 畠中雅子：『高齢化するひきこもりのサバイバルライフプラン：親亡き後も生きのびるために』，東京：近代セールス社 2012 年版，第 12－13 頁。
② 内閣府編集：『子ども・若者白書（平成 27 年版）』，東京：日経印刷 2015 年版，第 2 頁。
③ 所谓"长期、年长蛰居者"大体上指 30 岁以上，且已蛰居 5 年以上的人。参见竹中哲夫『長期・年長ひきこもりと若者支援地域ネットワーク』，京都：かもがわ出版 2014 年版，第 3 頁。

者，帮助其回归学校或社会，以解决蛰居者的生存和发展问题成为日本面临的重要课题。

第二节　主要援助机构及应对举措

一　援助的必要性

目前，日本已存在数十万名蛰居者，其严重性不言而喻。2003 年 5～6 月，"NHK 蛰居援助活动"利用网络就蛰居者本人的前景、就业观念等内容开展了调查（调查对象限定在 18 岁以上）。有 1,000 多名蛰居者参与了此项调查，他们有着强烈的不安和焦虑感，处于"不满足于现状却又不知道该怎么办""想工作却不能工作"的痛苦纠结中。① 该调查利用网络本身具有的匿名性和便利性，来把握蛰居当事者的真实状态，反映其心声，有利于蛰居者父母理解蛰居孩子的焦虑不安及渴望摆脱蛰居生活的心情，也让蛰居者明白自己并非孤身一人，有很多与自己处境相同的人。同时，蛰居者的生活状态也表明要摆脱蛰居生活，需要第三方力量的介入。

青少年一旦陷入蛰居状态，单纯靠蛰居者自身及其家人的力量，很难摆脱蛰居生活。工藤定次指出，青少年陷入蛰居状态后，虽然很快就会有悔恨之意，但无论如何也摆脱不了，经过痛苦不堪的挣扎后，逐渐变得麻木。② 工藤用具体案例阐述了蛰居长期化的演变过程。

> 案例 A：A 因为大学入学考试失败，所以下决心要努力学习。于是开始上补习班。但是因补习班里没有朋友，上课也很枯燥。A 逐渐松懈，看电视、玩游戏、旷课成为家常便饭。A 不断放纵自己"明天再去补习班"。就这样，请假的日子越来越多，最终完全放弃了补习班

---

① NHK「ひきこもりサポートキャンペーン」プロジェクト編：『hikikomori@NHK ひきこもり』，斎藤環監修，東京：日本放送出版協会 2004 年版，第 80 頁。

② 工藤定次、YSC スタッフ、永富奈津恵：『脱！ひきこもり：YSC（NPO 法人青少年自立援助センター）の本』，東京：ポット出版 2004 年版，第 66 頁。

的学习。考试的日子临近了，A明白"自己没怎么学习不可能通过考试"，结果考试失败。A不想再浪费父母的钱，于是决定在家学习。不过，这种学习热情也仅维持了一两周。对于母亲"不学习没关系吗"的质疑，A表现出了愤怒和不耐烦。此后，母亲尽量避免谈论考试的话题。但A无论如何都不能专心学习。不久，A出现了踢门、打碎玻璃、扔东西等暴力倾向。母亲整天都战战兢兢、提心吊胆。事后A虽然也很内疚和后悔，但无法控制情绪的他变得更加焦躁不安。这种破坏东西的暴力行为反复出现。于是A开始为自己的暴力行为寻找借口，认为"不是自己的错，原因在于母亲"。很快，A厌倦了破坏物品、殴打父母、想自杀等行为和想法，变得麻木，由此陷入长期蛰居状态。[1]

案例中的A由自我放纵，到出现暴力的过程中，虽然充满了悔恨、焦虑和不安，但无论如何也摆脱不了，最终走上了长期蛰居之路。可见，蛰居者本人对于自己无法上学或工作，有着非常强烈的不安和焦躁感，处在"想与人交流却不能交流""想外出却不能外出""想上学或工作却不能上学和工作"的痛苦纠结中。他们自身无法摆脱蛰居生活。因此，为了让蛰居者尽快回归学校和社会，需要第三方力量的介入。这里所说的第三方，包括相关政府机构及各种各样的民间援助团体等。NHK开展的咨询调查中，对于"为走出蛰居状态，感觉家庭以外的第三方的援助是必要的"的提问中，持肯定回答的高达81%。[2]YSC理事长工藤定次也认为"对于这些蛰居者来说，如果没有第三方对其进行帮助，无论过多少年，也很难摆脱蛰居生活"。[3]他反对等待蛰居者回归社会的想法，主张要积极行动起来，采取

---

[1] 工藤定次、YSCスタッフ、永富奈津恵：『脱！ひきこもり：YSC（NPO法人青少年自立援助センター）の本』，東京：ポット出版2004年版，第68頁。

[2] NHK「ひきこもりサポートキャンペーン」プロジェクト編：『hikikomori@NHK ひきこもり』，斎藤環監修，東京：日本放送出版協会2004年版，第85頁。

[3] 工藤定次、YSCスタッフ、永富奈津恵：『脱！ひきこもり：YSC（NPO法人青少年自立援助センター）の本』，東京：ポット出版2004年版，第20頁。

有效的援助对策，尽早帮助他们实现自立。

一般来讲，蛰居者都要经历三个阶段：一是对自己今后能否回归社会抱有不安的阶段；二是怎样都无所谓的阶段；三是完全放弃回归社会的阶段。① 青少年蛰居之初，相当一部分蛰居者为目前的生活状态而焦虑，对未来抱有不安。他们想回归社会，且自立意愿非常强烈。NHK 的调查显示，"想离开父母自立"的比例高达 80% 左右，近 50% 的蛰居者有着强烈的想离开家的想法。② 如果蛰居之初积极应对的话，蛰居者更容易回归社会。但是，随着年龄的增长和蛰居时间的延长，蛰居者本人的自立意识淡化，逐渐放弃回归社会的想法，援助难度也随之加大。因此，内田直人认为："在蛰居的初期阶段，积极援助蛰居者非常重要。"③ 2010 年，厚生劳动省公布的"新指针"中也指出，为了预防蛰居的长期化，应尽量在早期阶段进行援助。因此，对待蛰居问题必须从蛰居初期就给予积极的援助，不能一味地等待和放任。如果没有第三方的介入，不积极采取措施对蛰居者进行援助的话，蛰居的长期化和高龄化趋势会进一步增强。

二 主要援助机构

目前，日本援助蛰居者的机构主要有教育机构、医疗保健机构和 NPO 法人等民间援助团体。

第一，教育机构。因半数以上的蛰居者曾有不登校经历，积极援助不登校孩子的教育咨询中心④ 等教育机构在预防蛰居问题上发挥着重要的作用。以前，孩子去学校被视为理所当然的事情，父母发现孩子不登校后，

---

① 内田直人：『「ひきこもり」から子どもを救い出す方法：不登校・ネット依存・出社拒否・家庭内暴力』，東京：現代書林 2014 年版，第 46 頁。

② NHK「ひきこもりサポートキャンペーン」プロジェクト編：『hikikomori@NHK ひきこもり』，斎藤環監修，東京：日本放送出版協会 2004 年版，第 84 頁。

③ 内田直人：『「ひきこもり」から子どもを救い出す方法：不登校・ネット依存・出社拒否・家庭内暴力』，東京：現代書林 2014 年版，第 48 頁。

④ 教育咨询中心接受孩子或父母对学校教育、校园欺凌或不登校等问题的教育咨询。

只会一味地批评和责备，或者强迫其上学。但是，随着不登校问题的严重化，以及社会对不登校认识的深入，援助不登校的教育机构增多，援助体制逐渐健全。社会上普遍存在的"上学就好""不登校就坏"的意识发生了转变。家庭也改变了过去那种"孩子必须去学校"的想法，而是允许不登校孩子去"自由学校"等一些社会教育机构学习。社会和家庭都允许不登校孩子不上学，按照自己的意愿生活，在一定程度上减轻了不登校孩子的精神压力。不过并非所有的不登校孩子都能够勇敢地面对自己的现状，到一些适合自己的社会教育机构学习，还有一些不登校孩子长期待在家里，对于这些容易走上蛰居之路的不登校孩子来说，家人要尽早掌握孩子不登校的原因，及时与学校和老师沟通。一旦发现不登校的孩子有蛰居倾向，就要及时地采取措施，到专业援助蛰居者的机构寻求帮助。

第二，医疗保健机构。目前，应对蛰居问题的医疗保健机构主要有精神科、心脏内科、保健所、精神保健福利中心等。根据日本学界、援助机构及政府的相关调查和统计得知，蛰居是任何人都有可能发生的问题。无论是有无精神疾患，也不管年龄的大小，都可能出现蛰居症状。因蛰居者本人及其家人都很难准确判断蛰居者是否存在精神障碍，医疗机构的应对十分必要。在无法分清蛰居者是否有精神障碍的情况下，首先应该接受医疗机构的诊断，然后再采取相应的援助对策。斋藤环工作的民间医疗机构——佐佐木医院，在应对蛰居问题中发挥着重要的作用。日本精神科医生中垣内正和所在的新潟县佐潟荘医院，是日本第一个开设蛰居门诊和入院治疗的医疗机构。他指出"轻易将蛰居者视为'社会性蛰居'，乐观地采取家庭访问等援助对策是错误的。在没有让医生进行诊断的情况下，主观上已认定为'社会性蛰居'的蛰居者，却在参加家庭教室援助活动中出现了综合失调症"。[①] 经过医疗机构的诊断后，如果蛰居的诱因是综合失调症

---

① 中垣内正和:『はじめてのひきこもり外来 : 回復のための10ステップ』，東京：ハート出版2008年版，第52頁。

等精神障碍引发的，为防止病情加重，要尽早接受治疗。

保健所和精神保健福利中心等政府性援助蛰居者机构，在民间组织不健全的地区，发挥着核心作用。按照《精神保健福利法》规定，日本全国各都道府县都设有精神保健福利中心，配备专业的精神科医生、护士、精神保健福利士和临床心理士等专职人员。日本各地依据《地域保健法》设置保健所，负责当地居民的健康和公共卫生。2017年，日本全国共设有69所精神保健福利中心，481处保健所。早在2003年，厚生劳动省将应对蛰居问题的"旧指针"下发到全国各地的精神保健福利中心和保健所。在"旧指针"的指导下，精神保健福利中心和保健所积极开展援助蛰居者的工作。除此之外，还有儿童咨询所[①]和妇女咨询所[②]等援助蛰居问题的政府机构。

第三，NPO法人等民间援助团体。除政府机构外，NPO法人等民间团体在援助蛰居者中发挥着举足轻重的作用。早在蛰居现象萌芽的1970年代末，一些援助蛰居者的NPO法人等民间团体就已经出现，且常年坚持开展援助活动，受到很高的评价。目前，日本全国各都道府县共有336个应对蛰居问题的NPO法人，仅东京都就有58个应对蛰居问题的NPO法人，如青少年自立援助中心、教育援助中心"NIRE"、青少年的居所"kiitos"、KHJ父母会（家庭会）等。此外，NPO法人等民间团体作为政府援助对策的旗手，承担着很多由政府委派的援助任务，发挥了重要的作用。

援助机构的选择因蛰居者年龄和蛰居程度的不同存在差异，如果是义务教育阶段的蛰居者，可以到各地的教育委员会或教育咨询中心等咨询机构接受援助，获取相关援助信息。如果是义务教育已经结束，但还未满18周岁，可以到儿童咨询所进行咨询。除此之外，还可以到保健所或市政府的福利科咨询，以选择适合自己的援助机构。[③] 对于蛰居者及其家人来说，

[①] 儿童咨询所接受未满18岁儿童及其家庭关于校园欺凌、不登校、儿童虐待等问题的咨询。
[②] 妇女咨询所虽然不是蛰居问题的专业咨询机构，但是可以帮助遭受到蛰居者暴力的母亲们。
[③] 家庭問題情報センター編著：『若者たちの社会的ひきこもり：そのとき親や家族はどうすればよいか』，山田博監修，東京：日本加除出版2001年版，第127頁。

最便利的援助机构是当地的保健所和精神保健福利中心，以及遍及全国各自治体的"蛰居地域支援中心"（本章第三节有详细的介绍）。

三　主要应对举措

如何恢复与他人的交往，是蛰居者面临的最大问题。以斋藤环、近藤直司为代表的研究蛰居问题的精神科医生主张援助蛰居者首先要从恢复人际关系的视角开展援助活动。2001年，日本厚生劳动省向全国各自治体发布的"2001暂定版"中也指出要以家庭为中心开展援助活动，努力恢复蛰居者的人际交往。而民间援助者工藤定次则认为自立是解决蛰居问题的关键。他认为无论是精神上，还是物质上都有必要让蛰居者实现自立。森田洋司也指出"过去一味地强调要恢复精神状态，轻视自立问题，今后在自立方面，也必须采取措施积极应对"。[1]不过，社会学家石川良子认为"蛰居者长时间不与他人接触，突然间谈就业，有些勉为其难"，她认为"人际关系"和"就业"都不是解决蛰居问题的关键，对于如何援助蛰居者要具体问题具体分析。[2]而浅田（梶原）彩子在其博士学位论文《蛰居家庭的实态和对策研究》中指出"蛰居的应对因各自立场的不同而不同。对某个家庭来说，也许'能够外出'就意味着蛰居问题的解决，对其他家庭来说，蛰居的解决也许就是'通过工作实现自立'"。[3]因此，援助重点因援助主体的不同存在差异。

虽然援助蛰居者的重点不同，但无论是政府，还是民间援助团体，主要从以下几个方面采取对策：1.为促使蛰居者从房间内或家里走出来而进行的援助活动，如咨询（包括电话咨询和面谈）、家庭访问等；2.为了让蛰

---

[1] 工藤定次、YSCスタッフ、永富奈津恵：『脱！ひきこもり：YSC（NPO法人青少年自立援助センター）の本』，東京：ポット出版2004年版，第42頁。
[2] 浅田（梶原）彩子：『ひきこもりの家族の実態と対処支援の研究』，博士学位論文，奈良女子大学，2010年，第9－10頁。
[3] 浅田（梶原）彩子：『ひきこもりの家族の実態と対処支援の研究』，博士学位論文，奈良女子大学，2010年，第10頁。

居者恢复人际关系而建立的"自由空间"等设施，或者为了调整蛰居者的生活模式设立的共同生活场所，如居所等；3.对蛰居者家人的援助，如父母会、学习会、家庭教室等；4.为蛰居者提供就业体验机会，如京都府的就业援助对策等。总体上看，援助蛰居者的方法主要有咨询、家庭支援、居所、就业体验等。

"咨询"主要是以蛰居者父母为对象，通过电话咨询或面谈等方式进行辅导。因绝大多数蛰居者拒绝接受援助，因此针对父母的家庭咨询是援助蛰居者的第一步。父母发现孩子蛰居后，一定要尽早到专业机构进行咨询。

"家庭支援"是通过改变家人的态度和家庭环境，来引导蛰居者脱离蛰居生活。通过父母会、家庭教室、家庭访问等方式，让苦于孩子蛰居的父母能够得到慰藉，缓解紧张情绪。同时能够从其他家庭中学到有益的建议和好的应对方法。"父母会"是由蛰居者父母组成的交流经验、交换信息的学习会。绝大多数的蛰居家庭中，向援助机构寻求帮助的以蛰居者父母，特别是母亲为主。同样，援助机构开展对蛰居者的援助最初也是通过"父母会"等方式进行家庭援助，先让蛰居者的父母抛弃耻辱的想法，正视孩子蛰居的事实，努力改变态度，理解孩子的处境，鼓励他们接受援助。然后派专业人士通过家庭访问等方式与蛰居者本人进行接触，通过对话相互间建立信任关系，慢慢地引导蛰居者走出家门，到相关机构接受援助。因此，改变蛰居者父母的观念，是援助蛰居者的第一步，家庭支援是第一阶段。正如援助蛰居问题第一人斋藤环所说，应对蛰居问题的步骤首先是家庭支援，然后是援助个人，最后是适应集体生活。[①]斋藤环将家庭支援放在了援助对策首位。虽然蛰居者本人拒绝与他人进行交流，甚至与父母和兄弟姐妹也没有交流。但是蛰居者绝大多数都与父母同居，家人的理解和关怀，是蛰居孩子能够摆脱蛰居生活的关键。

---

① 浅田（梶原）彩子：『ひきこもりの家族の実態と対処支援の研究』，博士学位論文，奈良女子大学，2010年，第14頁。

"居所"从字面意思来看是指居住的地方。作为蛰居援助对策的"居所"是为蛰居者提供的离开家后,不受束缚可以自由活动和交流的场所,是让蛰居者感到平静、轻松和安心的地方,是蛰居者的需求和存在能够被认可的地方。"居所"具有安心感和存在感。安心感就是能够安心,感觉轻松,有一种满足感和充实感的地方;存在感就是自己的存在和想法被认可,能发挥作用。[①] 中垣内正和认为:"居所是针对蛰居者本人的、非常重要的援助对策,如果父母会中同时设立居所,父母就能够和蛰居当事者一起外出。"[②] 相关调查显示,居所也是蛰居者本人最期望的援助方法。在这里通过游玩和各种体验,蛰居者可以学习人际交往、生活习惯等基本的生存知识,找回安心感和自信心。

"就业体验"是在各种各样的合作企业内进行的劳动体验。蛰居者通过参加劳动,调整生活规律,恢复体力,学习必要的知识和技能。援助蛰居者的最终目标是如何使他们摆脱蛰居生活,重新建立生活的信心和勇气,回归社会。特别是随着蛰居者年龄的增长和其父母的老龄化,经济自立成为这些蛰居者必须考虑的问题,否则将无法生存下去。因此,对蛰居者进行就业援助十分必要,很多援助团体也把援助目标定位于帮助蛰居者就业。然而绝大多数蛰居者长期与外界隔绝,缺乏社会经验,就业对他们来说非常困难,因此不能强迫其参加劳动。就业体验并非真正的就业,而是通过就业体验活动,培养蛰居者的自立意识。

除了上述普遍存在的社会性援助对策外,日本的心理学和精神医学的援助对策主要有心理援助(辅导、认知行动疗法、家族心理教育等)和医学治疗(服用抗精神病、抑郁症等药物、医学诊断等)。特别是日本的精神医学和精神保健福利领域专家对如何援助蛰居者及对其开展有效治疗作出了积极的努力,并取得一定的成果。与此同时,面向蛰居者本人或家人

---

① 矢島正見:『戦後日本青少年問題考』,東京:学文社 2013 年改訂版,第 372 – 373 頁。
② 中垣内正和:『はじめてのひきこもり外来 : 回復のための 10 ステップ』,東京:ハート出版 2008 年版,第 58 頁。

的对策性书籍也出版了很多，在援助蛰居者、帮助其回归学校或社会方面，发挥了一定的作用。

第三节　日本政府的应对措施

一　日本政府应对蛰居问题的对策回顾

日本政府早在1980年代末就开始关注蛰居问题。1989年6月19日，青少年问题审议会就当下青少年对策的重点，向内阁总理大臣呈报题为《实施综合性青少年对策》的意见书，指出"最近，出现了以青春期少年为主要群体，不断增多的蛰居、登校拒否（不登校）等新问题"。[①] 蛰居问题成为日本政府公认的青少年问题之一。1991年，厚生省开始实施预算额度为9,900万日元的"针对蛰居、不登校儿童的福利对策事业"，针对蛰居孩子，由儿童咨询所派遣一部分大学生，到蛰居孩子的家中对其进行心理辅导。[②] 这表明，在蛰居现象被曝光之初，日本政府就已采取相应对策。不过，厚生省的这个援助对策并没有对蛰居问题进行专业界定，只是将其描述为"蛰居在家不能外出的状态"。而且，这项对策是基于《儿童福利法》的援助事业，适用对象仅限于未满18岁的少年儿童，18岁以上的蛰居者被排除在援助对象之外。目前，该项应对举措以"交心之友（精神之友）访问援助事业"的名称，继续开展相关的援助活动。

此后，日本政府不断充实和完善援助对策。援助对象不再局限于未满18岁的未成年人，将成年蛰居者纳入援助范围内，且改变了过去单纯以蛰居者为对象的援助方针，强调家庭援助的重要性。日本政府以各地的精神保健福利中心和保健所为依托，先后成立了针对蛰居者父母的"父母会"和"家庭教室"等援助组织。如1993年11月，北海道精神保健福利中心

[①] 矢島正見：『戦後日本青少年問題考』，東京：学文社2013年改訂版，第234頁。
[②] 富田富士也：『引きこもりから旅立ち』，東京：ハート出版1992年版，第25頁。

和兹贺县精神保健综合中心内设立了父母会；1996年，精神科医生近藤直司在横滨市泉保健所为蛰居者父母开办了家庭教室。因绝大多数蛰居者拒绝接受援助，所以通过蛰居者父母开展援助是比较有效的途径。

2000年以来，伴随着蛰居的社会问题化，日本政府和各地方自治体加大了对蛰居问题的援助力度。厚生劳动省积极开展针对蛰居问题的调查研究，于2001年、2003年和2010年，先后三次公布了应对蛰居问题的"指针"，并将其下发到保健所、精神保健福利中心及儿童咨询所。2001年，日本厚生劳动省向全国各自治体发布的"2001暂定版"中，将恢复蛰居者的人际关系作为援助重点。提出要以家庭为中心，将保健所和精神保健福利中心作为援助基地开展相关援助活动，同时指示医疗机构要采取积极应对措施。2003年，厚生劳动省正式公布的"旧指针"，将蛰居看作青春期内暂时性问题，是劳动政策问题。此时，30～50岁蛰居者的自立问题成为社会各界关注的话题，就业支援成为援助蛰居者的核心政策，厚生劳动省出台了一系列的援助对策。2004年，"啃老族"现象引起了社会各界的广泛关注，出现了蛰居与"啃老族"混淆的局面。伴随着"啃老族"一词在新闻媒体上的广泛传播，社会各界普遍认为蛰居问题的核心是就业问题。因此，日本政府援助"啃老族"和年轻无业者的劳动对策中也增加了对蛰居者的援助。2005年3月31日，厚生劳动省为援助"啃老族"和蛰居者，设立了"年轻人自立塾"（全名为"年轻人职业自立支援推进事业"）。所谓"年轻人自立塾"，就是厚生劳动省委托日本生产性本部，对"啃老族"和蛰居者进行就业支援的政府扶助事业。旨在通过对参加者开展3～6个月的生活训练和职业体验，实现帮助其就业的目的。2010年5月，日本政府发布《关于蛰居的评价、援助指针》（"新指针"），提出了多层次、分阶段的援助方针：首先，开展针对蛰居者及其家人的咨询活动，对有精神障碍的蛰居者要采取专业的医疗援助，同时努力缓解蛰居者和蛰居者家人的紧张情绪，改善援助机构的环境，积极帮助蛰居者克服自立过程中遇到的困难。其次，努力构筑包括教育、保健、福利、医疗等多部门协作的援助体系。最后，个人援助与家庭援助相结合,通过家庭访问、提供居所、就业体验等援助方法,逐步引导蛰居者离开家庭,恢复人际交往,参与社会活动。"新指针"既重视人际关系的恢复,也积极开展就业援助,是比较全面、系统的应对指针。

此外,各地方自治体也积极展开应对蛰居问题的援助活动。日本各地方自治体都设有青少年科,综合规划、管理、协调和监督青少年问题及事务。各地方自治体青少年科作为政府机构,拥有充足的经费和专业的工作人员,在援助蛰居者过程中发挥着重要的作用。如京都府府民生活部青少年科针对蛰居者的援助对策主要有建立针对初期型蛰居访问援助团队、青少年社会体验活动和社会性蛰居青少年就职体验事业等。东京都青少年治安对策本部综合对策部青少年科的主要援助方法有家庭访问、提供居所及社会体验活动等。与其他地方相比,东京都的对策更为多样化,除提供居所、开展就业援助、组织志愿活动等援助对策外,还开设电子邮件咨询等援助活动。作为特别援助对策,还建立了旨在与东京都内的NPO法人开展合作的蛰居援助网络,为东京都内的蛰居援助机构提供相关信息,这样更有利于团结各方力量促使蛰居者回归社会。此外,埼玉县等地方政府也积极加强与民间团体的合作。如2003年6月24日,埼玉县障碍福利科召集县所属的21个保健所和精神保健中心的约40名负责人召开蛰居研修会。县立大学教师、KHJ父母会(家庭会)代表等从不同立场阐述了各自的观点。埼玉县政府向其所属的蛰居者"居所"发放了补助费,并把单纯辅导和访问援助作为委托事业交给KHJ父母会(家庭会)负责。[①]综上所述,日本政府和各地方自治体在应对蛰居问题上发挥着核心作用。

二 《儿童·青年培养援助推进法》的制定及其主要内容

21世纪以来,在有害信息泛滥,青少年生活环境不断恶化,以及"啃老族"、蛰居、不登校、成长障碍等青少年问题日益严重的背景下,为综

---

① 奥山雅久:『引きこもり問題 動きだしてきた各自治体』,『旅立ち』15号,2003年7月5日。

合推进青少年培养援助政策，帮助那些在社会生活中有困难的青少年，制定援助年轻人的专门法律被提上日程。2009年7月1日，日本国会通过了《儿童·青年培养援助推进法》（2009年7月8日公布，2010年4月1日实施）。这是日本第一部将蛰居者列为政府援助对象的法律。

2003年6月10日，日本政府成立了内阁总理大臣为本部长的"青少年培养推进本部"，同年12月制定了《青少年培养施策大纲》，该大纲旨在全面推进青少年援助对策在保健、福利、劳动、非行等各个领域内的有效实施。2005年6月，内阁府公布了《关于年轻人综合性自立援助研讨会报告》。该报告将年轻人的自立援助列为国家的最重要课题之一。指出政府要从教育、终身学习、就业、社会保障、家族、健康医疗等领域全方位地推进自立援助对策。特别是将"啃老族"等自立存在困难的年轻人作为重点援助对象。[1] 2008年，"青少年培养推进本部"又推出了新的《青少年培养施策大纲》（简称《新大纲》）。《新大纲》指出，援助青少年的基本方向是针对"啃老族"、蛰居等自立或参与社会存在困难的青少年，政府和民间等相关机构要协同合作，通过各种办法尽早应对。主要措施包括各地方建立官民协作的援助网络；确保各相关机构之间青少年支援信息的共享；完善对青少年及其监护人的访问援助体制；等等。[2]

2008年秋，日本出现了拟制定援助"啃老族"、蛰居者等年轻人法律的动向。同年9月29日，内阁总理大臣麻生太郎在参议院大会上的演说中指出，"如果肩负着日本未来的年轻人没有希望的话，将会动摇国家的基础。我们要伸出援手，让困难的年轻人实现自立，因此有必要研究制定援助年轻人的新法律"。[3] 以此为契机，以内阁府为中心开始了研讨法案的工

---

[1] 伊藤良高、永野典詞、大津尚志、中谷彪編：『子ども・若者政策のフロンティア』，京都：晃洋書房2012年版，第4頁。

[2] 竹中哲夫：『ひきこもり支援論：人とつながり、社会につなぐ道筋をつくる』，東京：明石書店2010年版，第206頁。

[3] 竹中哲夫：『ひきこもり支援論：人とつながり、社会につなぐ道筋をつくる』，東京：明石書店2010年版，第206頁。

作。2008年10月23日，为制定援助蛰居者的新法案，日本政府各个相关省厅进行了第一次商讨。计划各个地方组建官民协议会作为新法的支柱，对存在困难的年轻人进行全面的、长期的援助。并拟定在下一年度的通常国会中提出新法案。2009年3月6日，内阁府向国会提交了《青少年综合对策推进法案》。该法案经讨论改名为《儿童·青年培养援助推进法》，并获得国会通过。

该法的主要内容包括两点：一是与《学校教育法》《儿童福利法》《雇佣对策法》等相关领域的法律相结合，综合推进教育、福利、就业等相关领域中的儿童、青年培养援助政策。二是推进建设针对"啃老族"、蛰居等在社会生活中存在困难的儿童、青年地域援助网络。加强市町村的教育、福利、医疗等行政机构与NPO等民间团体的团结协作，努力构建国家、地域及相关机构通力合作的蛰居应对网络。国家在调查研究、人才培养、信息提供及建议等方面提供必要的援助；地方协议会（地方公共团体单独或共同设置）负责援助内容的协议、信息交换等工作；各相关机构负责具体援助对策的实施；等等。虽然《儿童·青年培养援助推进法》不是专门援助蛰居者的法律，但蛰居者已被纳入援助范围之内，对于蛰居当事者及相关援助机构来说，具有重要意义。该法的制定和实施为援助蛰居者提供了法律依据，故2009年被称为"蛰居法制化元年"。

三 案例分析："蛰居对策推进事业"的实施

日本厚生劳动省是直接管辖蛰居问题的行政机构[①]，一直以来在精神保健福利、儿童福利、"啃老族"、蛰居等领域内开展咨询工作。2009年，创设了"蛰居对策推进事业"，旨在更加充实地应对蛰居问题。这项援助活动由两部分组成：一是设置和运营"蛰居地域支援中心"；二是培养和派遣蛰居支援者。

---

① 2009年之前，日本政府中有关蛰居问题的工作由厚生劳动省承担。2010年开始，改由内阁府负责。

近年来，作为政府机构的"蛰居地域支援中心"担负着援助蛰居者的重任。2009 年以来，日本厚生劳动省从国家财政预算中拨出 5 亿日元专款，在全国 47 个都道府县及政令指定城市设立了"蛰居地域支援中心"。截止到 2016 年 12 月 1 日，全国共设立了 68 个"蛰居地域支援中心"（详见附录 E）。其实施主体为各自治体的精神保健福利中心、保健所、儿童咨询处等。"蛰居地域支援中心"作为援助蛰居问题专用的第一次咨询窗口，设立于各都道府县和政令指定城市。在地域的蛰居援助中发挥着核心作用。该中心以社会福利士、精神保健福利士、临床心理士等专业人士为中心，旨在为蛰居者及其家人提供咨询和有关蛰居对策的信息，加强与 NPO 法人等民间团体合作，建立援助蛰居者的区域网络，促使蛰居者早日回归社会（参见图 7-3）。

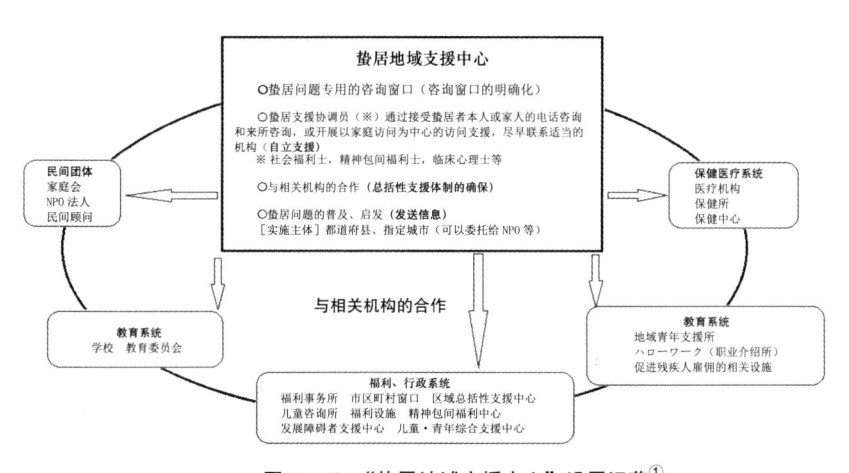

图 7-3 "蛰居地域支援中心"设置运营[①]

"蛰居地域支援中心"的主要援助方法有电话咨询、面谈、家访、家族会、就业体验等。基本的援助流程为电话咨询或面谈，然后根据情况推荐

---

① 厚生労働省：『社会的孤立に対する施策について-ひきこもり施策を中心に-』, 2016 年, http://www.mhlw.go.jp/file/06-Seisakujouhou-12000000-Shakaiengokyoku-Shakai/0000184842.pdf., 2018 年 2 月 4 日。

其去保健所等医疗机构接受治疗，或者介绍其参加家族会、就业体验等活动。当然，各地在援助方法、流程及水平方面存在一定的差异。例如，大阪"蛰居地域支援中心"的援助方法主要有电话咨询、面谈、家族会。此外，支援中心还担负着从相关机构收集蛰居信息，并通过网络向府民或相关机构传递信息的任务。与此同时，还积极开展与相关援助机构如保健所、医疗机构、就业援助机构的合作。兹贺县"蛰居地域支援中心"的咨询、家族交流会等援助对策与大阪无明显差异。但作为特别援助活动的劳动体验的水平相对较低，只限于在中心内从事简单劳作，没有与相关企业开展劳动体验合作，缺乏与民间支援团体的协作。显然，与大阪府相比，兹贺县"蛰居地域支援中心"的援助内容和水平明显不足。

培养和派遣蛰居援助者是为实现对蛰居者及其家人进行全面且持续的援助而开展的应对举措。具体来讲，就是日本各都道府县通过培养和派遣包括蛰居经历者（同伴援助）在内的"蛰居援助者"，尽早发现各地域潜在的蛰居者，并尽快联系适当的援助机构，促其自立。蛰居援助者的研修内容主要是蛰居的基本知识，包括蛰居的状态、援助方法以及援助上的注意事项等。培训合格的蛰居援助者被派往各地，开展针对蛰居者及其家人的咨询和访问援助等活动。①

从政府的政策变迁来看，最初将蛰居问题作为不登校问题的衍生物，单纯从教育问题视角采取援助对策。2000年前后，伴随着蛰居的社会问题化，日本政府和各地方自治体加大了对蛰居问题的研究和应对力度，蛰居问题成为精神保健福利领域的援助对象。2004年前后，伴随着"啃老族"问题的凸显，就业援助成为日本政府应对蛰居问题的核心政策。2009年，《儿童·青年培养援助推进法》的制定，开启了蛰居援助的新时代。此后，日本政府的免费援助对策，以大城市为中心不断强化。特别值得一提的是

---

① 厚生労働省：『社会的孤立に対する施策について－ひきこもり施策を中心に－』，2016年，http://www.mhlw.go.jp/file/06-Seisakujouhou-12000000-Shakaiengokyoku-Shakai/0000184842.pdf.，2018年2月4日。

在全国各地设立的"蛰居地域支援中心"作为蛰居问题专用咨询窗口，在援助蛰居者中发挥着举足轻重的作用。政府机构作为初次咨询窗口，接受蛰居者或其家人的咨询，然后按照蛰居者情况采取相应对策。如果蛰居者具有综合失调症（精神分裂病）、抑郁症、强迫性障碍、恐慌障碍等精神障碍，就要将其介绍到保健所或医疗机构接受专业治疗。而"社会性蛰居"的应对措施，主要包括上述的咨询、居所、父母会、就业体验等援助方法。综上可知，21世纪以来，日本政府开展了大规模的针对蛰居问题的研究事业，出台了应对蛰居问题的政策法规，创设了"蛰居对策推进事业"，设置了"蛰居地域支援中心"，逐渐成为应对蛰居问题的核心力量之一。

第四节 NPO法人等民间团体的援助对策

一 NPO法人等民间团体及其援助方法

除日本政府主导的援助活动外，众多的NPO法人等民间团体作为援助蛰居者的民间力量，积极开展家庭访问、生活训练、就业体验等各种各样援助活动的同时，也承担着很多由政府委派的援助任务，在应对蛰居问题上发挥着举足轻重的作用。

NPO法人等民间团体对蛰居问题的关注比较早。1980年代，在政府还未关注蛰居问题的时候，各种援助不登校和蛰居问题的民间团体已经出现。1990年代以来，不断增多的民间团体是援助蛰居者的核心力量。比较有代表性的如NPO法人KHJ父母会（家庭会）、NPO法人自由学校全国网络（44个团体加盟）、NPO法人日本自由学校协会（41个团体加盟）等。[①] 其中，1990年，富田富士也在千叶县松户市开设的"朋友空间"是比较有代表性的援助蛰居者的民间团体之一。从1990年秋到1997年的7年间，共

---

① 古庄健：『ひきこもり支援の歩みと課題』，载青木道忠、関山美子、高垣忠一郎、藤本文朗編著『ひきこもる人と歩む』，東京：新日本出版社2015年版，第159頁。

接待付费咨询家庭约 7,500 个。①

2000 年以来，伴随着蛰居的社会问题化，援助蛰居者及其家庭的民间团体纷纷成立。2004 年，为加强民间援助团体之间的合作，在和歌山保健所精神保健福利咨询员山本耕平（现为立命馆大学教授）的倡议下，成立了"全国社会性蛰居支援联络会议"。2006 年，第一届"'社会性蛰居'援助者全国实践交流会"在和歌山召开。此后的 10 年，交流会分别在东京、京都、北海道、佐世保、岐阜、神户、宫崎、大阪、冲绳及福岛召开。该交流会成立之初是作为援助者的交流会，参与者主要是民间援助团体。随着交流会召开次数的增多，蛰居者父母和当事人也逐渐参与进来。从 2010 年的佐世保会议开始，特设了蛰居者父母分科会；从 2012 年的神户会议开始，为蛰居当事者设立了特别分科会。② 该联络会议的成立，有利于加强全国各地援助团体的合作和交流。

此外，一些 NPO 团体与政府援助机构合作，承担政府的委托项目，在援助蛰居者方面发挥着不可或缺的作用。如 2004 年，"啃老族"现象增多，很多援助蛰居者的民间团体也开始援助"啃老族"，并积极配合厚生劳动省开设的针对"啃老族"和蛰居者的就业援助机构——"年轻人自立塾"。截止到 2007 年 7 月，有 30 个民间团体成为实施主体，并得到了政府的资金援助。不过，"啃老族"的出现使得原来的蛰居当事者纷纷将自己的状态重新定义为"啃老族"，以往以蛰居者为主要援助目标的民间团体出现了短暂的衰退现象，参与者逐渐减少。2006 年前后，援助蛰居者的民间团体再次活跃起来。

NPO 法人等民间团体的援助方法主要有电话咨询、面谈、家庭会和就业体验等。援助蛰居者的民间团体众多，每个团体都有其特色援助对策。

---

① 荻野達史、川北稔、工藤宏司等編著：『ひきこもりへの社会学的アプローチ—メディア・当事者・支援活動—』，京都：ミネルヴァ書房 2008 年版，第 37 頁。

② 古庄健：『ひきこもり支援の歩みと課題』，載青木道忠、関山美子、高垣忠一郎、藤本文朗編著『ひきこもる人と歩む』，東京：新日本出版社 2015 年版，第 168 頁。

如 KHJ 父母会（家庭会）是由蛰居者家庭组成的全国性组织，也是目前日本最大的援助蛰居者及其家人的民间团体。其特色援助对策为以蛰居者父母为核心的家庭会。成立于 1999 年的 NPO 法人青少年自立援助中心（简称 YSC）的特别援助方法是将蛰居者集中起来，一起过寄宿生活，为蛰居者提供交流的平台和与外界联系的机会。中心内设有宿舍、劳动场所、学习室等设施。这种寄宿式援助方法非常有效。据称，经过两年的寄宿生活，大部分蛰居者都能回归学校或社会。

二　案例分析 1：KHJ 父母会（家庭会）及其核心援助对策

蛰居者的共同特征是拒绝与外界联系和接触，甚至与家人也不交流，这无疑加大了援助蛰居者的难度。无法与蛰居当事者进行接触，就不能很好地了解蛰居者的想法，也很难找到切实可行的援助对策。蛰居者主动寻求援助的又非常少。厚生劳动省调查显示，蛰居者本人参加咨询的只有 6.6%，而家人接受咨询的高达 72.2%。KHJ 父母会（家庭会）的调查显示，约 60% 的蛰居者不会定期去咨询机构接受援助，定期去的仅有约 20%。[1]鉴于蛰居问题与家庭的密切相关性及蛰居者对接受援助的抗拒性，应对蛰居问题有必要首先从家庭入手。很多民间援助团体也将最初的援助对象定位于蛰居者的父母。在众多的民间援助团体中，KHJ 父母会（家庭会）是唯一的全国性援助蛰居者及其家庭的民间团体。

1999 年，奥山雅久倡导成立了"NPO 法人全国蛰居 KHJ 父母会"（简称 KHJ 父母会）。2015 年 12 月，改称为"特定非营利活动法人 KHJ 全国蛰居家庭会联合会"（简称 KHJ 家庭会）。现任理事长池田佳世指出，之所以将"父母会"改称为"家庭会"，主要是因为随着蛰居长期化及蛰居者高龄化趋势的增强，蛰居已不仅是蛰居者父母苦恼的问题，而是整个社会都

---

[1] 境泉洋、植田健太、中村光他：『「ひきこもり」の実態に関する調査報告書—NPO 法人全国引きこもり KHJ 親の会における実態—』，志學館大学人間関係学部境泉洋研究室，2004 年。

应该努力应对的问题。① 而且，大部分蛰居者都有兄弟姐妹，对蛰居者的援助应该包括蛰居者本人、父母及兄弟姐妹在内的整个家庭。当蛰居者父母逝去后需要蛰居者的兄弟姐妹等家人一起解决蛰居者的生存问题。因此，将此前只针对蛰居者父母的援助扩展至整个家庭。

KHJ 父母会（家庭会）是唯一的全国性蛰居家庭会，也是目前日本最大的援助蛰居者及其家人的民间团体。其在日本全国各地设有 60 个支部会，会员由蛰居者家庭组成。各支部每月召开例会（讲演会），组织家庭学习会，对蛰居者家人和当事人进行心理健康教育的同时，通过开展各种活动加强社会各界对蛰居问题的理解和援助，促使蛰居青少年早日回归正常社会生活。其开展的主要活动包括：定期刊发会刊《启程》；召开全国性蛰居者家庭大会；开展关于蛰居的全国性实况调查；开设新支部和支持已有支部；向内阁府、各省厅或自治体、议员寻求支持和帮助；为充实蛰居支援的培训；召开兄弟姐妹会；普及居所；等等。具体援助对策包括开展咨询、家庭访问、家庭会及提供活动场所等针对蛰居者及其家庭的援助活动。自 2004 年至 2019 年，通过对参加父母会（家庭会）的蛰居当事者及其家人的实况调查，已发布了 16 个调查报告。

KHJ 父母会（家庭会）的主要作用是为蛰居者家庭提供精神支持，开展一些支援蛰居者的活动，如向国会、厚生劳动省、文部科学省等政府机构寻求支持和帮助。该会通过组织学习会，将蛰居者家人团结在一起。不仅能够互相交换信息、交流经验，共同寻找解决问题的途径，而且有着共同烦恼的父母们聚在一起，能够相互鼓励，减轻精神压力。

援助蛰居者，其家人的态度非常重要。对于蛰居者家庭来说，存在着共同的烦恼，如"怎样才能让蛰居孩子走出家门""怎样才能让孩子自立""自己死后，蛰居孩子如何生存"等。"无论如何先走出家门""希望孩

---

① 『団体名称が変わりました』，『旅立ち』80 号，2016 年 1 月 19 日。

子回到学校""哪怕是打工也可以，总之要先工作"等成为父母对蛰居孩子的期望。正如前文所述，父母的焦虑心情很容易引发对蛰居者的斥责，使得蛰居问题出现恶性循环。因此，帮助困境中的父母是援助蛰居者的重要一步。只有父母能够理性地、心平气和地看待蛰居问题，积极地转变心态，才能够有效帮助蛰居孩子走出困境。

KHJ 父母会（家庭会）开导蛰居者父母正视问题，改变对蛰居者的训斥态度，缓解家庭紧张关系。逐步恢复父母与孩子的交流，使父母通过对话了解孩子的想法。然后通过家庭访问等方式，让专业咨询师慢慢地与蛰居者本人进行接触，相互之间建立信赖关系。从而实现帮助蛰居者走出家门，接受相关机构援助的目标。KHJ 父母会（家庭会）指出，作为蛰居者父母应该采取如下应对措施：第一，向专家咨询，学会了解孩子的心理状态，掌握孩子心理变化的信号，从而寻找能够促使孩子回归社会的时机。第二，一定要抛弃孩子蛰居是懒惰的想法。因为蛰居孩子并非愿意过蛰居生活，他们自身也非常痛苦，想外出却不能外出，想与人交流也无法交流，这种烦恼和焦虑使孩子更加痛苦。第三，蛰居并非某一个因素引发的，是家庭、学校、社会等多种因素交织在一起引发的问题。因父母焦虑的心态会影响到孩子，作为父母有必要接受专业的咨询指导，为建立和谐的亲子关系努力。特别要抛弃孩子蛰居是耻辱的想法，不要刻意隐瞒，要正视问题。第四，虽然蛰居者没有精神问题，但是未经诊断前，无法给出准确的判断，因此精神科医生的诊断是非常必要的。第五，父母一起接受专家的咨询援助，努力改变对蛰居孩子的看法，有利于蛰居者的恢复。另外，蛰居问题解决起来所面临的困难非常大，不能急于求成，父母要有长期应对的心理准备。

KHJ 父母会（家庭会）的实况调查显示，对蛰居者家庭来说，80% 以上的人认为有效的援助对策包括有关蛰居问题的学习会、讲座，介绍成功案例和谈体会，以及为蛰居者提供的居所。有50%以上的人认为同龄人志愿者的定期访问、心理专家的咨询、就业咨询等援助方法也是比较有效的。对蛰居者本人来说，有近80%的人认为居所、心理专家咨询是有效的援助对策。而医学治疗、学习会、医师等专家访问以及谈体验等援助对策，有一半以上的人认为是有效的。①KHJ父母会（家庭会）作为日本唯一的全国性援助蛰居者及其家庭的民间团体，在其近20年的援助历程中，帮助众多的蛰居者摆脱蛰居生活，重新步入社会。

总之，援助蛰居者首先要从蛰居者家庭入手，通过改变家人态度和家庭紧张关系，来引导蛰居者脱离蛰居生活。KHJ父母会（家庭会）作为家庭援助的重要团体之一，在援助蛰居者及其家人中发挥着重要的作用，且成效显著。

三 案例分析2：NPO法人青少年自立援助中心（YSC）

YSC是NPO法人等民间团体中比较有代表性的援助团体，在蛰居者的自立援助中发挥着重要的作用。其前身是1977年成立的"タメ（tame）塾"，理事长为工藤定次。自1978年以来，工藤定次一直致力于援助不登校者和蛰居者。1980年代后期到1990年代初，全国各地纷纷成立应对不登校问题的"自由学校""自由空间"等援助机构。而且，在"等待孩子自己想去学校"的思想支配下，父母和老师也不会催促不登校孩子去上学。对此，工藤认为"等待"对策并不适合所有的不登校者。这个对策只适用于可以外出的不登校孩子。对于那些连"自由学校"和"自由空间"也不能去的不登校孩子来说，如果一味地持"等待"的态度，即便是过去10年、20年，状况也不会发生改变。②很多蛰居者就是由这种类型的不登校演变而

---

① 境泉洋、川原一紗、NPO法人全国引きこもりKHJ親の会（家族会連合会）：『「引きこもり」の実態に関する調査報告書⑤—NPO法人全国引きこもりKHJ親の会における実態』，徳島大学総合科学部境研究室，2008年。
② 工藤定次、YSCスタッフ、永富奈津恵：『脱！ひきこもり：YSC（NPO法人青少年自立援助センター）の本』，東京：ポット出版2004年版，第19頁。

来的。工藤主张针对不同类型的蛰居者，有必要采取不同的对策。

YSC 的援助对象主要是完全与社会脱离，闭居在自己家或自己的房间不能外出的"纯粹的蛰居者"，援助目标是让蛰居者实现自立。家庭访问是 YSC 援助蛰居者的重要举措之一。最初的家庭访问，不直接与蛰居者接触，而是与其父母交谈，了解蛰居者的基本情况。然后在蛰居者房间的门外与其交谈，把写好的信从门缝塞进房间。信的内容主要是 YSC 的活动概要及介绍通过参加 YSC 成功摆脱蛰居生活的案例。最后是与蛰居者面谈。从最初进行家庭访问到能够与蛰居者进行面谈，基本上需要一年多的时间，也有花费三年多时间的案例。虽然长时间的家庭访问，让工作人员感到非常疲倦，但是这样可以与蛰居者建立起相互信赖的关系，也给蛰居者本人思考自己未来的时间。

YSC 是带有住宿设施的援助机构，中心内设有宿舍、劳动场所、学习室等设施。旨在让蛰居者能够脱离家庭，独立生活。一般情况下，经过 1～3 年的家庭访问后，会让蛰居者本人住进 YSC，采取 24 小时寄宿的援助措施。工藤认为对于"纯粹蛰居者"来说，如果采取白天到援助机构，晚上回家的走读式，效果不会太显著。因为白天在机构内能够与他人接触，但是晚上回到家里后，面对的还是蛰居时的生活环境，很容易抵消白天取得的一点点进步。因此，工藤主张让蛰居者完全脱离家庭住进 YSC。YSC 没有围墙，可以自由外出，宿舍也都是单间。对于完全不与他人接触，生活在自己的空间内的蛰居者来说，与人交谈，与他人同步调地生活，是非常费力的。但是，住进 YSC 后，哪怕是很小的进步，也能给蛰居者带来希望。

通过家庭访问，将蛰居者带离家庭，住进援助设施，只是 YSC 援助工作中的一部分。蛰居者住进设施后，主要目的是恢复其人际交往能力，同时让他们像普通人一样劳动。蛰居者适应了中心内的生活后，可以参加地域的祭祀、旅行等各种游乐活动，也可以参加志愿者活动和兴趣小组等。YSC 不仅为蛰居者提供住宿设施，更重要的是为蛰居者提供各种工作体验的机会，从而实现"参与社会"和"自立"的最终目标。最初是体验废品回收活动，适应一段时间后，可以到与YSC合作的工厂或YSC经营的"房屋清洗"处工作。当然，也可以参加合作企业的职业研修（社区项目）或自己外出打工。①YSC不仅为蛰居者提供住宿设施，更重要的是为蛰居者提供各种工作体验的机会，来实现"参与社会"和"自立"的最终目标。工藤指出，YSC为蛰居者设定的目标并非要成为一流企业的正式职员，打工、合同工都可以，只要能够养活自己，实现自立即可。②YSC通过家庭访问让闭居在家的蛰居者离开家，到YSC中进行集体生活，其间规范作息时间，让其体验各种工作，最终实现逐渐回归社会的目的。这种寄宿式援助方法成效非常显著。据称，经过两年的寄宿生活，大部分蛰居者都能回归学校或社会。从参加YSC的蛰居者就业率来看，未满20岁的就业率接近100%，20～25岁的为80%，25～30岁的为60%，30岁以上的为40%。③下面案例中的B是众多成功回归社会的蛰居者之一。

案例B：B，19岁，高中一年级开始不登校，然后蛰居在家不外出。两年半前，B要求家人在他的房间的门下方开一个小门，在房间内单独安装卫生间和盥洗间。自那以后，B的母亲就没有和B见过面，也没有说过话。一日三餐也是由母亲放到盆里，从房间小门递进去。如果有想买的东西，就用便签留言的方式告诉母亲。B曾经是非常有名的私立学校学生，成绩也名列前茅。受到精神上的欺凌之后，就不再相信朋友，也不信任大人，对所有的人都没有信任感，甚至多次想死。针对B的情况，工藤做好了要花一定时间进行家庭访问的准备。通过6次家庭访问，最终与B建立了信赖关系。B搬到YSC设施内生

---

① 工藤定次、YSCスタッフ、永富奈津恵：『脱！ひきこもり：YSC（NPO法人青少年自立援助センター）の本』，東京：ポット出版2004年版，第96頁。
② 同上书，第90页。
③ 同上书，第91页。

活。在 YSC 内，B 充实地度过了每一天，上午 8 点开始做工，下午进行体育运动，然后学习到凌晨两三点。经过努力，B 考上了大学的法学部，现在已经成为律师。①

民间团体作为援助蛰居者的重要主体之一，与政府机构的援助对策相比，既有共同点也存在差异。2010 年 6～12 月，笔者在日本国际交流基金会关西中心进行专业日语研修期间，对东京、大阪、京都等地的政府机构和 NPO 法人等民间团体进行实地调研，通过采访当事人和负责人，参加针对蛰居者及其家人开展的一些援助活动，对日本政府和民间团体的援助对策及其异同有了一定的了解。

从援助对策上看，如电话咨询、面谈、家庭会等是双方共同的援助对策，且援助程序也大体上相同。但是两者之间也存在很多差异，如政府机构的援助活动都是免费的，且工作人员学历高、知识面广，援助活动较为全面。相比较而言，民间团体的援助是收费的，设备比较简陋，缺乏专业人士。从效果来看，双方都有一定的成效，但民间团体的援助更为有效。因为与政府机构相比，民间团体的援助对策具有连续性，援助活动和工作人员都比较稳定，且能够全身心地投入到援助蛰居者的活动中去。而政府机构对蛰居者的援助只是一种义务和工作，只有白天开展援助活动，在时间上也受到一定的限制。而民间团体的很多活动是夜间和周末开展的，便于蛰居者本人或其家人积极参与。而且，政府机构的援助重点为蛰居者本人，未从根本上改善家庭环境，即使其暂时脱离了蛰居生活，也很容易再次蛰居。民间团体则同时开展对蛰居者本人及其家人的援助，蛰居者一旦回归学校或社会，再次蛰居的可能性小。

总之，就政策本身而言，政府机构的援助对策较为全面和专业，且东

---

① 工藤定次、YSC スタッフ、永富奈津恵：『脱！ひきこもり：YSC（NPO 法人青少年自立援助センター）の本』，東京：ポット出版 2004 年版，第 106－117 頁。

京都的支援对策相对比较完善。就效果来说，NPO法人等民间团体更为有效。但是NPO法人等民间团体开展援助活动的质量参差不齐。对于蛰居者及其家人来说找到适合其年龄或状态的援助团体存在一定的难度。这就需要当地的政府部门和医疗机构担负起为蛰居者及其家人介绍合适NPO法人团体的责任。因此，今后有必要构建政府机构与民间团体的援助网络，加强合作，优势互补，帮助蛰居者尽早回归社会。

第八章　终　章

本书以战后日本社会变迁作为研究背景，基于历史社会学视角考察了日本青少年蛰居问题的概况、原因及对策。着重从战后日本社会转型、家庭变迁、学校教育及心理文化等方面分析了蛰居问题的社会文化根源，并得出以下结论：第一，蛰居问题是战后日本社会病理的产物；第二，蛰居是青少年社会化过程中遇到的问题；第三，蛰居的本质是人际关系危机。当前，在少子老龄化加剧的背景下，蛰居问题严重影响到日本社会经济的发展，其严重性已不容忽视。青少年蛰居问题发端于日本，但并非仅存于日本，韩国、中国香港、中国台湾等国家和地区的蛰居现象不断增多，中国大陆的青少年蛰居现象也已萌芽。因此，日本青少年蛰居问题的严重性及其应对对中国具有一定的警鉴作用。

一　蛰居问题是战后日本社会病理的产物

社会变迁是认识和理解青少年蛰居问题的重要背景。青少年蛰居不仅是个人病理，而且是战后日本社会变迁中出现的社会病理现象。町沢静夫曾指出"蛰居是日本社会病理的产物：母性社会的病理——母子分离不成功、母亲的过度保护以及父亲逃避家庭；学校教育的病理——偏差值教育和学校教育划一性；社会的病理——生活富裕为蛰居创造了条件、少子化、欺凌以及其他僵硬化组织产生的病理"。①

青少年蛰居问题的出现与战后日本确立的经济优先的国家发展战略，倡导民主和个性的核心家庭文化，以及学历社会的形成有着密切的联系。战后日本完成经济复兴后，进入了经济高速增长阶段，产业化、城市化和信息化迅速发展，并于1970年代成长为仅次于美国的世界第二大经济体，其发展之迅速，震惊世界。然而，围绕以经济建设为中心，日本社会、家庭及学校等各个领域都形成了具有日本特色的组织体系。重视效率、竞争异常激烈的社会环境，"男主外，女主内"的角色分工，以及学历主义下形成的学力偏差值教育等在成就了日本经济辉煌的同时，所形成的竞争主义、"父职缺失"、学历主义等社会病理也成为青少年蛰居问题产生的时代背景。蛰居问题是战后日本社会变迁中，社会转型、家庭变迁、学校教育等多种因素综合作用的产物，是一个非常复杂的社会问题。

第一，蛰居问题与战后日本社会转型紧密相连。青少年蛰居现象从萌芽、增多、社会问题化到严重化的演变过程，是日本从富裕社会、消费社会、多元化社会到"格差社会"的急剧变迁过程，也是日本步入富裕社会后，社会变迁带来的价值观、生活方式等变化在青少年群体中的反映。战后日本社会变迁对青少年的影响是深刻的、多方面的。1970年代中期，跻身世界发达国家行列的日本，出现了一系列的社会问题，其中不登校、校园暴力等教育问题凸显。1970年代末，日本已成为富裕社会。伴随着青少年生活环境的变化和个人主义意识的增强，出现了"无气力"和"延缓成为社会人"等青少年偏差行为，蛰居现象随之萌芽。1980年代，日本社会进入消费社会和信息化时代。人们对物质的过度追求，使得精神世界的荒芜现象愈益凸显。青少年的价值观、行为方式和生活态度都发生了深刻的变化，"努力""合作"等传统社会规范发生动摇，个人主义思想泛滥。"新人类"也随之登上了历史舞台，传统价值观受到冲击，人际关系愈发淡漠。

---

① 町沢静夫：『ひきこもる若者たち：「ひきこもり」の実態と処方箋』，東京：大和書房2003年版，第222頁。

伴随着青少年对传统价值观的反抗及不登校问题的严重化，蛰居现象随之增多。1990年代，泡沫经济崩溃后，日本进入全面转型的多元化时代。多元化社会中，以蛰居为代表的非社会性问题行为日益凸显。经济的低迷、雇佣环境的恶化，加剧了青少年思想颓废的进程。很多年轻人出现了没有理想、没有目标、颓废或安于现状的生活状态。此时，激增的蛰居现象逐渐引起社会各界的关注，完成了由隐性现象向显性社会问题的转化。2000年以来，日本社会差距不断扩大，年轻人群体中出现了严重的两极分化，"无缘死"和"无缘社会"危机加剧，作为青少年"无缘化"现象代表的蛰居问题愈演愈烈。

第二，蛰居问题与战后日本家庭结构变迁有着不可分割的联系。社会变迁无论在物质世界还是在精神领域所产生的冲击波都可以在家庭内部得到印证。[1] 家庭结构、夫妻关系、亲子关系、家庭教育等家庭环境，对青少年的影响之大是毋庸置疑的。战后日本向现代化过渡的急剧变迁中，产业化和城市化的快速发展，以及大量农村人口向城市的迁移，传统的以农业和自营业为主的大家庭不断减少，代之的是以工薪阶层为主体的核心家庭的迅速增多。家庭结构变迁对青少年的影响集中表现在：伴随着核心家庭和少子化的进展，核心家庭推崇的小家庭主义和不断缩小的家庭规模，淡化了血缘亲情和邻里关系。家庭在地域社会中受到孤立，青少年的成长环境变得孤独和寂寞，人际交往减少。"男主外，女主内"的性别角色分工所形成的"父职缺失"和母子（女）为中心的家庭养育环境，容易造成孩子的情感缺陷，出现性格柔弱、孤僻、以自我为中心、自卑、任性、敏感、社交恐惧等心理障碍，导致孩子缺乏自立意识，耐性和抗挫折能力不足。偏重智育的家庭教育，给孩子带来过重的学业负担和精神压力。而优越的物质生活和"成年后同居主义"又为青少年持续蛰居创造了物质条件和空间环境，家庭成为青少年蛰居的温床。

---

[1] 邓伟志、徐新：《家庭社会学导论》，上海大学出版社2006年版，第1页。

第三，蛰居问题的产生与日本学校教育病理及由此引发的校园问题密切相关。战后日本学校教育中存在的管理主义、学历主义、考试竞争及单一的偏差值评价标准等教育病理，弱化了学缘关系，不利于青少年人际关系的培养。校园欺凌、不登校等校园问题成为青少年走上蛰居之路的重要诱因之一。蛰居者中半数以上具有不登校经历，而不登校问题与日本应试教育和管理主义背景下形成的学历社会，以及由此产生的考试竞争有着密切联系。日本是典型的学历社会，应试教育和整齐划一的管理主义不仅压抑了青少年的个性，而且形成了较大的心理压力。学力偏差值教育使得青少年的学校教育充满了激烈的考试竞争。再加上校园欺凌、校园暴力等校园问题的频发，使得不登校问题愈演愈烈。在学校文化独占度非常高的日本，不登校就意味着被孤立、没有了朋友，而且很难在社会上立足，成为社会的落伍者。他们中的大部分对参与社会和发展人际关系存在抵触情绪，严重者则会长期闭居在家，不与他人发生任何联系，过着与世隔绝的生活，以此来逃避社会责任。日本校园问题严重化的过程，也是青少年蛰居现象从萌芽、增多到社会问题化的变迁过程。从校园欺凌到不登校，从不登校到蛰居，青少年逐渐走向自我封闭。

综上所述，蛰居问题是战后日本社会病理的产物，是战后日本实现经济高速增长后出现的新型青少年问题。伴随着社会环境的改变，青少年价值观念及行为方式的变迁，蛰居问题完成了从萌芽到社会问题化的演变过程，成为当今日本不容忽视的社会问题之一。

二 蛰居问题是青少年社会化中断的突出表现

蛰居作为一种社会病理现象，是青少年社会化过程中遇到的问题。青少年社会化是人社会化过程的一个组成部分。青少年的社会化是指青少年从生物人成长为社会人，并逐步适应社会生活的过程。现实的青少年社会化经由社会教化机构包括学校、家庭、同辈群体、社会团体、大众媒体等对青少年进行教化并通过内化，使其完成从自然人向社会人的转变。[①] 由此看来，青少年社会化的过程就是一个自立的过程，而自立不仅是经济的自立，还包括人际关系、挫折应对能力等。蛰居问题是青少年社会化中断的突出表现。蛰居者在正常的社会化中断或受挫后，切断了自我与他者之间的联系，丧失了与社会环境的互动和人际关系，逐渐出现了沟通困难和社会化障碍，最终封闭自我，走上蛰居之路，成为依靠父母供养的寄生族。

青少年社会化既受个体心智发育的限制，又深受社会因素的制约，而社会急剧转型所带来的种种社会情境的转变，无疑加深了青少年社会化的困境。[②] 战后日本社会变迁中，伴随着富裕社会的到来，社会的私性化和个人化的发展，从家庭到学校，从价值观到生活模式等与青少年社会化密切相关的社会文化环境都发生了比较大的变革。蛰居是战后日本社会变迁中，家庭和学校的社会化功能弱化带来的问题。

从战后日本社会变迁的轨迹来看，与青少年社会化相关的家庭、学校、社会等都在逐渐私性化。家庭、学校和社会是青少年成长过程中不可或缺的三大社会化场所，其中家庭是个人社会化的摇篮，在个体社会化过程中发挥着基础作用。家庭本应成为青少年社会化的重要场所，在与家人的交流和生活中培养最基本的人际关系。然而，战后日本家庭变迁过程中，核心家庭化和家庭规模的缩小，使得传统大家庭具有的培养孩子社会性人格的作用被大大削弱。而且，父亲在家庭教育中的角色缺失对孩子性格的培养也带来了诸多不利影响，青少年容易出现胆小、不自信等性格问题。以母子（女）为中心的家庭养育环境带来的过度保护等问题也阻碍了孩子责任感和自立意识的形成，使得青少年社会化过程推迟。此外，富裕的家庭生活在为孩子提供了优越物质生活的同时，偏智育的家庭教育给孩子施加了过重的学习压力。这种缺少精神层面沟通和交流的家庭环境，忽视了对

---

① 叶威先：《青少年社会化模式的变迁》，《网络时代的青少年和青少年工作研究报告——第六届中国青少年发展论坛暨中国青少年研究会优秀论文集》，2010年，第243页。

② 兰亚春：《转型期青少年社会化困境的研究》，《经济纵横》2005年第5期，第20页。

孩子良好品格和社会适应能力的培养，严重影响青少年的自立，阻碍了其社会化的进程。

　　学校在青少年社会化过程中发挥着至关重要的作用。学校既是青少年学习知识，结交友情，进而逐渐成长的社会化机构，同时也是校园欺凌等各种校园问题的发源地。学校教育环境对于青少年人际关系的培养发挥着重要的作用。战后日本学校教育环境的改变表现在：第一，随着义务教育年限的延长和升学率的提高，学校生活在青少年生活中所占时间延长。伴随着学生时代的延长，大大延迟了青少年自立的年龄，社会性的培养也随之滞后。第二，在学校管理主义制度的制约下，学校生活被形式划一的规则束缚着，剥夺了孩子的自我，压抑了青少年的个性，这也是不适应学校生活的不登校学生增多的原因之一。第三，在学历主义和对名校的过度追求下，引发了激烈的考试竞争，学力偏差值成为唯一的评价标准。学校生活对于青少年来说失去了应有的魅力，相反精神压力和对学校的疏离感增强，不适应学校生活的学生增多，不登校等问题愈演愈烈，学校的社会化功能随之弱化。因此，日本的管理主义、学历主义和偏差值教育等学校教育病理不利于青少年人际关系的培养，成为青少年蛰居的重要诱因之一。蛰居问题不仅仅是教育问题，而且是人的发展问题，学龄期蛰居者丧失的不仅是学习知识的机会，而且人际关系等社会化的培养也随之中断。

　　社会私性化带来的个人化成为青少年社会化的严重障碍。战后日本人的价值观和生活模式发生了很大的变化。第二次世界大战前，日本奉行"灭私奉公"的对国家（天皇）的从属关系。以战败为契机，人们的价值观向着私人生活领域转变。经济高速发展期是企业优先的生活模式（公司人）。"一亿总中流"时代，以家庭为单位的"小家庭主义"的生活占据主流模式。21 世纪的现在，则崇尚以个体为单位的私生活优先的生活模式。[①] 价值观的形成是个体社会化的主要内容。战后民主化改革后的日本，

---

① 住田正樹：『子どもの私生活化と集団活動』,『青少年問題』2009 年第 56 卷新年号，第 5 頁。

在否定了战前青少年培养中奉行的国家主义和儒教伦理观后，确立了民主主义和个人主义的价值观，出现了利己主义和自我为中心的思潮。随着家庭结构、学校教育的变迁，人际关系越来越淡薄，以至于出现了"无缘社会"危机。与此同时，在社会不断私性化的熏陶下，青少年个人化倾向不断加强。社会私性化带来的个人化严重影响到青少年社会化的进程。正如陈映芳所指出的，"现代社会中社会的私性化（指个人私生活优先的生活原则）和青少年的个人化（个人从各种群体中析离出来）使人的社会化更加困难"。① 从"新人类""御宅族"到蛰居，青少年的个人化倾向逐步增强，社会化范围逐步缩小。1980年代，"新人类"的出现预示着青少年群体中出现了与传统相异的价值观和生活方式。伴随着信息化、电子化出现的"御宅族"，其社会化范围进一步缩小，活动和生活领域逐渐缩至兴趣爱好相同的同辈人之间。而蛰居者的出现，表明青少年以蛰居的方式来拒绝社会化，以逃避的心态来应对激烈的社会竞争。

综上所述，青少年在其成长过程中，应该通过家庭、学校和职场等社会教化机构完成社会化，成长为合格的社会人。但是，战后日本社会变迁中，社会私性化和个人化的不断发展，逐渐弱化了社会教化机构的社会化功能。一些青少年从学校、职场等个人社会化不可缺少的领域自我退却，不参与其中，社会化过程中断，这种中断带来的严重后果便是蛰居问题的产生。

三 蛰居问题的本质是人际关系危机

战后日本在从传统社会向现代社会变迁的过程中，个人的自主、自立精神得到不断提升的同时，也出现了人际关系危机。蛰居问题与战后日本社会变迁过程中伴随着城市化、社会私性化、家庭结构变迁带来的人际关

---

① 陈映芳：《对"好孩子"、"好学生"过度角色化的思考》，《探索与争鸣》2002年第5期。

系危机有着不可分割的联系。战后日本经过民主化改革，产业化、城市化水平迅速提高，跻身世界强国之林的日本进入了富裕社会。生活水平提高，社会秩序稳定，中产阶级扩大等成为日本人引以为傲的成就。与此同时，整个日本社会朝着私性化方向发展。伴随而生的是人们对隐私权的关注和自我意识的增长，人际关系随之出现了危机。民间援助机构"朋友空间"负责人富田富士也指出："社会上'要摒弃烦琐人际关系'的意识增强了，人际关系本来就应该包含着烦琐的内容，但是战后日本倾力想切断这种烦琐的人际关系，蛰居青少年就是在这样的环境中成长起来的孩子们。"[①] 日本家庭成员之间的交流相对较少，社会成员之间的人际关系也很疏远。家庭羁绊、邻里关系、同窗友情、同事之缘等人与人之间的纽带逐渐松散，甚至迈入解体的边缘。日本社会一步步走向"无缘社会"，人际关系危机已成为日本社会的深层危机。

尤为值得关注的是这种"无缘化"已经蔓延至青少年群体，蛰居问题就是"无缘化"在青少年群体中的最突出体现。人际关系是个人成长中不可或缺的要素之一。家庭亲情、幼时玩伴、同窗友情、同事关系等都是青少年健康成长中至关重要的人际交往。然而，在当今日本社会急剧变迁的背景下，伴随着家庭纽带的松散、邻里关系的淡薄、校园问题的频发、职场关系的疏离，血缘、地缘、学缘和社缘等人际关系不断弱化，"无缘化"已成为当今日本青少年面临的严重人际关系危机。而蛰居就成为青少年面对人际关系困境而采取的自我保护的极端措施之一。日本的物质生活丰富、社会秩序井然，人人彬彬有礼。然而，在富裕、秩序、礼貌下掩盖的却是孤独、压抑和人际关系的淡薄。这种社会发展带来的人际关系危机才是蛰居问题产生的深层原因。

人际关系危机是蛰居者面临的最大问题。正如有蛰居经历的上山和树

---

① 塩倉裕：『社会に出られない（人と生きたい 引きこもる若者たち：1）』，『朝日新聞』（朝刊）1997年2月5日家庭版。

所说：“不是不愿意工作，而是对工作中需要涉及的复杂人际关系感到恐惧。”[1] 蛰居的青少年不仅无法自立，而且脱离了社会关系，人际交往缺失。蛰居者为逃避复杂的人际关系，回避社交活动，拒绝与人交往。他们很少外出，整天待在家里，且大部分时间蜗居在房间内，睡觉、看电视或上网打发时光，过着昼夜颠倒的生活。蛰居不是单纯的空间闭居，其回避的是人际关系，实质是对社会交往的恐惧以及与人交流能力的丧失。

社会学的基本理论认为"社会创造了人，人创造了社会"。人是无法离开社会而生存的。作为个体的人，不可能孤立地生活，而必须生活在一定的社会关系中。然而，蛰居者却脱离了社会，丧失了人际交往，与家庭和社会出现了背离，变得越来越孤立和封闭。对此，日本青少年蛰居问题研究第一人斋藤环从人际关系的视角，对蛰居问题的本质进行了剖析，并从理论的深度提出了蛰居的体系模式。从图 8 - 1 可以看出，在个人、家庭和社会三个体系中，通常情况下三者之间存在交界点，通过交流实现相互间的联系和互动。蛰居后，三者之间变得各自独立，没有了连接点，交流也随之消失。在社会不断施压于家庭，家庭施压于个人的过程中，三者之间的关系越来越乖离。由此可以看出，蛰居问题的本质在于人际关系危机。

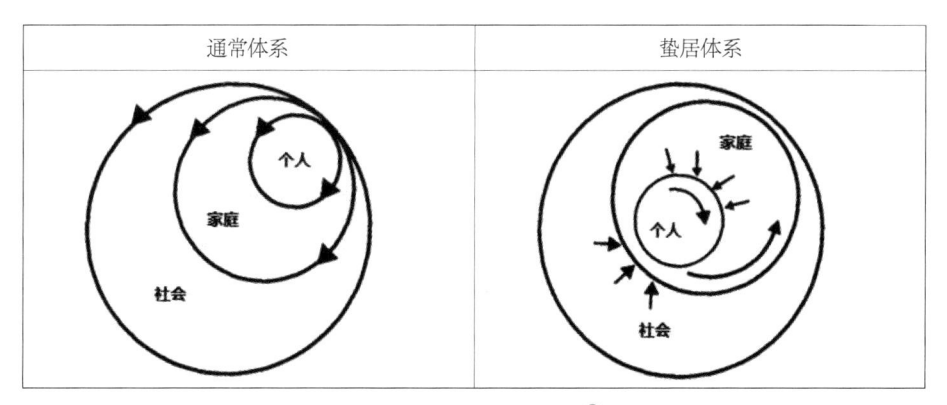

图 8 - 1 蛰居体系模式[2]

---

[1] 上山和樹：『「ひきこもり」だった僕から』，東京：講談社 2001 年版，第 133 頁。
[2] 斎藤環：『社会的ひきこもり―終わらない思春期』，東京：PHP 研究所 1998 年版，第 101 頁。

综上所述，人际关系危机既是蛰居问题产生的根源，也是蛰居问题的本质。在社会现代化不断发展，而人际关系危机日益加剧的无缘社会背景下，青少年蛰居问题折射出的人际关系危机，值得深思。

四　日本青少年蛰居问题对中国的警戒作用

虽然蛰居现象发端于日本，但并不仅存于日本。蛰居是任何国家和地区都可能出现的问题。近年来，韩国、中国台湾、中国香港等东亚国家和地区的蛰居者有增多趋势，欧美等发达国家也存在类似蛰居状态的青少年。对于同处东亚社会，且正处于经济快速发展期的中国来说，日本青少年蛰居问题的严重性给中国敲响了警钟。

第一，中国与日本有着相似的家庭文化。蛰居问题的产生与家庭文化有着密切的联系。在欧美等发达国家，孩子满18岁就必须自立，缺乏适合蛰居问题滋生的土壤。而日本、韩国和中国等东亚国家和地区中，家庭观念非常强，亲子之间是一种"相互依赖"的关系。中日的家庭文化具有相似性，尚会鹏指出，中日两种家庭的代际关系都是一种相互依赖的模式。中国文化传统提倡的理想的代际关系是：父母对子女实行全面保护，对其教育、职业选择、婚姻以及人生生活设计总是竭尽全力地负责到底，但作为回报，则要求子女对父母孝顺、服从和赡养晚年。①与日本相比，中国家庭文化中，母亲过度保护孩子现象更为严重。据中国青年报社会调查中心联合问卷网对2,002名受访者进行的一项调查显示，61.0%的受访者表示身边有"妈宝男"，57.5%的受访者表示身边有"妈宝女"。66.5%的受访者认为造成"妈宝男"和"妈宝女"的原因是家庭过于溺爱。71.0%的受访者建议家长在教育中要学会适时放手，不过多干预孩子的人生。②大量

---

① 尚会鹏：《中国人与日本人》，北京大学出版社1998年版，第41页。
② 《调查：超半数受访者说自己身边有成年"妈宝"》，2017年11月30日，http://edu.youth.cn/jyzx/jyxw/201711/t20171130_11084740.htm，2018年2月11日。

"妈宝男"和"妈宝女"的存在，表明中国年轻人独立自主意识弱，缺乏主见和自信心。同时也说明青少年成长过程中因家庭溺爱等因素，没有更好地完成社会化过程，以至于其成年后，依然没有形成独立意识，凡事依赖于父母。这种"身体成年，思维未成年"的现象值得警惕。父母对孩子的过度保护使孩子失去了锻炼的机会，以至于很多孩子成年后也与父母同居，依靠父母生活。这种"成年后同居主义"助长了孩子的依赖心理，为蛰居创造了条件。

第二，中国青少年蛰居现象已经萌芽，且存在着增多的可能性。虽然中国还没有出现大规模的蛰居现象，但相关报道已见诸报端。目前，中国青少年群体中已经存在着因家庭变故、恋爱受挫、就业失败等原因而蛰居的案例。如，2012年3月21日人民网刊发了《人民网评：大学生宅到饿死不仅仅是个笑话》的报道。曾是优等生和村里首个大学生的王小林，自1995年大学毕业后因对工作不满而辞职，此后开始了长达17年的宅居生活，直至被饿死。王小林不工作，不与人交流，宅在家里，过的就是一种病态式的蛰居生活。从"王小林不工作宅居17年被饿死"事件背后隐藏的社会现实可以看出，中国青少年蛰居现象已经萌芽。

中国目前所处的社会发展阶段与日本蛰居现象萌芽之时十分相似。伴随着物质生活水平的提高，青少年的价值观念、生活方式等都发生了较大变化。而且，过度重视学历、考试竞争加剧、父母对孩子的过高期待及过度保护等问题也日益凸显。一方面，很多父母为了不让孩子输在起跑线上，给孩子报各种补习班和兴趣班，不断强化智力教育，却忽视了对孩子良好品格和社会适应能力的培养。享受着富裕生活的当代青少年却承载着过重的学习压力。孩子在父母爱的名义下，被迫超时间学习，玩耍、游戏的时间被剥夺，逐渐失去了孩子应有的童真，成为应试教育的牺牲品。另一方面，亲子关系的物质化、金钱化倾向增强的同时，父母对孩子的过度保护导致没有担当、不能吃苦、注重享受的"啃老族"群体不断扩大。此外，伴随着现代社会人际关系的淡薄，中国青少年也面临着人际关系危机。因此，中国应引以为戒，加强对青少年社会责任意识和人际交往能力的培养，避免蛰居问题严重化。

　　第三，日本应对蛰居问题的对策对中国的启示。日本青少年蛰居现象之所以从个别案例发展到目前数以十万计的规模，与日本当初对问题的重视程度不够有关。蛰居现象萌芽之初，日本并未给予过多的关注。即便到了1990年代，蛰居现象日益严重之时，很多人依然抱着观望的态度，政府在应对蛰居问题上也存在着明显的滞后性。2000年前后蛰居社会问题化后，日本政府才积极开展相关调查研究，出台应对举措，无形中加大了解决问题的难度。正是由于初期对蛰居问题的严重性认识不足，导致蛰居规模不断扩大，演变成为当今日本比较突出的社会问题之一。21世纪以来，愈发严重的蛰居问题引起日本政府和社会各界的高度关注，有关蛰居的区域性调查和全国性调查相继展开，日本政府、NPO法人等民间团体也积极开展对蛰居者及其家人的援助活动，但收效甚微，至今依然没有找到根治的良策。中国青少年蛰居现象已经萌芽，但还未引起社会各界的关注。为避免出现日本这样严峻的事态，中国应及早发现问题，寻索原因，采取措施，防患于未然。

附　录

附录 A　日本各种法令对儿童・青年的年龄划分[①]

法律名称	称呼等		年龄划分
少年法	少年		未满 20 岁者
刑法	刑事责任年龄		满 14 岁
儿童福利法	儿童		未满 18 岁者
		婴儿	未满 1 岁者
		幼儿	1 岁至小学入学年龄
		少年	小学入学年龄至 18 岁
儿童津贴法	儿童		截止到满 18 岁后的第一个 3 月 31 日
母子和父子以及寡妇福利法	儿童		未满 20 岁者
学校教育法	学龄儿童		满 6 岁后第一个学年开始至满 12 岁后所属学年结束
	学龄学生		小学（或特别志愿学校的小学部）课程结束后第一个学年开始至达到 15 岁后所属学年结束
民法	未成年者		未满 20 岁者 （2022 年 4 月 1 日以后为未满 18 岁者）
	婚姻适龄		男 18 岁，女 16 岁（未成年人必须征得父母同意） （2022 年 4 月 1 日以后男女均为 18 岁）
劳动基准法	年少者		未满 18 岁者
	儿童		截止到满 15 岁后的第一个 3 月 31 日

[①] 资料来源：内閣府编集：『子ども・若者白書（令和元年版）』，東京：日経印刷 2019 年版，第 288 頁。

续表

法律名称	称呼等	年龄划分
有关促进青少年雇佣的法律	青少年	（法律上没有规定）《青少年雇佣对策基本方针》（2016年厚生劳动省告示第4号）中规定为"未满35岁者"
道路交通法	儿童	6岁以上未满13岁者
	幼儿	未满6岁者
	不发给大型汽车驾照者	未满21岁者
	不发给中型汽车驾照者	未满20岁者
	不发给普通执照、大型汽车特殊执照、大型二轮车执照及拖车执照者	未满18岁者
	不发给普通二轮车执照、小型特殊执照及电动车执照者	未满16岁者
关于推进孩子读书活动的法律	儿童	大约18岁以下者
禁止未成年人吸烟法	未成年人	未满20岁者
禁止未成年人饮酒法	未成年人	未满20岁者
游乐行业等的制约及业务的合理化等相关法律	年少者	未满18岁者
涉及儿童买春、儿童色情制品等行为的制约和处罚及儿童保护等相关法律	儿童	未满18岁者
制约利用网络介绍异性来引诱儿童的行为等相关法律	儿童	未满18岁者
有关为青少年创造安全网络环境等相关法律	青少年	未满18岁者

参考

儿童权利条约	儿童	未满18岁者

附录 B 战后日本社会状况的变化与青少年发展

		1950 年代	1960 年代	1970 年代	1980 年代	1990 年代	21 世纪初
	时代特征	战后复兴	高速增长	增长停滞 富裕社会	泡沫膨胀 消费社会	泡沫崩溃 多元社会	负增长 格差社会
社会	产业化度	40% 左右	50% 以上	60% 以上	70% 以上	接近 80%	80%
	城市化度	40%~50%	60%~70%	70% 以上	75% 以上	75% 以上	75% 以上
家庭	核心家庭	比例上升	更进一步	达到顶点			
	家庭关系	家人协力	小家庭	家庭内纠纷	家庭崩溃 个人化	进一步发展	进一步发展
学校	学校问题	贫困	身上挂着钥匙的孩子 落后生	校内暴力 补习班林立	不登校 校内暴力 校园欺凌	学级崩溃 不登校 校园欺凌	不登校 校园欺凌 校园暴力
	高中生升学率	45%	60%	90% 以上	95%	95% 以上	95% 以上
职场	初中毕业生就业率	40% 以上	30%~20%	接近 10%	5% 以下	3% 以下	1%
	高中毕业生就业率	45% 以上	60%	接近 50%	40%	30%	20%
	就业	就业难	变质 多样化	多样化	自由职业者出现	失业率上升,"飞特族"激增	12% 的高中毕业生成为"飞特族"
交友	青少年集团	地域青年团	社会派别	校内社团	淡薄的交往	愈加淡薄	愈加淡薄
	"族"现象		太阳族	民歌游击队	新人类 御宅族	萤居族 援助交际	萤居族
	交友场所	地域	地域 学校 职场	学校	街区 媒体	扩散 自闭	网络 自闭
地域	地域和青少年	地域中生活	大流动	搬离地域	进一步推进	地域崩溃	
	地域状况	生活复兴	地域开发	问题凸显	再开发	动摇 扭曲	

续表

	1950年代	1960年代	1970年代	1980年代	1990年代	21世纪初
媒体、信息化	报纸 收音机 电影	电视	立体（盒式）录音机 CD	录像 电视游戏 传呼机	邮件 因特网 手机	IT革命
少年非行	贫困型	纠纷型	逃避型	初发 游戏型	爆发 游玩化	凶恶犯罪
青少年问题	严酷的时代	青春发展	歌颂青春 饱和	扩散 漂流	摇动 闭塞	

附录 C　日本青少年蛰居问题年表①

年份	报道·出版·研究	民间对策	行政政策
1983	11月，渡边位出版《登校拒否·不去学校的生活》		
1984		设立"思考登校拒否会"（东京）	
1985	10月，谷野幸子、一丸藤太郎发表论文《一个青年蛰居者的旅程》，载《心理临床事例研究》	6月，开设自由学校"东京シューレ（东京シューレ，shure）（东京）	
1986	5月，北尾伦彦发表论文《落后、无气力、蛰居》，载《教育和医学》		
1988	9月16日，朝日新闻报道了稻村博的发言"如果不好好治疗登校拒否症，到二三十岁会拖延成无气力症"	11月12日，"思考登校拒否"紧急集会执行委员会主办"思考登校拒否紧急集会"（东京）	
1989	2月，奥地圭子出版《登校拒否不是病》 稻村博在日本儿童青年精神医学会上，提交了《指出不登校治疗的危险性》的请愿书 大阪市立大学社会学研究室开展不登校全国调查		青少年问题审议会提交了《实施综合性青少年对策》的意见书。 文部省设立"不适应学校对策研究合作会议" 法务省人权拥护局发布《不登校儿童实态》报告

① 1983~2007年的资料主要来源于：荻野达史、川北稔、工藤宏司等编著：『ひきこもりへの社会学的アプローチ——メディア·当事者·支援活動—』，京都：ミネルヴァ書房2008年版，第284－288頁。

续表

年份	报道·出版·研究	民间对策	行政政策
1990		富田富士也开设"朋友空间"フレンドスペース（千叶）	11月，不适应学校对策研究合作会议发布《关于登校拒否问题的"中间总结"》《青少年白皮书》指出登校拒否是非社会性问题行为之一，并开设适应指导教室
1991			厚生省开始实施"针对蛰居、不登校儿童的福利对策事业"北海道立精神保健福利中心开启"青年期父母会"
1992	9月，富田富士也出版《从蛰居开始的旅程》日本儿童青年精神医学会的学会杂志上刊载了稻村博的调查报告		3月，不适应学校对策研究合作会议发布了《关于登校拒否（不登校）问题——以为儿童学生创造"心灵的居所"为目标》，提出登校拒否是"每一个孩子都可能发生"的观点
1993	10月，稻村博出版《不登校、蛰居 Q&A》	11月，"朋友空间"举办"登校拒否之后，和考虑20多岁的'蛰居'的集会"	北海道立精神保健福利中心开始实施"青年团体"咨询滋贺县精神保健综合中心开设"父母会"
1994	10月，富田富士也出版《蛰居和不登校·就业 Q&A》（Vol.1·Vol.2）	开设"蛰居"的青年社团"wavelet"ウェーブレット（福冈）	
1995	9月，《月刊少年培养》刊发专题"登校拒否之后"		
1996	7月，田中干穗子出版《蛰居——为恢复"对话关系"》	日教组全国教研集会开始设立"散凌·不登校"特别分科会（截止到2000年）	

续表

年份	报道·出版·研究	民间对策	行政政策
1997	2月，《朝日新闻》朝刊家庭栏连续6期刊载了由盐仓裕撰写的题为《希望与他人共同生活的蛰居年轻人》的报道 5月，日本家庭研究·家族疗法学会召开"蛰居事例研究疗法"讨论会 8月，工藤定次出版《喂蛰居者让我们去外面看看吧——ダメ学习塾居的书》 9月，《临床精神医学》开设"蛰居的精神病理"专题 9月，岛田裕巳出版《独立房间——蛰居的时代》	4月26日，朝日新闻大阪厚生文化事业团在大阪市召开以蛰居为主题的演讲会 5月，以神户和大阪为据点的师友塾举行"思考蛰居现象"讨论会（大阪） 师友塾开始实施访问咨询"heartcarefriend"（ハートケアフレンド）	1月，全国精神保健福祉业务研修会开展以"蛰居"为主题的基础讲座
1998	3月，朝日新闻连载"希望与他人共同生活的蛰居年轻人第2部"的报道 11月，斋藤环出版《社会性蛰居——没有结束的青春期》	6月，大阪开设"蛰居"的青年团体"ささえあいの若者サークル青年社团"	
1999	4月，盐仓裕出版《蛰居年轻人们》 7月，长田百合子出版《真心话碰撞！——给因不登校、蛰居、非行而烦恼的家庭》 10月，《心灵科学》（日本评论社）特别规划"不适应学校和蛰居" 10月10日，日本电视节目《"NNN文献"99》在全国范围内首次播放"蛰居"特别节目《蛰居年轻人——100万人的呼喊》 11月，藏本信比古等出版《蛰居的理解和援助》 12月21日，发生京都伏见区日野小学男生被杀害事件	4月23日，"指挥·设计"（タクト·プランニング）公司主办的讨论会"谈谈蛰居年轻人"（东京） 开设"蛰居"的青年团体"门とびら之会"（东京） 奥山雅久导成立了"NPO法人全国蛰居KHJ父母会"（简称KHJ父母会）	

续表

年份	报道·出版·研究	民间对策	行政政策
2000	1月28日发生新潟县柏崎市监禁女性事件 1月，狩野力八郎、斋藤直司出版《青年的蛰居》 5月1日，发生爱知县丰川市刺杀主妇事件。第二天，逮捕了17岁的嫌疑人 5月3日，发生佐贺高中生劫持高速公共汽车事件 7月，田边裕给出版《我против蛰居的理由》 9月1日，朝日新闻刊登《纠正对蛰居的偏见 斋藤环十几岁的现在》（论坛）	6月，全国蛰居KHJ父母会正式开展活动（埼玉） 12月15日，同人杂志《ひきこみ》(chiki comi)创刊（不登校信息中心）	9月8日，文部科学省设置"为有青春期孩子的父母制作家庭教育资料合作会议"（制作销售书刊《面对青春期儿童》） 10月，实施以全国的保健所和精神保健福利中心为对象的咨询状况调查（《指针》(暂定版）中报告了结果
2001	3月29日，斋藤环、吉本隆明将有关蛰居的对比鲜明的评语投寄《周刊文春》 4月，临床教育研究所"虹"公布了"蛰居"调查结果 9月，工藤定次、斋藤环出版《激论！"蛰居"》 12月，上山和树出版《"蛰居"的我》 1月，田中千穗子出版《蛰居的家族关系》 2月，胜山实出版《蛰居日历》 3月，山田博出版《年轻人们的社会性蛰居》	1月，开始青少年就业援助活动"培育网络育てようネット"（东京） 3月27日，全国蛰居KHJ父母会代表奥山雅久向埼玉县的"厅内联络会议"提交请愿书 6月，高野山真言宗成立"蛰居对策准备委员会"	2月22日，超党派国会议员成立"蛰居学习会" 5月8日，厚生省发布全国调查结果（以保健所和精神保健福利中心为对象的咨询状况调查、社团法人青少年健康中心和国立精神·神经中心实施） 5月8日，厚生劳动省向全国保健所反精神保健福利中心下发《指针》(暂定版） 9月，文部科学省制作《面对青春期儿童》(蛰居作为非社会性问题行为案例) 9月7日，文部科学省发布《关于不登校学生追踪调查报告书》（1993年不登校学生追踪调查报告书） 12月，厚生劳动省开始青年试行雇用
2002	2月，高塚雄介出版《蛰居心理 闭居理由》 5月，斋藤环出版《蛰居青春期》 6月，高木俊介出版《救出"蛰居"》 7月，斋藤环出版《"蛰居"手册》 8月，仓本英彦出版《对社会性蛰居的援助——关于概念、实态及应对的实证研究》 10月，NHK开展"蛰居援助活动" 10月，纪录片电影《家》公映 10月，森秀志等出版《蛰居援助指南》	8月31日，共同作业所elsitio"エル·シテ"（和歌山）竣工典礼举行	4月，设立"青少年培养有识者恳谈会" 4月20日，大阪守口市召开的"创造工作岗位城镇会议"结束后，坂口力厚生劳动大臣就职亲在工作单位支持年轻人）体系的实现作了积极的发言 9月26日，作为构造改革特区采取的一环，文部科学省针对蛰居孩子，决定采取如下处理方针，即允许蛰居者利用互联网在家学习 11月15日，蛰居对策议员联盟成立（自公保联合执政党所属的29名议员）

续表

年份	报道·出版·研究	民间对策	行政政策
2003	3月，冈本祐子等出版《蛰居青少年的心》 5月，斋藤环出版《OK? 蛰居 OK！》 8月，牟田武生出版《蛰居/不登校的处方笺》 9月，高桥和枝出版《蛰居——现在冬眠中》 9月，町沢静夫出版《蛰居年轻人们——"蛰居"的实态和处方笺》 12月，斋藤环出版《蛰居文化论》 12月，以全国蛰居会员为对象的第一次调查报告问世 12月，关口宏出版《蛰居和不登校》	9月，NPO 新开始秘书处（千叶）呼吁开始四国游览路（漫步四国八十八） 这一尝试被许多报纸报道	4月11日，发布《不登校问题调查研究合作者会议的最终报告》 4月25日，"青年自立、挑战战略会议"第一次会议召开 6月10日，提出"年轻人自立、挑战计划"（青年自立、挑战战略会议，文部科学大臣、厚生劳动大臣、经济产业大臣、经济财政政策担当大臣） 6月10日，日本内阁府成立了以内阁总理大臣为本部长的青少年培养推进本部 7月28日，将《指针》（最终版）下发到全国 12月9日，《发表了青少年培养施策大纲》（内阁府政策统括官青少年培养推进本部）
2004	1月，玄田有史寄住《中央公论》2月号的论文中，第一次使用"啃老族"这一用语 1月，NHK "蛰居志愿活动"项目出版《hikikomori@NHK 蛰居》 2月，荒川龙出版《从"蛰居"到"社会"》 3月，出版了《关西"社会性蛰居"援助指南》 5月17日，日本《产经新闻》头版刊登了主题为《不工作的年轻"啃老族"10年增长1.6倍 没有就业欲望"寄生"子父母》的报道（报纸中首次对啃老族进行报道） 8月，出版了《首都圈版"社会性蛰居"援助指南》 10月19日，东大阪市的36岁蛰居男子朝死父母后自首 11月24日，水户市的19岁少年打死父母后自首（作为蛰居、啃老族犯罪被报道）	1月31日，韩国首尔召开"思考亚洲的'不登校、蛰居'和社会的关系研讨会" 3月，发布《"蛰居"实态调查报告书①——NPO 法人 KHJ 父母会（家庭会）的实态》 9月，NPO 法人"抚养"网络以啃老族为对象开始实行"青年就业基础计划"	6月，内阁府青少年业研究会发布了《青少年的全面自立援助方案研究会立案识调查》 9月，内阁府召开"青少年社会自立意识调查" 9月，厚生劳动省在《平成16年（2004）版劳动经济白皮书》中，首次对"无业者"人数进行推算

续表

年份	报道·出版·研究	民间对策	行政政策
2005	4月，小杉礼子出版《飞特族和啃老族》 5月，石井守出版《蛰居·青年的出发》 6月，二神能基出版《希望的啃老族》 8月，服部雄一出版《蛰居和家族创伤》 11月，不登校信息中心出版《不登校·蛰居·啃老族支援团体指南》	4月，全国社会性蛰居支援助联络会议正式成立。第二次实践交流集会 4月，全国社会性蛰居支援助联络会议正式成立。第二次实践交流集会 3月，发布《蛰居——实态调查报告②》NPO法人KHJ父母会（家庭会）的实态》	20个地区实施"年轻人自立援助创设推进项目"。2006和2007年度各增加了5个地区。截止到2007年9月，全国共有30个地区实施该项目 3月22日，内阁府发布《年轻无业者调查（中间报告）》 5月24日，自民党政务调查会设立"啃老族、飞特族等对策联合会议" 5月26日，厚生劳动省设立"提高年轻人能力的国民会议" 6月，内阁府发布《关于青年的综合性自立援助方案的研究报告》 6月，文部科学省在中央教育审议会上咨询啃老族对策的状态。10月，颁布了《障碍者自立援助法》
2006	5月8日，NPO法人"爱·心理学校"「アイ·メンタルスクール」负责人杉浦昌子等7人因涉嫌监禁26岁男子致死、被逮捕（男子4月18日死亡） 10月，西村秀明出版《蛰居的心理和援助》 10月，横汤园子出版《从蛰居出发——某辅导的记录》 12月7日，杉浦被告被判处4年徒刑（各古屋地方法院）。第二年6月，名古屋高等法院判处3年6个月有期徒刑 12月，忠井俊明等出版《不登校·蛰居和居所》	2月，18～19岁第一次社会性蛰居支援者全国实践交流集会在和歌山市召开 3月，发布《蛰居——实态调查报告③》NPO法人KHJ父母会（家庭会）的实态》	2月，《障碍者自立援助法》开始实施（一部分） 4月，厚生劳动省开始设立"地域青年援助站" 10月，《障碍者自立援助法》实施（全部）
2007	3月，松本刚出版《大学生蛰居》 9月，井出草平出版《蛰居的社会学》 10月，斋藤环出版《蛰居的终点——不工作了也不与人交往》 10月，石川良子出版《蛰居为什么能痊愈》 井上洋一出版《青春期"蛰居"的精神医学研究平成17年度—18年度综合研究报告》	2月11～12日，第二次啃老族、社会性蛰居援助者全国实践交流集会在东京三鹰市召开 3月，发布《蛰居——实态调查报告④》NPO法人KHJ父母会（家庭会）的实态》	

续表

年份	报道·出版·研究	民间对策	行政政策
2008	4月，中国内正和出版《蛰居门诊》 6月，宗像恒次、武藤清荣出版《啃老族，蛰居和父母》 12月，荻野达史、川北稔、工藤宏司等出版《蛰居的社会学研究——媒体·当事者·援助活动》	3月，发布《"蛰居"实态调查报告书⑤——NPO法人KHJ父母会（家庭会）的实态》	9月，麻生总理大臣发表"研讨新法"的施政演讲
2009	2月，山本耕平出版《蛰居中成长》 2月，山下耕平出版《为了迷路的孩子生活下去》	3月，发布《"蛰居"实态调查报告书⑥——NPO法人KHJ父母会（家庭会）的实态》	3月6日，内阁府向国会提交了"青少年综合对策推进法案" 7月1日，日本国会通过了《儿童·青年培养援助推进法》 厚生劳动省创设"蛰居对策推进事业"和"蛰居地域援助中心"
2010	4月，河野苑一出版《寻找心灵居所》 6月，斋藤环出版《从蛰居看未来》 7月，竹中哲夫出版《蛰居援助论——"长期化"和"高龄化"》 9月，芹沢俊介出版《"存在论蛰居"论》	3月，发布《"蛰居"实态调查报告书⑦——NPO法人KHJ父母会（家庭会）的实态》	4月1日，《儿童·青年培养援助推进法》实施 5月，厚生劳动省发布《关于蛰居的评价、援助指针》（"新指针"） 10月，内阁府公布了《关于年轻人意识调查（蛰居的实况调查）报告书》
2011	2月，小松隆二等出版《共创咨询的理论和实践——为了蛰居和不登校者的光明未来》	3月，发布《"蛰居"实态调查报告书⑧——NPO法人KHJ父母会（家庭会）的实态》	3月，内阁府《接近——针对不登校、蛰居的民间援助团体的活动事例集》 7月，内阁府出版《蛰居援助者读本》
2012	6月，斉藤万比古出版《遇到蛰居者的话——心理医疗和支援》 6月，斎藤环、畠中雅子出版《蛰居的生活计划："父母亡后"怎么办》 7月，畠中雅子出版《高龄蛰居者的生存计划》	3月，发布《"蛰居"实态调查报告书⑨——NPO法人KHJ父母会（家庭会）的实态》	

续表

年份	报道·出版·研究	民间对策	行政政策
2013	2月，山本耕平出版《共同生活一起成长蛰居援助》；3月，河合俊雄、内田由纪子出版《"蛰居"考》；4月，斋藤万比古出版《摆脱蛰居和不登校》；8月，玄田有史出版《孤立无业（SNEP）》；10月，关水彻平、藤原宏美出版《独身、无职业者的现实》	3月，发布《"蛰居"实态调查报告书⑩——NPO法人KHJ父母会（家庭会）的实态》	东京都町田市保健所公布了《关于年轻人自立的调查报告书》
2014	2月，石井守出版《社会性蛰居和移校拒否、不登校》；3月，服部雄一出版《假面蛰居》；4月，田村毅出版《摆脱蛰居青年援助手册》；10月，春乃良文出版《不登校，蛰居的原点和纠正方法》；10月，池上正树出版《大人的蛰居》	3月，KHJ父母会（家庭会）发布《蛰居同伴援助的培养和派遣的问卷调查报告书⑪》	
2015	1月，船越明子出版《蛰居父母的步调和孩子的变化》；2月，青木道忠等出版《蛰居者和进展》	3月，KHJ父母会（家庭会）发布《蛰居实态及同伴援助的培养和派遣的问卷调查报告书⑫》；12月，KHJ父母会改称为"特定非营利活动法人KHJ全国蛰居家庭会联合会"（简称KHJ家庭会）	
2016	7月，斋藤环出版《蛰居文化论》；8月，竹中哲夫出版《儿童青年援助地域协议会的任务和前景》；9月，关水彻平出版《"蛰居"经验社会学》	3月，KHJ父母会（家庭会）发布《"蛰居"实态调查报告书⑬》	9月，内阁府公布了《关于年轻人生活调查报告书》

续表

年份	报道·出版·研究	民间对策	行政政策
2017	2月，石川清出版《从记录长期蛰居的现场》 3月，广冈政幸出版《拯救"大人蛰居"》 6月，朝日新闻出版《蛰居20年·去处》 11月，日本临床心理士会主编，江口昌克编辑的《蛰居的心理支援》出版 12月，近藤直司出版《青年的蛰居之后》	3月，KHJ父母会（家庭会）发布《"蛰居"实态调查报告书⑭》 KHJ父母会发布《针对长期高龄化蛰居者和其家人的有效援助及其长期化高龄化过程的调查研究报告书》	
2018	1月，古贺正义、石川良子出版《蛰居和家庭社会学》 2月，中村秀治出版《嗯，中村君：蛰居志愿者体验记》 10月，竹中哲夫出版《援助蛰居的着眼点：为充实支援长期化、高龄化蛰居者的试论》	3月，KHJ父母会（家庭会）发布《"蛰居"实态调查报告书⑮》	
2019	3月，桝田智彦出版《从父母开始的蛰居恢复：心理学创造奇迹的五个过程》 11月，藤田孝典出版《中老年蛰居：背负社会问题的人们》 11月，黑川祥子出版《8050问题：中老年蛰居，7个家庭的再生故事》 12月，共同通信蛰居取材班编辑的《打开门：蛰居，你能听到那个声音吗？》出版 12月，近藤直司出版《讲解蛰居问题：为了提高专业人员的咨询援助技术》	3月，KHJ父母会（家庭会）发布《"蛰居"实态调查报告书⑯》	3月，内阁府公布了《关于生活状况调查报告书》

附录 D 主要著作和调研报告对蛰居概念的界定

	书名/ 调研报告名	著（编）者	出版社 出版年份	定义
1	从蛰居开始的旅程	富田富士也	ハート出版 1992 年	所谓蛰居，是指逃避学校、社会、熟人，甚至连父母也回避，拒绝人际关系的行为
2	社会性蛰居——没有结束的青春期	斋藤环	PHP 研究所 1998 年	近 30 岁（有这种状况）被视作存在问题，闭居在家且不参加社会活动的状态持续 6 个月以上，很难认为其他精神问题是其首要原因
3	蛰居的家庭关系	田中千穗子	讲谈社 2001 年	孩子不去学校，回避与朋友、老师等人的交往，只与家人接触。或者闭居在自己房间里，与父母和兄弟姐妹保持距离，不一起吃饭，也不到客厅，连去厕所都避免和家人见面
4	蛰居	盐仓裕	朝日新闻社 2003 年	蛰居是超过本人意图，长时间内脱离人际关系和社会活动的状态，仅保持与家人关系的也包括在内
5	围绕 10~30 岁青少年"蛰居问题"的地域精神保健活动指针（最终版）	厚生劳动省	2003 年	由于各种各样的原因，参与社会范围缩小，长期居家不参与就业、上学等社会活动的状态
6	摆脱蛰居——YSC 的书	工藤定次、YSC 工作人员、永富奈津惠	ポット出版 2004 年	蛰居是"闭门不出＝独自的空间"与"退出＝从社会或人际关系中退出"相叠加，从而"避开他人创造自我空间，逃避与社会的交往"的状态
7	蛰居的社会学研究——媒体·当事者·援助活动	荻野达史、川北稔、工藤宏司等	ミネルヴァ书房 2008 年	围绕"蛰居"这一模棱两可的词语，此前涌现出的各种讨论与援助活动等诸多实践，以及以各种形式参与进来的多数人的经验才是我们思考的"蛰居"
8	蛰居中成长	山本耕平	かもがわ 2009 年	处于青春期的年轻人，一时难以获得社会认同，从而产生参与社会的障碍，一定时间内闭居在家里或自己房间中的状态

续表

	书名/调研报告名	著(编)者	出版社 出版年份	定义
9	关于蛰居的评价、援助指针	厚生劳动省	2010年	由于各种各样的原因,回避社会活动(包括义务教育阶段的上学、非正规雇佣的就业及家庭外的交际等),原则上持续6个月以上基本不外出的状态(包括与他人不交往的外出行为)。另外,蛰居在原则上与源于精神分裂症阳性或阴性症状而出现的闷在家中不出门的状态不同,它并非一种精神疾病现象,需要留意的是在没有进行确定诊断前,蛰居者存在具有精神分裂症的可能
10	关于年轻人意识调查(蛰居的实况调查)报告书	内阁府	2010年	内阁府对蛰居概念进行了广义和狭义的划分,狭义蛰居者包括以下三种情况:1.基本上待在自己房间;2.从自己房间出来,但不外出;3.平时在家,偶尔去便利店等场所。准蛰居者指平时在家,只有做自己感兴趣的事情时外出;狭义蛰居者和准蛰居者之和即为广义上的蛰居者
11	蛰居的社会学研究(博士学位论文)	井出草平	2012年	不与家人以外的他者进行交往,不工作,不上学等,在社会活动和职业方面存在障碍,且精神障碍不是第一原因

参考文献

一　中文文献

（一）著作

曹能秀：《当代日本中小学道德教育研究》，商务印书馆2007年版。

邓伟志、徐新：《家庭社会学导论》，上海大学出版社2006年版。

高中建主编：《当代青少年问题与对策研究》，中央编译出版社2008年版。

纪廷许：《现代日本社会与社会思潮》，中国社会科学出版社2007年版。

李卓：《日本近现代社会史》，世界知识出版社2010年版。

李涛：《罪与耻：日本的岛国属性》，中国友谊出版公司2007年版。

林桦：《刹那樱花——一个中国白领的日本印象》，中信出版社2007年版。

尚会鹏：《中国人与日本人》，北京大学出版社1998年版。

汤祯兆：《日本中毒》，中国人民大学出版社2010年版。

魏雁滨、安国启、倪锡钦等主编：《信息时代新青年议题：理论、政策与实务》，社会科学文献出版社2010年版。

辛自强、池丽萍：《社会变迁中的青少年》，北京师范大学出版社2008年版。

徐平：《苦涩的日本：从"赶超"时代到"后赶超"时代》，北京大学出版社2012年版。

杨雄、苏萍主编：《转型社会的中国青少年》，上海社会科学院出版社

2009年版。

朱力：《当代中国社会问题》，社会科学文献出版社2008年版。

张志泉：《日本犯罪者处遇研究》，山东人民出版社2010年版。

赵忆宁：《转轨中的日本》，中信出版社2007年版。

朱永新、许庆豫：《当代日本中学生与教育》，苏州大学出版社1999年版。

（二）中文译著

［日］大田尧：《战后日本教育史》，王智新译，教育科学出版社1993年版。

［日］大前研一：《真实的日本》，陈鸿斌译，青岛出版社2011年版。

［日］橘玲：《日本人——括号里的日本人》，周以量译，中信出版社2013年版。

［美］鲁思·本尼迪克特：《菊与刀》，吕万和等译，商务印书馆1990年版。

［德］马勒茨克：《跨文化交流：不同文化的人与人之间的交往》，潘亚玲译，北京大学出版社2001年版。

［日］千石保：《"认真"的崩溃：新日本人论》，何培忠译，商务印书馆1999年版。

［日］上野千鹤子：《近代家庭的形成和终结》，吴咏梅译，商务印书馆2004年版。

［日］土居健郎：《日本人的心理结构》，阎小妹译，商务印书馆2007年版。

［美］约翰·内森：《无约束的日本》，周小进译，华东师范大学出版社2005年版。

（三）论文

陈永明：《日本面向21世纪教改的三大趋势》，《外国教育资料》1998

年第 4 期。

陈映芳：《个人化与日本的青少年问题》，《社会学研究》2002 年第 2 期。

陈映芳：《青年与中国命运》，《招商周刊》2005 年第 8 期。

陈映芳：《对"好孩子"、"好学生"过度角色化的思考》，《探索与争鸣》2002 年第 5 期。

陈康怡、卢铁荣：《香港隐蔽青年、负面情绪及偏差行为》，《青少年犯罪问题》2014 年第 3 期。

陈康怡、卢铁荣：《权力动力学视角下的蛰居青少年家庭关系与自尊问题研究》，段威译，《青少年犯罪问题》2017 年第 5 期。

［英］大卫·麦克内尔：《蛰居的日本异类少年》，宋怡推荐，《世界中学生文摘》2005 年第 6 期。

冷剑：《令人忧虑的日本"都市隐者"》，《科学与文化》2006 年第 6 期。

风笑天：《青少年社会化：理论探讨与经验研究述评》，《青年研究》2005 年第 3 期。

高峡：《管理主义教育下的悲剧——一起日本学生死亡事故引出的思考》，《外国教育动态》1991 年第 5 期。

胡玉坤等：《厘清"青少年"和"青年"概念的分野——国际政策举措与中国实证依据》，《青年研究》2011 年第 4 期。

黄喜珊、刘鸣：《日本青少年的闷居现象：现状、危害、背景及应对》，《比较教育研究》2011 年第 5 期。

兰亚春：《转型期青少年社会化困境的研究》，《经济纵横》2005 年第 5 期。

李卓：《日本国民性的几点特征》，《日语学习与研究》2007 年第 5 期。

李卓：《从家到家庭：跨越三个时代的艰难历程——日本家庭关系演变对照》，《人民论坛》2013 年第 8 期。

马少华：《当代日本青少年的自闭现象考察》，《湖北经济学院学报（人文社会科学版）》2013 年第 12 期。

平战国：《当前日本少年暴力犯罪现象浅析》，《日本学刊》1998 年第 3 期。

宋协毅、张美蓉：《浅析"寄生虫现象"与现代日本社会的关联》，《日本学刊》2001 年第 5 期。

苏一芳、翁才敏：《"他们为何象鼹鼠一样"——日本百万青年遁世原因的社会学探讨》，《青年探索》2004 年第 6 期。

田晓虹：《日本现代化进程中的家庭关系嬗变》，《日本学刊》2004 年第 1 期。

王炜：《80 年代日本青年的一些特征》，《日本学刊》1989 年第 3 期。

吴绍丽：《日本社会教育中的品德教育方法管窥》，《高等教育研究》1997 年第 1 期。

王新俊：《日本中小学道德教育的特色及启示》，《当代教育论坛》2008 年第 12 期。

吴帆、吴毅：《历史社会学的发展与特征》，《华中科技大学学报（社会科学版）》2009 年第 4 期。

席来旺：《"历史社会学"再探讨——兼与《历史社会学初论》一文商榷》，《社会学研究》1988 年第 3 期。

谢昌逵：《学历社会中的日本青少年》，《青年研究》1987 年第 8 期。

张磊：《青少年犯罪的环境因素与预防矫正制度——来自日本的启示》，《青少年研究》2006 年第 1 期。

臧佩红：《战后日本的历史教科书问题》，《日本学刊》2005 年第 5 期。

（四）报纸和网络文献

董存梅：《日本青少年隐蔽性人格的社会文化根源》，《中国社会科学报》2013 年 5 月 6 日第 8 版。

郭隽：《日本小心防备自杀日》，《环球时报》2006 年 11 月 10 日。

林浩：《日本帮"家里蹲"一族重返社会》，《环球时报》2008 年 8 月 25 日第 4 版。

文雨来：《揭开日本校园内的残酷真相》，《中华网世界新闻报》2006

年11月24日。

朱玥颖:《日本有群蛰居族》,《人民日报》2015年7月30日。

《调查:超半数受访者说自己身边有成年"妈宝"》,2017年11月30日,http://edu.youth.cn/jyzx/jyxw/201711/t20171130_11084740.htm,2018年2月11日。

《日本数百万年轻人遁世 官方正探究遁世现象之谜》,《参考消息》2003年9月16日社会文教版。

《日本"蛰居"男性达百万 数年不上班不社交》,2015年7月10日,http://look.huanqiu.com/photo/2015-07/2786232.html,2017年7月3日。

《社会应对校园欺凌"零容忍"》,《参考消息》2006年12月1日。

《受欺负学生连锁自杀震惊日本》,《参考消息》2006年11月15日。

二　日文文献

(一)著作

青木道忠、関山美子、高垣忠一郎、藤本文朗編著:『ひきこもる人と歩む』,東京:新日本出版社2015年版。

石井守:『社会的ひきこもりと登校拒否・不登校:支援者のこころで25年』,東京:教育史料出版社2014年版。

井出草平:『ひきこもりの社会学』,京都:世界思想社2007年版。

石川良子:『ひきこもりの＜ゴール＞:「就労」でもなく「対人関係」でもなく』,東京:青弓社2007年版。

池上正樹:『大人のひきこもり:本当は「外に出る理由」を探している人たち』,東京:講談社2014年版。

池木清、後藤光義、河上恭雄:『現代の青少年』,東京:総合労働研究所1978年版。

稲村博:『家庭内暴力:日本型親子関係の病理』,東京:新曜社1980

年版。

　　稲村博：『若者・アパシーの時代：急増する無気力とその背景』，東京：日本放送出版協会 1989 年版。

　　池上敬：『不登校・ひきこもりから立ち直るための 29 のメソッド』，東京：パレード 2014 年版。

　　石川結貴：『ルポ子どもの無縁社会』，東京：中央公論新社 2011 年版。

　　伊藤良高、永野典詞、大津尚志、中谷彪編：『子ども・若者政策のフロンティア』，京都：晃洋書房 2012 年版。

　　内田直人：『「ひきこもり」から子どもを救い出す方法：不登校・ネット依存・出社拒否・家庭内暴力』，東京：現代書林 2014 年版。

　　NHK「ひきこもりサポートキャンペーン」プロジェクト編：『hikikomori@NHK ひきこもり』，斎藤環監修，東京：日本放送出版協会 2004 年版。

　　NHK 取材班、岩間芳樹：『若者はどう変わる』，東京：日本放送出版協会 1986 年版。

　　荻野達史、川北稔、工藤宏司等編著：『ひきこもりへの社会学的アプローチ——メディア・当事者・支援活動—』，京都：ミネルヴァ書房 2008 年版。

　　岡本祐子、宮下一博編著：『ひきこもる青少年の心：発達臨床心理学的考察』，京都：北大路書房 2003 年版。

　　小此木啓吾：『モラトリアム人間の時代』，東京：中央公論社 1978 年版。

　　河合俊雄、内田由紀子編：『「ひきこもり」考』，大阪：創元社 2013 年版。

　　上山和樹：『「ひきこもり」だった僕から』，東京：講談社 2001 年版。

　　家庭問題情報センター編著：『若者たちの社会的ひきこもり：そのとき親や家族はどうすればよいか』，山田博監修，東京：日本加除出版 2001 年版。

　　神崎恭郎：『家族崩壊：急増する離婚と少年非行』，東京：教育社 1986 年版。

　　工藤定次、スタジオ・ポット：『おーいひきこもり　そろそろ外へ出てみようぜ：タメ塾の本』，東京：ポット出版 1997 年版。

工藤定次、YSC スタッフ、永富奈津恵：『脱！ひきこもり：YSC（NPO 法人青少年自立援助センター）の本』，東京：ポット出版 2004 年版。

玄田有史、曲沼美恵：『ニート—フリーターでもなく失業者でもなく』，東京：幻冬舎 2004 年版。

河野憲一：『心の居場所を探して：ひきこもりを通して考える開発的人間関係』，東京：朱鳥社 2010 年版。

小谷敏：『若者たちの変貌：世代をめぐる社会学的物語』，京都：世界思想社 1998 年版。

近藤直司、長谷川俊雄編著，蔵本信比古、川上正己著：『引きこもりの理解と援助』，東京：萌文社 1999 年版。

［中］胡霞編著：『国際比較からみた日本の高校生：80 年代からの変遷』，千石保監修，東京：日本児童教育振興財団 2014 年版。

斎藤環：『社会的ひきこもり——終わらない思春期』，東京：PHP 研究所 1998 年版。

斎藤環編：『ひきこもる思春期：いかに考え、いかに向き合うか』，東京：星和書店 2002 年版。

斎藤環：『ひきこもりはなぜ「治る」のか？：精神分析的アプローチ』，東京：中央法規出版 2007 年版。

斎藤環：『ひきこもりから見た未来』，東京：毎日新聞社 2010 年版。

齊藤万比古編著：『ひきこもりに出会ったら—こころの医療と支援—』，東京：中外医学社 2012 年版。

塩倉裕：『引きこもり』，東京：朝日新聞社 2003 年版。

塩倉裕：『引きこもる若者たち』，東京：ビレッジセンター出版局 1999 年版。

島田裕巳：『個室：引きこもりの時代』，東京：日本評論社 1997 年版。

鈴木國文、古橋忠晃、ナターシャ・ヴェル一編著：『「ひきこもり」に何を見るか—グローバル化する世界と孤立する個人』，東京：青土社 2014 年版。

青少年問題研究会編：『青少年問題小事典』，東京：青少年問題研究会 1969 年版。

千石保：『いつ〈日本人〉になるか：日米母子調査にみる育児と文化』，東京：小学館 1984 年版。

千石保：『現代若者論：ポスト・モラトリアムへの摸索』，東京：弘文堂 1985 年版。

千石保：『マサツ回避の世代：若者のホンネと主張』，東京：PHP 研究所 1994 年版。

青少年問題研究会編：『青少年問題用語小辞典』，京都：同朋舎出版 1979 年版。

竹中哲夫：『ひきこもり・ニート・不登校の支援：健康心理学と社会的支援の視点から』，京都：三和書房 2006 年版。

竹中哲夫：『ひきこもり支援論：人とつながり、社会につなぐ道筋をつくる』，東京：明石書店 2010 年版。

竹中哲夫：『長期・年長ひきこもりと若者支援地域ネットワーク』，京都：かもがわ出版 2014 年版。

橘木俊詔：『無縁社会の正体：血縁・地縁・社縁はいかに崩壊したか』，東京：PHP 研究所 2011 年版。

富田富士也：『引きこもりからの旅立ち』，東京：ハート出版 1992 年版。

富田富士也：『続・引きこもりからの旅たち』，東京：ハート出版 1993 年版。

富田富士也：『父のひと言が僕を変えた：引きこもりからの旅立ち 続』，東京：ハート出版 1993 年版。

富田富士也：『引きこもりと登校・就職拒否 Q&A Vol. 1』，東京：ハート出版 1994 年版。

中河伸俊、赤川学編：『方法としての構築主義』，東京：勁草書房 2013 年版。

中垣内正和：『はじめてのひきこもり外来：回復のための 10 ステップ』，東京：ハート出版 2008 年版。

春乃良文：『不登校、ひきこもりの原点と直し方：「自分中心」から子を思う「相手中心」へ』，東京：文芸社 2014 年版。

畠中雅子：『高齢化するひきこもりのサバイバルライフプラン：親亡き後も生きのびるために』，東京：近代セールス社 2012 年版。

日高六郎：『戦後思想を考える』，東京：岩波書店 1980 年版。

堀井憲一郎：『若者殺しの時代』，東京：講談社 2006 年版。

松原治郎：『現代の青年：変動期における意識と行動』，東京：中央公論社 1971 年版。

町沢静夫：『ひきこもる若者たち：「ひきこもり」の実態と処方箋』，東京：大和書房 2003 年版。

宮本みち子：『若者が無縁化する：仕事・福祉・コミュニティでつなぐ』，東京：筑摩書房 2012 年版。

宗像恒次、武藤清栄編：『ニート・ひきこもりと親：心豊かな家族と社会の実現へ』，東京：生活書院 2008 年版。

森田洋司：『「不登校」現象の社会学』，東京：学文社 2000 年第 2 版。

森田洋司：『いじめとは何か：教室の問題、社会の問題』，東京：中央公論新社 2010 年版。

森本邦子：『脱ひきこもり：幼児期に種を蒔かないために』，東京：角川 SS コミュニケーションズ 2009 年版。

山口透、中村雅知：『青少年問題（現代教育学全書）』，東京：高文堂出版社 1989 年版。

矢島正見：『戦後日本青少年問題考』，東京：学文社 2013 年改訂版。

山下耕平：『迷子の時代を生き抜くために：不登校・ひきこもりから見えてくる地平』，京都：北大路書房 2009 年版。

山本耕平：『ひきこもりつつ育つ』，京都：かもがわ出版 2009 年版。

山本耕平：『ともに生きともに育つひきこもり支援：協同的関係性とソーシャルワーク』，京都：かもがわ出版 2013 年版。

山田昌弘：『なぜ日本は若者に冷酷なのか：そして下降移動社会が到来する』，東京：東洋経済新報社 2013 年版。

山田昌弘：『なぜ若者は保守化したのか：希望を奪い続ける日本社会の真実』，東京：朝日新聞社 2015 年版。

ロジャー・グッドマン、井本由紀、トゥーッカ・トイボネン編著：『若者問題の社会学——視線と射程』，井本由紀監訳，西川美樹訳，東京：明石書店 2013 年版。

（二）论文

浅田（梶原）彩子：『ひきこもりの家族の実態と対処支援の研究』，博士学位論文，奈良女子大学，2010 年。

池木清：『八〇年代と青少年をめぐって』，『青少年問題』1979 年第 26 巻 11 号。

石田幸平：『子ども空間の変化と非行問題』，『青少年問題』1987 年第 34 巻 11 号。

井出草平：『ひきこもりの社会学的研究』，博士学位論文，大阪大学，2012 年。

方邦夫：『青少年の社会性と個人性に関する研究調査』，『青少年問題』1981 年第 28 巻 3 号。

加藤隆勝：『「現代青少年の人間関係」を調査して』，『青少年問題』1982 年第 29 巻 3 号。

加瀬和俊：『集団就職時代（昭和三〇年代）の少年たち』，『青少年問題』2007 年第 54 巻秋季号。

北尾倫彦：『落ちこぼれ・無気力・ひきこもり』，『教育と医学』1986 年第 34 巻 5 号。

小林清香、吉田光爾、野口博文他：『「社会的ひきこもり」を抱える家族に関する実態調査』,『精神医学』2003年第45巻7号（通号535）。

阪内宏一：『登校拒否（不登校）問題について』,『青少年問題』1992年第39巻7号。

斎藤環：『社会的ひきこもり―〇〇万人の時代に――思春期と社会性』,『児童心理』2004年第58巻2号（通号800）。

諏訪真美：『今日の日本社会と「ひきこもり」現象』,『医療福祉研究』2006年2号。

住田正樹：『子どもの私生活化と集団活動』,『青少年問題』2009年第56巻新年号。

総理府青少年対策本部：『青少年の連帯感などに関する調査から（4）人生観と生活の意識』,『青少年問題』1971年第18巻10号。

総務庁青少年対策本部：『情報化社会と青少年――第2回情報化社会と青少年に関する調査の概要』,『青少年問題』1993年第40巻4号。

田代則春：『日本の若者の特質』,『青少年問題』1979年第26巻1号。

谷野幸子、一丸藤太郎：『一青年のひきこもりからの旅立ち』,『心理臨床ケース研究』1985年10号。

武内清：『大都市の児童・生徒の生活と価値観』,『青少年問題』1991年第38巻3号。

高内寿夫：『青少年の呼称と年齢区分について』,『青少年問題』2001年第48巻1号。

高畑隆：『埼玉県における「ひきこもり」の実態』,『精神医学』2003年45号。

成瀬功：『現代の高校生像』,『青少年問題』1990年第37巻1号。

樋口峰子：『東京都のひきこもりの現状と課題』,『青少年問題』2012年第59巻新年号。

望月重信：『大都市のなかの「子どもの生活世界」：東京都子ども基本調

査より』，『青少年問題』1985年第32巻3号。

森田洋司：『不登校をどう理解するか』，『青少年問題』1991年第38巻3号。

森田洋司：『不登校から見えてくる日本社会と教育の課題』，『青少年問題』2005年第52巻2号。

（三）白皮书　调查报告　统计资料和报纸

伊藤順一郎：『厚生労働科学研究（こころの健康科学研究事業）「地域精神保健活動のあり方に関する研究」平成14年度総括・分担研究報告書』，厚生労働省，2003年。

『いじめ防止対策推進法（平成25年法律第71号）総則第2条定義』，2013年6月28日，http://www.mext.go.jp/a_menu/shotou/seitoshidou/1337278.htm，2017年12月5日。

奥山雅久：『先進国に広がっているHIKIKOMORI』，『旅立ち』17号，2003年11月2日。

奥山雅久：『引きこもりの後はどうなるの？五十才前後の引きこもり本人達からの問合せ』，『旅立ち』12号，2003年1月12日。

奥山雅久：『引きこもり問題 動きだしてきた各自治体［』，『旅立ち』15号，2003年7月5日。

大分県精神保健福祉センター：『「ひきこもり」実態調査報告書』，大分県精神保健福祉センターひきこもり支援対策推進委員会，2004年。

こころの健康科学研究事業地域精神保健活動における介入のあり方に関する研究：『10代・20代を中心とした「ひきこもり」をめぐる地域精神保健活動のガイドライン』，2003年7月28日，http://www.mhlw.go.jp/topics/2003/07/tp0728-1b.html，2017年7月11日。

小山明日香：『地域疫学調査による「ひきこもり」の実態と精神医学的診断について — 平成14年度～平成17年度のまとめ —』，載川上憲人：『こころの健康についての疫学調査に関する研究平成 18 年度総括・分担研究報告書』，2007 年。

国立国会図書館調査及び立法考査局：『青少年をめぐる諸問題——総合調査報告書』，東京：国立国会図書館調査及び立法考査局 2009 年版。

厚生労働科学研究費補助金こころの健康科学研究事業 思春期のひきこもりをもたらす精神科疾患の実態把握と精神医学的治療・援助システムの構築に関する研究（研究代表者 齊藤万比古）：『ひきこもりの評価・支援に関するガイドライン』，2010 年 5 月 19 日，http://www.mhlw.go.jp/file/06SeisakujOuhou-12000000-Shakaiengokyoku-Shakai/0000147789.pdf，2017 年 7 月 11 日。

国立社会保障・人口問題研究所：『人口統計資料集（2015 年）表・図一覧（Ⅶ. 世帯）：表 7-4 世帯の種類別平均世帯人員 :1920-2010 年』，2015 年，http://www.ipss.go.jp/syoushika/tohkei/Popular/Popular2015.asp?chap=7，2017 年 9 月 25 日。

国立社会保障・人口問題研究所：『人口統計資料集（2015 年）表・図一覧（Ⅶ. 世帯）：表 7-7 住民基本台帳による世帯数および平均世帯人員 :1952-2014 年』，2015 年 http://www.ipss.go.jp/Syoushika/tohkei/Popular/Popular2015.asp?chap=7，2017 年 9 月 25 日。

厚生労働省：『社会的孤立に対する施策について〜ひきこもり施策を中心に〜』，2016 年，http://www.mhlw.go.jp/file/06-Seisakujouhou-12000000-Shakaiengokyoku-Shakai/0000184842.pdf，2018 年 2 月 4 日。

国立社会保障・人口問題研究所：『人口統計資料集（2019 年）表・図一覧（Ⅳ. 出生・家族計画）：表 4-5 主要国の合計特殊出生率 :1950 〜 2017 年』，2019 年 http://www.ipss.go.jp/syoushika/tohkei/Popular/Popular2019.asp?chap=4，2019 年 12 月 10 日。

埼玉県健康福祉部：『ひきこもり実態調査報告書』，社団法人埼玉県精神保健福祉協会，2002 年。

境泉洋、植田健太、中村光他：『「ひきこもり」の実態に関する調査報告

書 —NPO 法人全国引きこもり KHJ 親の会における実態 —』，志學館大学人間関係学部境泉洋研究室，2004 年。

　境泉洋、植田健太、中村光他：『「ひきこもり」の実態に関する調査報告書② —NPO 法人全国引きこもり KHJ 親の会における実態 —』，志學館大学人間関係学部境研究室，2005 年。

　境泉洋、中村光、ひきこもり家族調査委員会編：『ひきこもりの実態に関する調査報告書』，2006 年。

　境泉洋、中垣内正和、NPO 法人全国引きこもり KHJ 親の会（家族会連合会）：『「引きこもり」の実態に関する調査報告書④ —NPO 法人全国引きこもり KHJ 親の会における実態 —』，志學館大学人間関係学部境研究室，2007 年。

　境泉洋、川原一紗、NPO 法人全国引きこもり KHJ 親の会（家族会連合会）：『「引きこもり」の実態に関する調査報告書⑤ —NPO 法人全国引きこもり KHJ 親の会における実態』，徳島大学総合科学部境研究室，2008 年。

　境泉洋、川原一紗、木下龍三他：『「引きこもり」の実態に関する調査報告書⑥ —NPO 法人全国引きこもり KHJ 親の会における実態 —』，徳島大学総合科学部境研究室，2009 年。

　境泉洋、野中俊介、大野あき子他：『「引きこもり」の実態に関する調査報告書⑦ —NPO 法人全国引きこもり KHJ 親の会における実態 —』，徳島大学総合科学部境研究室，2010 年。

　境泉洋、堀川寛、野中俊介他：『「引きこもり」の実態に関する調査報告書⑧ —NPO 法人全国引きこもり KHJ 親の会における実態 —』，徳島大学総合科学部境研究室，2011 年。

　境泉洋、平川沙織、原田素美礼他：『「ひきこもり」の実態に関する調査報告書⑨ —NPO 法人全国引きこもり KHJ 親の会における実態 —』，徳島大学大学院ソシオ・アーツ・アンド・サイエンス研究部，臨床コミュニティ心理学研究室，2012 年。

　境泉洋、斎藤まさ子、本間恵美子他：『引きこもり』の実態に関する調査報告書⑩ — NPO 法人全国引きこもり KHJ 親の会における実態 ―』，徳島大学大学院ｿｼｵ・ｱｰﾂ・ｱﾝﾄﾞ・ｻｲｴﾝｽ研究部，臨床コミニュティ心理学研究室，2013 年。

塩倉裕：『社会に出られない（人と生きたい 引きこもる若者たち :1）』，『朝日新聞（朝刊）』1997 年 2 月 5 日家庭版。

塩倉裕：『孤立する母親たち（人と生きたい 引きこもる若者たち :2）』，『朝日新聞（朝刊）』1997 年 2 月 6 日家庭版。

塩倉裕：『弱音吐けずに本音しまう（人と生きたい 引きこもる若者たち :3）』，『朝日新聞（朝刊）』1997 年 2 月 7 日家庭版。

総理府青少年対策本部編：『情報化社会と青少年：情報化社会と青少年に関する調査報告書』，東京：大蔵省印刷局 1982 年版。

総務庁青少年対策本部編：『青少年白書（平成元年版）』，東京：大蔵省印刷局 1990 年版。

総務省統計局：『「雇用形態別雇用者数」労働力調査長期時系列データ』，2017 年 7 月，http://www.stat.go.jp/data/roudou/longtime/03roudou.htm#hyo_9，2017 年 9 月 5 日。

高野聡、中田純平、土屋渓：『殺人：両親と姉を殺害 容疑の 28 歳長男逮捕 ― 茨城・土浦の自宅』，『毎日新聞（東京夕刊）』2004 年 11 月 25 日社会版。

特定非営利活動法人全国引きこもり KHJ 親の会（家族会連合会）：『ひきこもりピアサポーター養成・派遣に関するアンケート調査報告書』，NPO 法人全国引きこもり KHJ 親の会（家族会連合会），2014 年。

特定非営利活動法人 KHJ 全国ひきこもり家族会連合会：『ひきこもりの実態およびピアサポーター養成・派遣に関するアンケート調査報告書』，2015 年。

特定非営利活動法人 KHJ 全国ひきこもり家族会連合会：『ひきこもりの実態に関するアンケート調査報告書』，2016 年。

特定非営利活動法人 KHJ 全国ひきこもり家族会連合会：『ひきこもりの

実態に関するアンケート調査報告書』，NPO 法人 KHJ 全国ひきこもり家族会連合会，2017 年。

特定非営利活動法人 KHJ 全国ひきこもり家族会連合会：『ひきこもりの実態に関するアンケート調査報告書』，NPO 法人 KHJ 全国ひきこもり家族会連合会，2018 年。

特定非営利活動法人 KHJ 全国ひきこもり家族会連合会：『ひきこもりの実態に関するアンケート調査報告書』，NPO 法人 KHJ 全国ひきこもり家族会連合会，2019 年。

内閣府編集：『青少年白書（平成 16 年版）』，東京：国立印刷局 2004 年版。

内閣府：『若年無業者に関する調査（中間報告）』，2005 年 3 月，http://www8.cao.go.jp/youth/kenkyu shuro chukan.pdf u/chukan.pdf，2017 年 7 月 14 日。

内閣府編集：『自殺対策白書（平成 19 年版）』，東京：佐伯印刷 2007 年版。

内閣府編集：『少子化社会白書平成 19 年版』，東京：日経印刷 2007 年版。

内閣府政策統括官（共生社会政策担当）：『若者の意識に関する調査（ひきこもりに関する実態調査）報告書』，2010 年 7 月，https://www8.cao.go.jp/youth/kenkyu/hikikomori/pdf_index.html，2019 年 7 月 12 日。

内閣府編集：『子ども・若者白書（平成 27 年版）』，東京：日経印刷 2015 年版。

内閣府政策統括官（共生社会政策担当）：『若者の生活に関する調査報告書』，2016 年 9 月，https://www8.cao.go.jp/youth/kenkyu/hikikomori/h27/pdf-index.html，2019 年 7 月 13 日。

内閣府編集：『子ども・若者白書（令和元年版）』，東京：日経印刷 2019 年版。

『「ひきこもり」30 歳以上の相談が 3 割 厚労省が 02 年の実態調査』，『朝日新聞（朝刊）』2003 年 7 月 29 日社会版。

『［にっぽん診断書］第 5 部ガラスのくに/1 引きこもる大人，全国で 1 万人以上』，『毎日新聞』（東京朝刊）1994 年 5 月 29 日。

藤田文亮、高橋一隆：『東大阪・両親殺害：就職問題が引き金か 伊東容疑者「自分も死ぬつもり」』,『毎日新聞（大阪夕刊）』2004年10月20日社会版。

『平成28年度文部科学白書：第4章初等中等教育の充実』, 2017年1月 http://www.mext.go.jp/b_menu/hakusho/html/hpab201701/1389013_011.pdf, 2017年12月5日。

文部科学省初等中等教育局児童生徒課：『平成27年度「児童生徒の問題行動等生徒指導上の諸問題に関する調査」（確定値）について』, 2017年2月28日 http://www.mext.go.jp/b_menu/houdou/29/02/__icsFiles/afieldfile/2017/02/28/1382696_001_1.pdf, 2017年12月9日。

文部科学省：『平成14年度「児童生徒の問題行動等生徒指導上の諸問題に関する調査」, 2011年, http://www.e-stat.go.jp/SG1/estat/List.do?bid=000001022607&cycode=0, 2017年12月28日。

山田昌弘：『考えてみたいこと「ひきこもりが日本に多い理由……」』,『旅立ち』19号, 2004年3月7日。

リチャード ロイド パリー：『日本の若者はどこへ行ってしまったのだろうか』, 堀口佐和翻訳,『旅立ち』19号, 2004年3月7日。

早稲田大学臨床心理学研究会ひきこもり班：『ひきこもりに関する調査報告』,『旅立ち』15号, 2003年7月5日。

后 记

　　本书是笔者在博士学位论文的基础上修改完成的。读博之前笔者对日本青少年蛰居问题已有所关注。2010年，笔者利用在日本国际交流基金会关西中心进修日语的机会，对大阪、京都及东京等地的青少年蛰居现状及援助机构进行了实地调研。青少年蛰居问题之严重以及日本社会各界的积极应对，激发了笔者研究蛰居问题的兴趣。2013年开始，笔者重回母校南开大学日本研究院，师从李卓教授攻读日本社会史方向博士学位。

　　回顾长达10年之久的蛰居问题研究历程感慨颇多。日本青少年蛰居问题是萌芽于1970年代末的新型青少年问题，也是正在发展中的问题。笔者的研究区别于日本先行研究中较多的精神分析、实证研究，主要从历史社会学的研究视角，以战后日本社会变迁为背景，从影响青少年社会化的社会环境、家庭结构、学校教育及心理文化等方面，来探讨蛰居问题产生的社会文化根源，并对日本政府和民间团体的应对举措进行详细阐述。蛰居现象虽发端于日本，但并非仅存于日本，韩国、中国香港、中国台湾等东亚国家和地区的蛰居现象已呈现出不断增多的趋势。鉴于此，日本青少年蛰居问题的严重性及其应对对中国具有一定的警鉴作用。

　　在本书出版之际，笔者首先要感谢李卓教授。在笔者撰写博士学位论文期间，无论是论文框架构建，还是写作的思路，恩师都给予了悉心指导。特别是在论文的定稿阶段，恩师在繁忙的工作中夜以继日地批阅论文，提出了很多宝贵的修改建议。从观点的提炼到论据的运用，乃至遣词造句和标点符号的使用等细节都凝聚着恩师的心血。在此，谨向恩师表达我最深的敬意和衷心的感谢。

  感谢南开大学日本研究院的各位老师在笔者读博期间给予的帮助。感谢天津社会科学院的各位领导及日本研究所的全体同事在本书写作过程中给予的帮助和支持。感谢天津社会科学院给予笔者出版基金资助。感谢日本诸位老师的帮助。在赴日查阅收集资料的过程中，曾得到日本国际交流基金会关西中心各位老师的大力支持；在实地调研时，曾得到东京、大阪和京都等地的相关政府机构和民间团体的大力协助；在博士学位论文框架构思过程中，日本国学院大学横山实教授提出了许多宝贵的建议。在此一并表示感谢。同时也感谢日本国际交流基金会的"渡边健基金"为本书的写作提供了宝贵的图书资料。最后由衷感谢家人的支持、鼓励和理解。

  因笔者才疏学浅，书稿中难免会存在不少疏漏谬误之处，敬请各位学界同人及读者给予批评指正。

师艳荣
2020 年 12 月 27 日